思想政治教育理论与实践

主　编 ◎ 周宇宏
副主编 ◎ 王　引　成林萍

首都经济贸易大学出版社
Capital University of Economics and Business Press
·北京·

图书在版编目（CIP）数据

思想政治教育理论与实践／周宇宏主编. --北京：
首都经济贸易大学出版社，2024.3
ISBN 978-7-5638-3647-5

Ⅰ．①思…　Ⅱ．①周…　Ⅲ．①思想政治教育-研究-
中国　Ⅳ．①D64

中国国家版本馆 CIP 数据核字（2024）第 026667 号

思想政治教育理论与实践
周宇宏　主编

责任编辑　晓　地
封面设计　砚祥志远·激光照排
　　　　　TEL: 010-65976003
出版发行　首都经济贸易大学出版社
地　　址　北京市朝阳区红庙（邮编 100026）
电　　话　（010）65976483　65065761　65071505（传真）
网　　址　http://www.sjmcb.com
E-mail　　publish@cueb.edu.cn
经　　销　全国新华书店
照　　排　北京砚祥志远激光照排技术有限公司
印　　刷　北京九州迅驰传媒文化有限公司
成品尺寸　170 毫米×240 毫米　1/16
字　　数　270 千字
印　　张　15.5
版　　次　2024 年 3 月第 1 版　2024 年 3 月第 1 次印刷
书　　号　ISBN 978-7-5638-3647-5
定　　价　66.00 元

编　委　会

目　　录

从中华民族共同体的三维度阐释民族复兴主旨

杜　晓　宇文竹

摘　要：在中国共产党领导的中华民族解放和复兴的历程中，中华民族共同体不仅超越了"华夷之辨"，而且兼具了历史共同体、文化共同体、政治共同体之通义，引导着中华民族伟大复兴的主体内在核心诉求。从此维度讲，民族复兴可从三方面解读：一是政治目标，达成国之大、民之乐；二是历史遗留问题，完成国家统一；三是文化传承，继往开来，开拓创新。其中既有传统的坚守和传承，又有旧邦新命之扬弃、精进。而践行民族复兴的指导理论被凝练，精华部分即是"两个结合"。

关键词：中华民族共同体；民族复兴；两个结合

习近平总书记在《庆祝中国共产党成立 100 周年大会上的讲话》中指出："一百年来，中国共产党团结带领中国人民进行的一切奋斗、一切牺牲、一切创造，归结起来就是一个主题：实现中华民族伟大复兴。"① 党的十九届六中全会指出，全党要"以咬定青山不放松的执着奋力实现既定目标，以行百里者半九十的清醒不懈推进中华民族伟大复兴"②。实现中华民族的伟大复兴，既是鲜明的时代主题，具有深刻的思想意蕴；又是在中国共产党带领下的中国人民所担负的历史使命，具有长远的实践指导意义。厘清新时代中华民族伟大复兴的思想内涵，首先要明确中华民族共同体在历史长河中的演变和汇聚，在此基础上才能对新时代中华民族的伟大复兴有切实深入的认识，凝聚民族力量同心合力完成历史使命。

一、民族发展史背景下的中华民族共同体

《辞海》解释复兴指"衰落后再兴盛起来"③，其中潜含两层历史背景：

作者简介：杜晓，首都经济贸易大学马克思主义学院副教授；
　　　　　　宇文竹，首都经济贸易大学马克思主义学院研究生。

① 习近平. 在庆祝中国共产党成立 100 周年大会上的讲话［J］. 求是，2021（14）.
② 中国共产党第十九届中央委员会第六次全体会议公报［N］. 人民日报，2021-11-12.
③ 辞海：第七版［M］. 上海：上海辞书出版社，2020.

一是近前的衰落；二是早远曾有的兴盛。这对于几经兴衰的中华民族而言，并非新论，但新时代中华民族伟大复兴与旧史不同而值得关注的第一点即是：中华民族的主体构成，与以往的复兴主体不同。

中古时期，中华民族从种族的地位觉醒，谋求衰而后兴，原因多是异族的入侵甚至于统治。如"恢复中华"早见于元末宋濂的《奉天北伐讨元檄文》，要求"驱除胡虏，恢复中华，立纲陈纪，救济斯民"①。当时，以蒙古族为主的元代统治者，不仅荒废治道，而且渎乱人伦，生灵涂炭，因此激起了"华夏"民族的反抗，力求恢复以汉族为主体、以中华文明为主导的民族自我统治，也就是说"盖我中国之民，天必命我中国之人以安之，夷狄何得而治哉！"② 1905 年，孙中山领导中国革命同盟会所立政治纲领"驱除鞑虏，恢复中华"中尚有遗存，借汉族的民族主体意识反抗清廷（满族）的统治。

随着中国近代史的发展，工业文明与农业文明的差异，东西方商业利益、文化冲突所带来的民族冲击，要远大于传统的"夷夏之辨"。原有中国各民族的地域、血统、习俗差异，在面临更广阔遥远的西方力量时，中华文明临近的南蛮北夷，尤其是已经服膺于中华文明的异族（如有着高度汉文化素养的清代统治者）和华夏族的差异渐趋于微弱。梁启超首先从历史的角度，杨度继而从文化的角度重塑了"中华民族"的内涵。梁启超在《历史上中国民族之观察》中，明确提出"中华民族是我国境内所有民族从千百年历史演变中形成的、大融合的结果。汉满蒙回藏等融为一家，是多元混合的统一大民族"③。中华民族开始成为中国疆域内各民族的总称，梁任公有肇始之功。而杨度进一步指出，中华民族应当是一个文化共同体，"中华云者，以华夷别文化之高下也。即此以言，则中华之名词，不仅非一地域之国名，亦且非一血统之种名，乃为一文化之族名……中国可以退为夷狄，夷狄可以进为中国，专以礼教为标准，而无亲疏之别。其后经数千年混杂数千百人种，而称中华如故"④。至此，中华民族中的"文化"要素占据主导地位，取代地域和血统界限，成为判断标准。毫无疑问，以元为代表的蒙古族、清为代表的满族虽然征服了中国领土，但他们自身也被中华文化所征服，成为中华民族的组成部分。

---

① 明太祖实录：卷 21 ［M］.
② 明太祖实录：卷 21 ［M］.
③ 梁启超. 饮冰室合集：文集第 2 册 ［M］. 北京：中华书局，2015.
④ 杨度. 杨度集：第 1 册 ［M］. 长沙：湖南人民出版社，2007：219-220.

随后马克思主义思潮伴随着俄国十月革命的胜利在中国产生了巨大影响，"民族解放"在"人类解放"的视野下具有了更现实的路径和更长远的前景。民族解放超越种族、国家的界限，直接以个体的自由存在为理论基础和最终目标。在这种思潮的影响下，李大钊对中华民族进行了新的解释，构建了"新中华民族主义"。李大钊在《新中华民族主义》一文中分析当代世界问题，认为其中不仅包含国家冲突，也包含民族冲突，两者互相交织而促成了世界的风起云涌，如第一次世界大战导火线斐迪南大公的被刺，又如爱尔兰因民族独立与英国发生的冲突，均由民族冲突而引起。但中国的民族优势在于："吾国历史相沿最久，积亚洲由来之多数民族冶融而成此中华民族，畛域不分、血统全泯也久矣，此实吾民族高远博大之精神有以铸成之也。"① 中华民族虽然由多民族构成，但随着长久的历史发展，尤其是在"高远博大之精神"的熏染下，早已地域、血统不分，故民族构成虽多样，但并没有因为纷乱的民族冲突而导致国家不稳定。李大钊认可中华民族的历史共同体、文化共同体存在维度，且赞扬其中的积极意义，但又引入了政治共同体的理解，"凡籍隶于中华民国之人，皆为新中华民族矣"②，新中华民族不以畛域、血统区分，只以国家认同来一统，表明李大钊期冀以"自由平等"的共和国重铸民族精神，"今日民族之问题，尤非苟活残存之问题，乃更生再造之问题也"③，原有的历史共同体和文化共同体已无力促使中华民族达成新生，必须要以政治共同体，即以个体自由平等为追寻的政治国家建立来促成中华民族的"投胎复活"，而为了使庶民，即中华民族的大多数人能够获得自由平等，李大钊选择了马克思主义信仰，和陈独秀共同创建了中国共产党。

由此，在中国共产党领导的中华民族解放、振兴和复兴视野中，从毛泽东的"光复旧物""自立于世界民族之林"④，到邓小平的"振兴中华民族"⑤，再到习近平的新时代"中华民族伟大复兴"⑥，和中古时期以及孙中山革命运动早期的"恢复中华"之义在主体层面已然有了截然区分。中华民族共同体不仅超越了"华夷之辨"，而且兼具了历史共同体、文化共同体、政治

① 李大钊．新中华民族主义［J］．甲寅（日刊），1917-02-19．
② 李大钊．新中华民族主义［J］．甲寅（日刊），1917-02-19．
③ 李大钊．新中华民族主义［J］．甲寅（日刊），1917-02-19．
④ 毛泽东．毛泽东选集：第1卷［M］．北京：人民出版社，1991：161．
⑤ 邓小平．邓小平文选：第3卷［M］．北京：人民出版社，1993：357．
⑥ 习近平．承前启后 继往开来 继续朝着中华民族伟大复兴目标奋勇前进［N］．人民日报，2012-11-30．

共同体的通义，引导了中华民族伟大复兴的主体内在核心诉求。

二、中华民族共同体三维度的民族复兴主旨

由于中华民族共同体兼具历史、文化、政治三个维度，复兴面临着相应三方面的核心诉求。结合《说文》中的理解，复兴之"复"含有恢复、光复、继往开来之义，那么新时代中华民族的伟大复兴含有三个基本之义：一是从政治目标上讲，达成国之大、民之乐；二是从历史遗留问题讲，完成国家统一；三是从文化传承上讲，继往开来，开拓创新。其中既有传统的坚守和传承，又有旧邦新命之扬弃、精进。

第一，从政治重任讲，中华民族的伟大复兴要实现"国家富强、人民幸福"。民族复兴作为中国共产党所肩负的历史使命，其目标设定以及完成具有阶段性。"实现中华民族伟大复兴是中华民族近代以来最伟大的梦想。从孙中山先生第一个喊出'振兴中华'的口号以来，中华民族和中国人民为实现这个目标进行了不屈不挠的斗争，付出了巨大努力，做出了巨大牺牲。六十多年前我们党领导人民经过长期艰苦卓绝的斗争建立了新中国，三十多年前我们党领导人民开始了改革开放，这两件大事大大加快了实现中华民族伟大复兴的历史进程。"[①] 通过毛泽东领导的新民主主义革命，中华人民共和国站起来了。改革开放使中国走上经济飞速发展之路，1990 年，邓小平总结工作时候提到，"党的十一届三中全会以后，我们集中力量搞四个现代化，着眼于振兴中华民族。"[②] 站起来、富起来是推进实现中华民族伟大复兴的标志性事件。进入新时代，习近平明确了复兴的基本内涵："实现中华民族伟大复兴，是近代以来中国人民最伟大的梦想，我们称之为'中国梦'，基本内涵是实现国家富强、民族振兴、人民幸福。"[③] 以"国家富强、民族振兴、人民幸福"作为中国共产党的重要任务、历史使命，也是中华民族伟大复兴的基本要义。

第二，从历史遗留问题讲，完成国家统一，是中华民族伟大复兴之路上的必解难题。习近平在纪念辛亥革命 110 周年大会上指出："台湾问题因民族弱乱而产生，必将随着民族复兴而解决。"台湾在近代史上因清政府的软弱而

---

① 习近平. 同中华全国总工会新一届领导班子集体谈话 [EB/OL]. http://cpc.people.com.cn/n/2013/1024/c64094-23308870.html, 2013-10-24.

② 邓小平. 邓小平文选：第 3 卷 [M]. 北京：人民出版社，1993：357.

③ 习近平. 顺应时代前进潮流，促进世界和平发展：在莫斯科国际关系学院的演讲 [N]. 人民日报，2013-03-24.

割让给日本，后又成为国民党的败退割据之地。后"台独"势力渐长成势，成为"祖国统一的最大障碍，是民族复兴的严重隐患"①。台湾问题作为历史遗留问题，它的解决需要中华民族摆脱外国强势力量的掣肘，真正实现独立自主解决内政问题，需要以长远的眼光对后世负责，捍卫祖国统一，避免给中华民族的长治久安带来严重隐患。

第三，从文化传承上讲，中华民族的伟大复兴要实现中华文化的继往开来，开拓创新。回顾往昔，中华民族不仅有汉唐之辽阔富饶，更有"服章之美""礼仪之大"的深远文明影响力。中华民族在历史的发展中汇聚而成，超越地域和血缘自觉形成了认可度极高的文化共同体。但中华民族的伟大复兴既非简单地重现汉唐风貌，更非接受传统礼教的复古，而是要在新时代实现中华文化的开拓创新，走向中华文明血脉传承的新阶段，同时丰富马克思主义在当代中国发展的理论形态。

作为文化共同体，新时代的中华民族文化亟须理论创新，以"马克思主义基本原理同中国具体实际相结合、同中华优秀传统文化相结合"② 为指导，实现中华优秀传统文化的现代化新发展，展现出马克思主义在 21 世纪新的发展阶段和理论形态。马克思主义和中华传统文化具有共同的理想政治模式、实践路径和精神价值追寻，使马克思主义在经历了欧洲的幽灵游荡，苏联的盛极而衰后，在中国这片古老的土地上得到了蓬勃发展。马克思主义给中华传统文化带来了科学的历史发展规律，以及社会主义制度下的自由平等民主理念，使中华传统文化的理想政治追寻有了现实的实践路径，从而摆脱了传统社会君主官僚宗法制度的桎梏，使"天下为公""自强不息""和而不同""匹夫有责"等文化传统在现代社会焕发出新的光彩。

三、从中华民族文化共同体角度展望21世纪马克思主义

近现代中国学者多有类似的感触，"产生于西方的马克思主义未能在西方取得实践上的胜利，反倒在东方相对落后的中国开花结果。这是马克思主义发展史上的奇迹，也是人类发展历史的奇迹。这种奇迹的发生，固然同人类历史进入世界历史相关，与 20 世纪世界与中国的现实形势相关，但也与中国

---

① 习近平. 在纪念辛亥革命 110 周年大会上的讲话［EB/OL］. https：//m. gmw. cn/baijia/2021-10/09/35219971. html，2021-10-09.

② 习近平. 在庆祝中国共产党成立 100 周年大会上的讲话［J］. 求是，2021（14）.

是一个拥有悠久历史、丰厚文化遗产的文明古国息息相关。须知，最好的种苗在贫瘠的土壤中难以长成参天大树。5 000余年博大精深的思想文化，为马克思主义在中国生根、开花、结果提供了肥沃土壤"①。产生于19世纪的马克思主义理论能够和历史悠久的中华文明产生共振，是由于二者有着共同的政治理念、实现路径和精神价值追求。

首先，中华传统政治理念立足于"天下为公"，追求以"大同"为目标的贤能政治，和马克思主义理论"各尽其能，各取所需"的共产主义政治理想有共通性。其次，中华民族的传统文化提倡"自强不息"的奋斗精神，和马克思主义理论主张工人阶级通过革命斗争达成自我解放之路，具有相同的路径选择。再次，中华传统社会中以士人为代表的文化阶层，带有强烈的忧国忧民意识，"天下兴亡，匹夫有责"的认知已经深入骨髓，"哀民生之多艰"成为有良知士人的千古咏叹。他们为马克思主义在中国的传播，以及中国共产党的创立和发展提供了中坚力量。最后，中华文明秉持"和而不同"的多元文化理念，使马克思主义作为一种西方外来文化，一旦显示出共同的价值追寻和实现路径后，马上展现出本土文化中固有的包容性和发展性，达成自身文明发展的新阶段。

从时代发展的角度讲，无论是传统的中华文化，还是马克思主义在当代中国的新发展，都已经到了需要深度融合的新阶段，是历史大势所趋。传统文化有中华文明的精髓血脉，正如李大钊所言，进入现代，传统文化面临的"非苟活残存之问题，乃更生再造之问题"②。在君主民本的官僚宗法体制下，中华文化的血脉早已失去了蓬勃发展的空间，陷入逼仄困境。古之士大夫对此心如明镜，却无可奈何。故而明末李贽虽反抗呼号却最终无奈自杀，黄宗羲力求革新却最终沦为纸上空谈。清廷对于文化的高压管控暂时封存了士大夫的创新活力，却在无力统治之后最终被推翻。内忧外患之际，传统与现代转换之中，马克思主义随着纷纷扰扰的思潮进入中国，因其关注"每一个体的自由全面发展"，尤其注重底层民众的自我解放，加之对于压迫社会的犀利批判，让"忧国忧民"的中国知识分子看到了希望，也找到了为之努力的方向。

从马克思主义理论的发展形态讲，21世纪中国的马克思主义与19世纪的马克思主义不同，更与20世纪苏联的马克思主义不同，是"把马克思主义基

---

① 许全兴. 百年来马克思主义与中国传统文化相结合的历史经验［J］. 光明日报，2021-05-18.
② 李大钊. 新中华民族主义［J］. 甲寅（日刊），1917-02-19.

本原理同中国具体实际相结合、同中华优秀传统文化相结合"之后的当代马克思主义。只有将两者结合，才能使中华传统文化焕发出现代社会的生机和活力，在中国古老的大地上续写新篇章。在全球化日益深入的当代，借助于信息化的迅猛发展，中华传统文化和马克思主义互补长短，致力于实现中华民族个体的自由全面发展，同时也期冀以新的中华民族文化引领全人类共同价值。

在马克思主义的指引和中国共产党的领导下，中国人民努力奋斗，使中华民族面临前所未有的发展机遇和复兴前景。新时代中华民族伟大复兴将马克思主义和中华传统文明结合，致力于实现国家富强和人民幸福，将为人类发展史提供新的文化形态。21世纪的马克思主义，或者说是现代化转型后的中华文明，将借助于全球化、信息化的发展，展现出更加广泛、深远的影响力，为人类文明做出更大贡献。

"两个确立"的内在逻辑研究

杨 燕 陈 雪

摘 要："两个确立"是中国共产党的本质要求，是对马克思主义权威思想和科学理论指导思想的继承和发展，是对中国共产党百年奋斗历史经验的总结和归纳，是对党的十八大以来社会主义现代化建设时代诉求的现实回应。"两个确立"具有自身内在的逻辑系统，从理论逻辑、历史逻辑、实践逻辑等维度探讨"两个确立"，有助于在新时代自觉做到"两个维护"。

关键词：两个确立；中国共产党；逻辑研究

在中国共产党建党百年之际，相对于以往对教训的总结，着眼于成就和经验，《中共中央关于党的百年奋斗重大成就和历史经验的决议》作为党的历史上第三个决议呈现在世人面前，决议明确指出："确立习近平同志党中央的核心、全党的核心地位，确立习近平新时代中国特色社会主义思想的指导地位，反映了全党全军全国各族人民共同心愿，对新时代党和国家事业发展、对推进中华民族伟大复兴历史进程具有决定性意义。"①

一、"两个确立"提出的理论逻辑

第三个历史决议的出台必然离不开前两个历史决议，更是有着自己的理论渊源。

（一）权威理论的继承和发展

历史的发展离不开人民群众的创造和推动，但在发展的关键时期也离不

项目基金：2019 年度国家社会科学基金项目"习近平关于新时代坚持和发展马克思主义的重要论述研究"（19BKS025）的阶段性成果。

作者简介：杨燕，济南大学马克思主义学院，副教授；
　　　　　陈雪，济南市商河县第三中学教师。

① 中共中央关于党的百年奋斗重大成就和历史经验的决议［M］. 北京：人民出版社，2021：26.

开英雄人物的引领。如恩格斯所言："在危急关头，大家的生命能否得救，就要看所有的人能否立即绝对服从一个人的意志。"① 对个人意志的服从折射出威慑性和统治性，意味着权威。"这里所说的权威，是指把别人的意志强加于我们；另一方面，权威又是以服从为前提的。"② 对权威的服从有自觉自愿的，有违背内心强制服从的。我们知道，政党产生之前，服从更多是对个人权威的服从。随着历史的演进，从个人集权发展到政党政治，政党成为引领时代潮流的组织。如列宁所言："政党通常是最有威信、最有影响、最有经验，被选出来担任最重要职务而称为领袖的人们所组成的比较稳定的集团来主持的。"③ 获得执政地位的政党组织要想走出历史周期律，必须形成强大的威慑力，如恩格斯在《论权威》中所说："获得胜利的政党如果不愿意失去自己努力争得的成果，就必须凭借它以武器对反动派造成的恐惧，来维持自己的统治。要是巴黎公社面对资产者没有运用武装人民这个权威，它能支持哪怕一天吗？反过来说，难道我们没有理由责备公社把这个权威用得太少了吗？"④ 政党强大影响力的发挥离不开领袖核心，具有个人魅力型的领袖，可以使政党具有更强的凝聚力、向心力和战斗力，使政党具有强大的威慑力和影响力。马克思说："一个单独的提琴手是自己指挥自己，一个乐队就需要一个乐队指挥。"⑤ 列宁指出："历史上，任何一个阶级，如果不推举自己善于组织运动和领导运动的政治领袖和先进代表，就不可能取得统治地位。"⑥ 可见，维护领袖权威对于一个阶级乃至整个社会具有重要作用。

总之，权威作为人类社会发展过程中存在的一种社会现象，作为一个"支配和服从"并存的矛盾统一体存在于社会生活的各领域。正是这种支配力量，保障了人类社会正常有序的发展。与此同时，正是这种服从的力量，无论是强制性还是非强制性的，确保了个体在社会中的有序存在。从根本上说，随着生产关系和人的生存状态的根本性变革，权威的性质和形式也会发生转变，最终会在自觉自愿基础上与人类社会共存亡。

---

① 马克思，恩格斯.马克思恩格斯选集：第3卷 [M].北京：人民出版社，2012：276.
② 马克思，恩格斯.马克思恩格斯文集：第3卷 [M].北京：人民出版社，2009：335.
③ 列宁.列宁选集：第4卷 [M].北京：人民出版社，2012：151.
④ 马克思，恩格斯.马克思恩格斯文集：第3卷 [M].北京：人民出版社，2009：335.
⑤ 马克思，恩格斯.马克思恩格斯选集：第2卷 [M].北京：人民出版社，2012：208.
⑥ 列宁.列宁专题文集（论无产阶级政党）[M].北京：人民出版社，2009：344.

(二) 科学理论指导的重要性

科学理论对革命、建设和改革实践具有重要的指导作用。马克思、恩格斯通过"两个伟大发现"即唯物史观和剩余价值学说，使社会主义实现了空想到科学的转变，为人类社会发展提供了科学理论指导。马克思主义作为科学的理论揭示人类社会发展的必然规律，找到实现社会主义的阶级力量，在领导无产阶级实现自身解放的革命征程中发挥指导作用。如马克思在《〈黑格尔法哲学批判〉导言》中所言，对于德国人民来说，要想取得解放，成为自身的主人，必须有思想理论的引领，"思想的闪电一旦彻底击中这块素朴的人民园地，德国人就会解放成为人"①。可以看出，思想理论在无产阶级革命实践中的不可或缺性。列宁继承和坚定捍卫着思想理论对革命实践的重要性，马克思主义传入俄国后，列宁将马克思主义和俄国实际相结合，在领导俄国革命过程中严肃地指出："没有革命的理论，就没有革命的运动"，"只有以先进理论为指南的党，才能实现先进战士的作用。"② 正是列宁将马克思主义运用到俄国革命运动中，才有了十月革命的胜利。

马克思主义传入中国后，以毛泽东为代表的中国共产党人更注重思想理论的指导性，"主义譬如一面旗子，旗子立起了，大家才有所指望，才知所趋赴"③。面对中国革命过程中中国共产党的实际状况，毛泽东强调"在全党中提高马克思列宁主义的理论水平是完全必要的，因为只有这种理论，才是引导中国革命走向胜利的指南针"④。马克思主义指导中国革命战争的实际，才有了新中国的成立。同样，在中国建设和改革的征程中，马克思主义指引我们迎来了从站起来、富起来到强起来的伟大飞跃。可见，把科学理论作为行动指南标志着无产阶级政党在思想和组织上的成熟性。今天，习近平总书记更是明确指出，一个民族只有具备理论思维，具有科学思想的引领，才能走在时代前列。新时代，确立习近平新时代中国特色社会主义思想的指导地位，是中国共产党人走向理论自觉的生动反映，是增强党的领导力的战略选择。

总之，在政党政治时代，任何一个政党的存续都需要思想理论的指导，执政党尤其如此，因为，科学合理的指导思想能确保政党始终有着清晰的前

---

① 马克思，恩格斯 . 马克思恩格斯选集：第 1 卷 [M]. 北京：人民出版社，2012：16.

② 列宁 . 列宁选集：第 1 卷 [M]. 北京：人民出版社，2012：311，312.

③ 中共中央文献研究室 . 毛泽东年谱（1893－1949）：上卷 [M]. 北京：中央文献出版社，2013：70.

④ 毛泽东 . 毛泽东选集：第 1 卷 [M]. 北京：人民出版社，1991：264.

进方向。

二、"两个确立"提出的历史逻辑

第三个历史决议之所以在此时此景问世，离不开前两个历史决议，更是对既往历史的总结和归纳。

（一）国际共产主义运动的经验总结

从大历史观说，中国更加美好的明天离不开写入人类史册的昨天，中国作为社会主义国家的诞生和发展离不开国际共产主义运动，也就是说第三个历史决议的形成也离不开国际共产主义运动提供的经验教训。

马克思、恩格斯参与领导的巴黎公社论证了"两个确立"对于无产阶级政权的重要性。1871 年，人类历史上第一个无产阶级政权存续了 72 天，最终以失败告终。我们知道任何一种事物的产生或者消失都是内外因共同作用的结果。对于巴黎公社而言，在当时的历史条件下，根本不具备长久存在的客观条件：国内生产力发展水平比较低，阶级基础不够强大，国际环境不允许等；与此同时，从主观条件看，缺乏权威的领导核心和科学理论的指导是其失败的根本原因。巴黎公社终究没有形成权威的领导核心，巴黎公社虽然设置了主席、主席团等核心领导层，但更迭频繁、如同虚设，公社委员同样如此。比如，"在公社委员会执政时期，先后成立了两届执行委员会、两届救国委员会，共有 29 人次担任过这两个委员会的委员职务，但无论是多数派还是少数派的成员，均无一人自始至终参加这两个委员会的工作"①。既没有稳定的权威领导核心，也没有稳定团结的领导集体，基于此，恩格斯明确指出："巴黎公社遭到灭亡，就是由于缺乏集中和权威。"② 另外，没有科学理论的指导也致使了巴黎公社的失败。巴黎公社的委员在指导思想上，多数信奉激进的布朗基主义，少数信奉改良的蒲鲁东主义。可以看出，公社委员指导思想不但不统一，而且非科学。布朗基主义主张依靠少数革命家的密谋活动推翻资产阶级的统治，建立少数人的专政，直接跨越到共产主义。蒲鲁东主义主张以个人占有为基层的互助制社会，反对暴力革命，倡导通过和平改良的办法，建立小手工业生产制，实现社会主义。可见，无论布朗基主义还是蒲

---

① 刘昀献. 巴黎公社失败原因的新思考 [J]. 河南大学学报（社会科学版），1996（4）：89-93.
② 恩格斯. 论权威：[M]. 北京：人民出版社，1973：10.

鲁东主义的信奉者都不可避免地浸染着各种非马克思主义的痕迹。正是由于缺乏科学社会主义的指导，巴黎公社在很多方面犯了致命的错误，不可避免地加速了巴黎公社的失败。故，缺乏"两个确立"是巴黎公社留给后世无产阶级革命运动最深刻的教训。

苏联解体、东欧剧变表明了"两个确立"的重要性。作为当时世界上最有分量的社会主义集合群，东欧各国，尤其苏联在外无入侵、内无暴动的情况下，轰然解体，原因肯定是多方面的，究其根本，无外乎缺乏真正权威的领导和放弃马列主义的引领。

领导权威的缺失。就致使苏联最终解体的戈尔巴乔夫而言，"他不具备充当国家首脑的素质，完全不愿做出权威的决断，总是无休止地讨论，听取各种不同的意见，没完没了地争论，并借机不做最终的决定，花言巧语，不置可否，不明确表示赞成或反对"①。由于戈尔巴乔夫本身的左右摇摆性，不具备领袖应具有的权威折射力，导致苏共党内分裂成三种政治势力，一种是以戈尔巴乔夫为首的主流派；一种是以叶利钦为首的民主派；一种是以利加乔夫为代表的传统派。戈尔巴乔夫的不断妥协和折中，最终导致以叶利钦为首的民主派的全面夺权。可见，缺乏权威，引发了苏联从上到下的解体。对于东欧各国来说，戈尔巴乔夫对东欧各国推行新政策，放松了对东欧各国的控制，外在权威缺失，内在权威尚无的情况下，东欧各国社会主义制度摇摇欲坠。

马克思列宁主义的缺失。社会主义、马列主义虽然在苏联和东欧各国常说常在，但戈尔巴乔夫实际鼓吹的是人道的民主社会主义，否定共产党领导，否定领导权威，主张在政治、经济以及文化领域实行多元化。可以说，人道的民主社会主义改革意味着苏共彻底放弃了马列主义。作为无产阶级政党的灵魂和生命，放弃了马列主义也就等于放弃了自己。这是苏共从内而外瓦解的实质。东欧各国在戈尔巴乔夫新思维的影响下，党组织放弃马列主义的指导地位，开始改组、分裂和蜕变，在西方"和平演变"的助推下，纷纷转向。

总而言之，苏联解体、东欧剧变警示我们，无产阶级政党领导核心、马克思列宁主义的指导思想地位决不能动摇，在"两个确立"上决不能犯错误。

（二）共产党百年发展史的经验总结

近代以来，为了挽救民族于危难之中，中国共产党应运而生。从中国共

---

① 雷日科夫. 大动荡的十年［M］. 王攀，等，译. 北京：中央编译出版社，1998：370.

产党百年发展史看，是否具有全党公认的权威领导核心关乎党的生命。

新民主主义革命时期，正是因为我们党确立了毛泽东同志的领导核心地位，确立了毛泽东思想的指导地位，中国的革命事业才转危为安，踏上了从胜利走向胜利的征途，为中华民族站起来提供了根本政治保证。在党的革命历程中，遵义会议是个转折点，之前，"我们的党没有形成过一个成熟的党中央。从陈独秀、瞿秋白、向忠发、李立三到王明，都没有形成过有能力的中央"①，导致革命事业几经挫折。为了解决当时军事问题和组织问题的遵义会议解决了当时最为关键的权威问题，"确立了毛泽东同志在党中央和红军的领导地位，开始确立以毛泽东同志为主要代表的马克思主义正确路线在党中央的领导地位，开始形成以毛泽东同志为核心的党的第一代中央领导集体"②。1938年召开的决定中国未来命运的六届六中全会，进一步确定了毛泽东同志在党中央的核心地位，毛泽东思想的指导地位。尤其，中共七大将毛泽东思想写入党章，正式确立了毛泽东思想在全党的指导地位。如《关于若干历史问题的决议》所言："我党经过了自己的各种成功和挫折，终于在毛泽东同志领导下，在思想上、政治上、组织上、军事上，第一次达到了现在这样高度的巩固和统一。"③ 新中国成立后，在社会主义革命和建设时期，正是在毛泽东同志领导核心地位的持续巩固以及毛泽东思想的丰富和发展，全国人民才能万众一心搞建设，为实现中华民族伟大复兴奠定根本政治前提和制度基础。

历史步入改革开放和社会主义现代化建设时期，中国共产党人迎来从站起来到富起来的伟大飞跃，党的十四届四中全会通过的《中共中央关于加强党的建设几个重大问题的决定》给出了答案，"党的历史表明，必须有一个在实践中形成的坚强的中央领导集体，在这个领导集体中必须有一个核心。如果没有这样的领导集体和核心，党的事业就不能胜利"④。在邓小平、江泽民、胡锦涛为主要代表的中国共产党人的核心领导下，在中国特色社会主义理论体系的科学指导下，中国实现了跨越式发展。

历史进入新时代，习近平同志的核心地位和习近平新时代中国特色社会主义思想的指导地位被确立。确立习近平同志党中央的核心地位，为党和国家事业提供了主心骨和定盘星。"如果党中央没有权威，党的理论和路线方针

---

① 邓小平. 邓小平文选：第3卷 [M]. 北京：人民出版社，1993：309.
② 中共中央关于党的百年奋斗重大成就和历史经验的决议 [N]. 人民日报，2021-11-17.
③ 毛泽东. 毛泽东选集：第3卷 [M]. 北京：人民出版社，1991：970.
④ 中共中央关于加强党的建设几个重大问题的决定 [M]. 北京：人民出版社，1994：12.

政策可以随意不执行，大家各自为政、各行其是，想干什么就干什么、想不干什么就不干什么，党就会变成一盘散沙，就会成为自行其是的'私人俱乐部'，党的领导就会成为一句空话。"① 习近平同志作为高瞻远瞩、雄韬伟略的马克思主义政治家，大刀阔斧深化改革开放，为21世纪中国发展贡献自己的智慧。确立习近平新时代中国特色社会主义思想的指导地位，进一步巩固全党全国各族人民团结奋斗的共同思想基础，凝神聚力，使我们各方面建设取得前所未有的成就。因此，"两个确立"是从深刻总结党的百年奋斗历史得出的宝贵经验。

三、两个确立提出的实践逻辑

"两个确立"在回应全面加强党的建设，走向第二个百年奋斗目标，实现中华民族伟大复兴的时代诉求中应时而生。

（一）"两个确立"是全面加强党的建设的必然要求

党的十八大以来，我们的社会主义建设事业在取得历史性成就的同时，也面临一些风险和挑战，作为社会主义事业的引领者，中国共产党在抵抗各种风险中发挥着关键作用。对此，以习近平同志为核心的党中央在强烈的责任担当意识下，从自身抓起，坚定管党治党的决心，全面从严治党，为实现中华民族伟大复兴提供根本保障。伟大事业离不开坚强的党来领导，强大的政党离不开坚强的核心来引领。可以说，"两个确立"是建设强大政党的内在要求。党的十九届六中全会从战略方针的高度强调全面从严治党的问题，通过落地转化，"党的自我净化、自我完善、自我革新、自我提高能力显著增强，管党治党宽松软状况得到根本扭转，反腐败斗争取得压倒性胜利并全面巩固，消除了党、国家、军队内部存在的严重隐患，党在革命性锻造中更加坚强"②，切实增强了党的政治领导力、思想引领力、群众组织力、社会号召力。习近平新时代中国特色社会主义思想坚持把马克思主义基本原理同中国实际相结合，既具有马克思主义的理论品格和精神实质，又呈现中国气派、中国风格，是马克思主义中国化的新飞跃，给当代中国共产党人提供了强大的真理力量。"两个确立"把党的建设和党领导的事业全面推向前进。

---

① 习近平.习近平谈治国理政：第2卷［M］.北京：外文出版社，2017：21.
② 中国共产党第十九届中央委员会第六次全体会议文件汇编［M］.北京：人民出版社，2021：57.

（二）"两个确立"是推进第二个百年奋斗目标的本质要求

"中国共产党为什么能，中国特色社会主义为什么好，归根到底是因为马克思主义行！"① 可以看出，第二个百年奋斗目标的实现离不开中国共产党的能和马克思主义的行。如此，坚持和捍卫"两个确立"是被实践证明的新时代党和国家事业发展能够取得一系列重大成就的要义所在与根本结论，是推动新时代第二个百年奋斗目标的本质要求。党的十八大以来，中国共产党在富起来到强起来的奋斗征程中取得了显著成就，克服了各种困难和挑战，为世界发展提供中国智慧和中国方案，成为当之无愧引领发展潮流的世界第一大党。随着时代的发展，我们在进入第二个百年奋斗目标的实现征程中，习近平总书记作为习近平新时代中国特色社会主义思想的主要创立者，其全党核心地位的确立以及习近平个人全党核心地位的确立，代表着人民群众内心的真实声音与集体意志，是在新时代内外挑战与伟大成就中确证的。对此，坚持好、维护好"两个确立"，有助于我们深刻学习领会党的百年奋斗重大成就与历史经验，在实现第二个百年奋斗目标的奋斗之路上做到"两个维护"，以饱满热情与昂扬斗志将"两个确立"融入血脉、付诸行动。确立习近平总书记全党核心地位，对于习近平总书记的政治勇气、历史担当、人民情怀和人格魅力加深认知，自觉做习近平新时代中国特色社会主义思想的信仰者、践行者和传播者，使马克思主义不断焕发出思想活力，彰显信仰魅力，增强实践推力，推进中国特色社会主义事业深入发展。可见，我们必须以强大的思想自觉、政治自觉与行动自觉在实践中坚定和落实"两个确立"，始终保持思想不迷航、信仰不迷失、行动不迷向，是中国特色社会主义事业能够继续胜利的保证。

（三）"两个确立"是实现中华民族伟大复兴的根本依靠

中华民族伟大复兴梦不是轻而易举就能实现的，实现的道路上会遇到很多困难和挑战，习近平总书记洞察时代风云，把握时代脉搏，引领时代潮流，在实现中华民族伟大复兴的道路上提出了一系列原创性战略思想与创新理念，形成了习近平新时代中国特色社会主义思想。新时代的实践证明，一方面，"只要我们坚持党的全面领导不动摇，坚决维护党的核心和党中央权威，充分发挥党的领导政治优势，把党的领导落实到党和国家事业各领域各方面各环

----

① 习近平. 在庆祝中国共产党成立100周年大会上的讲话 [N]. 人民日报, 2021-07-02.

节，就一定能够确保全党全军全国各族人民团结一致向前进"①。另一方面，马克思主义作为我们立党立国、兴党强国的根本指导思想，"只要我们勇于结合新的实践不断推进理论创新、善于用新的理论指导新的实践，就一定能够让马克思主义在中国大地上展现出更强大、更有说服力的真理力量"②，在21世纪马克思主义通过被中国化了的习近平新时代中国特色社会主义思想彰显世界影响力。可以说，要推进中华民族伟大复兴，领导核心和指导思想具有根本作用。因此，"两个确立"的提出是推动民族复兴的必然要求，具有重大而深远的政治意义、历史意义和现实意义。在"两个确立"的引领下，党和国家才能在现代化建设中走出更广阔的大道，取得更瞩目的成就，民族复兴才有依托、有希望。

总之，"两个确立"是我们党总结历史经验得出的规律性结论。有坚强领导核心的掌舵领航，有科学思想理论指引方向，实现中华民族伟大复兴就拥有了显著的组织优势和先进理论旗帜，就拥有了可靠政治保障和强大力量支撑。

---

① 中共中央关于党的百年奋斗重大成就和历史经验的决议［N］. 人民日报，2021-11-17.
② 中共中央关于党的百年奋斗重大成就和历史经验的决议［N］. 人民日报，2021-11-17.

延安时期中国共产党组织建设的
实践探索与当代启示

马文梦

摘　要：延安时期，帝国主义和中华民族的矛盾成为中国社会的主要矛盾，中国共产党作为先进的无产阶级政党，肩负起了实现民族独立和人民解放的伟大历史使命。中国共产党深刻认识到巩固党的领导地位、增强党的组织力量的重要性，并从强化组织队伍、完善组织制度、严明组织纪律、加强基层党组织建设等方面积极探索党组织建设的有效途径。考察延安时期党在组织建设上的实践探索，对新时代进一步加强与推进党的建设新的伟大工程具有重要启示与借鉴。

关键词：延安时期；中国共产党；组织建设；启示

延安时期是党的组织建设在挫折中走向成熟的发展时期。在这一历史时期，党攻坚克难、自力更生，坚定不移地加强党的组织建设，实现了全党前所未有的大团结，提升了党的执政能力，开辟了党组织发展的新格局。梳理总结党在延安时期加强组织建设的历史实践，有助于我们深化对组织建设的艰巨性、长期性、必要性的认识与理解，有助于我们从世情、国情、党情的变化中，研究和把握新时代组织建设的特点和规律，更加科学地厘清党的组织建设的思路。

一、强化党的干部队伍

组织队伍是中国共产党开展各项事业的战斗队和坚定力量，为党和国家事业的发展注入了强劲的活力与生命力。延安期间，中国共产党在持续拓展党员队伍的基础上，以一切从严为标准，以增强干部队伍建设为重心，不断强化党组织队伍建设。这一时期党通过严格选拔任用和严格管理培训干部等

作者简介：东北师范大学马克思主义学部研究生。

举措，为党组织培养了许多优秀的知识人才和革命骨干，为党取得革命战争的胜利提供了坚实的组织力量。

（一）坚持严格选拔和任用干部

延安时期，随着抗日救亡运动如火如荼地广泛展开，干部成为制约中国革命事业发展的关键因素。因此，加快培养高素质的干部队伍，成为这一时期党的一项紧迫任务。中共中央严格把控入口关，正确选拔任用干部。

首先，坚持"德才兼备"的干部标准。1938 年，毛泽东在党的六届六中全会上强调："中国共产党是在一个几万万人的大民族中领导伟大革命斗争的党，没有多数才德兼备的领导干部，是不能完成其历史任务的。"① 第一次明确地提出党的领导干部所应具备的基本素质是德才兼备。毛泽东认为，干部要有高尚的政治品质与昂扬的精神风貌，也要具备出色的工作技能，主张二者兼具。陈云继承并发展了毛泽东的人才思想，强调选用干部要坚持"德才并重，以德为主"②，在检验干部能力的同时注重考察其党性，既要讲政治又要重能力。总之，选拔任用干部时，要把政治素质和工作能力结合起来，做到德才并重。

其次，坚持"任人唯贤"的干部路线。我们党高度注重党员干部的识别和任用工作。一方面，党十分注重客观而全面地考察和识别干部。客观认识和全面了解干部是科学选用干部的先决条件，党坚持实事求是的工作方法，尤其注重把干部的一言一行与过去的所有历史、工作状况相结合，以达到对干部全面深刻地认识了解，从而选出优秀的党员干部。另一方面，不拘一格地选拔使用干部。延安时期，为最大程度地培养和选拔优秀的党员干部，毛泽东适时提出"五湖四海"的原则，主张突破地域、身份限制，采取不拘一格的方式选拔杰出的党员干部。诚心吸纳社会各方贤才，在大量吸收知识分子的同时，注重从学校、工厂、部队中选拔党员干部，将众多能力突出的优秀人才吸收入党，党的组织队伍进一步扩大，干部队伍的结构更加完善，提升了党组织的生命力和战斗力。

（二）坚持严格干部管理和培训

加强干部的管理和培训工作是进一步提升党员干部素质水平，确保干部

---

① 毛泽东 . 毛泽东选集：第 2 卷 ［M］. 北京：人民出版社，1991：526.
② 中共中央文献研究室 . 陈云论党的建设 ［M］. 北京：中央文献出版社，1995：123.

队伍建设质量的重要途径和工作方法。这一时期，党中央把管理与培训党员干部当作要事急事来抓。

首先，强化对干部的管理与监督。抗战期间，由于缺乏对干部严格的管理与监督，党的干部队伍建设中存在问题，如干部中存在个人主义、自由主义、分散主义的思想，一些干部存在不作为、不担当、贪污腐化的行为。为适应干部队伍的变化，强化对干部队伍的管理与监督，党中央提出"党管干部"的原则，严格贯彻执行由党中央和各级党委组织部门对干部进行统一管理的领导体制，这一重要原则和领导体制有效加强了我们党对干部队伍的领导与监督。同时，主张建立各级监察机构，制定了检查和巡视制度等，从而进一步增强了广大党员干部的纪律和组织意识。

其次，加强对干部队伍的教育和培训。延安期间，以在职和在校两种形式开展党员干部的教育和培训，是党在当时的一大特色。1942年，党中央正式通过了《中共中央关于在职干部教育的决定》，《决定》明确指出，应当把对在职干部的教育置于所有干部教育工作的首位。由此，确定了以在职干部教育为先的战略方针。为了加强党内马列主义学习和宣传，消除党内存在的主观主义的错误倾向，党中央着力开展了延安整风运动。通过这次学习，党内干部的思想认识、文化水平与政治远见得到极大提升，一大批干部迅速成长起来。此外，中央还积极创办各级各类干部学校和培训班，着力增强干部教育培训力度。毛泽东、周恩来、刘少奇等党的主要领导干部率先垂范，主动到各干部学校和培训班进行授课，取得了显著成效。延安时期，党设立了20多所干部学校，培养造就了数十万优秀的党员干部。他们将学到的知识与本领运用到革命和建设的实践中，为中国革命胜利及新中国的建设做出了卓越的贡献。

二、健全党的组织制度

组织制度是保证党团结统一、健康发展的坚固后盾，也是增强党的凝聚力和战斗力的坚实保障。延安时期，党的组织建设仍面临一些问题，如组织制度不完善、政治生活不严肃等。为此，党中央高度重视并坚持贯彻党的民主集中制，完善党的组织规章制度，着力抓好组织生活制度等。一系列举措的实施进一步完善和健全了党的组织制度，提升了党组织的运行效率，为加强党的组织建设提供了制度保障。

（一）坚持民主集中制的组织原则

民主集中制是我们党的根本的组织原则和领导制度。延安时期，为了激发党员干部活力，团结全党力量，党中央十分重视民主集中制作用的发挥，并采取了一系列有力措施加以贯彻执行。

首先，发扬党内民主，开展批评与自我批评。毛泽东强调，党的内部矛盾要避免采取残酷斗争的方法解决，要发扬民主作风，用批评和自我批评的方式解决和处理，这是一种良好的发展党内民主的方式。所以，"应该用批评和自我批评的方法，经常检讨自己工作中的错误与缺点"①。

其次，主动接受党内外监督，加强对党员的自我约束。党员要充分发挥自己的先锋模范作用，保证自身的先进性就要积极主动地接受监督。一是加强党内监督，主要是党员之间的相互监督和上级领导干部对下级的监督等。二是加强党外监督，主要有民主党派的监督，无党派民主爱国人士的监督，人民群众的监督，等等。通过党内外的有力监督，促使党员正确行使权力，认真开展党内政治活动。三是强化党的集体领导，维护党的统一权威。我们党在长征途中召开了具有重大转折意义的遵义会议。这次会议上形成了以毛泽东为核心的中央领导集体，加强了党的集体领导，是这一时期党的组织建设取得的重大成就。遵义会议以后，党为遏制各种形式的山头主义、不良思想，积极捍卫中央权威，夺取革命战争的胜利，毅然采取多项措施，强化党的集体领导。1945年，党的七大通过的《党章》明确指出，中央书记处是党的领导、决策的中心，并以立法的形式确立了党的集体领导制度。在七大召开后，共产党的集体领导体制最终得以稳固。加强党的集体领导对于边区的建立与发展，提高党的工作效率，维护党的团结统一有着深远的现实意义。

（二）完善党的组织规章制度

组织规章制度是约束和规范广大党员的重要途径和有效方式。延安时期，为了提升党组织的工作效率，党中央更加注重完善和健全组织的规章制度。

首先，完善干部的管理体制。抗日战争爆发后，为加强对干部的管理，有效发挥他们的作用，党中央决心改革与强化党的组织结构，在各级党委下设组织部，负责干部队伍的建设与管理，为规范干部行为、提升工作效率提供了重要保障。之后，随着战争形势的严峻，党本着一切服从战争需要的原

---

① 中国革命博物馆．中国共产党党章汇编［M］．北京：人民出版社，1979：48．

则，在 1942 年确立了党的一元化领导体制。相应的，在干部的管理上，各级党委组织部也逐渐建立了高度集中、统一的管理体制，有效地保障和推动了党对干部的调配、教育和培训。

其次，健全集体领导制度。当时党内有些领导干部出现了独断专行、大包大揽的现象，严重阻碍了抗日根据地的坚持与建设，加深了党员间意见的分歧，党中央意识到必须要加强集体领导制度的建设。第一，要充分发挥党委会的职能作用，按时按期召开党的委员会，关乎党和人民的重大问题必须通过全会进行商讨和决议。第二，要坚持集体领导和个人负责相结合，科学认识二者的辩证关系，把两者有机地联系起来，明确个人负责是做好集体领导工作的重要基础，"任何时候，在任何情况下，实行集体领导都要最明确地规定每个人对一定事情所负的责任"①。第三，要贯彻执行民主集中制，坚持"四个服从"的组织原则和纪律，以此彰显和推动党内民主，促进党的集体领导制度得到进一步的发展和完善。此外，党中央还不断推进党的代表大会制度、请示报告制度等相关制度的健全、完善与实施，通过一系列具体制度的践行规范了党员行为，促进了党组织工作的高效运转。

（三）着力抓好组织生活制度

组织生活制度是一种良好的组织管理方式。延安时期，针对党组织内存在的错误思想和行为，尤其是各种"非无产阶级思想"的腐蚀，党中央指出，要认真抓好组织生活制度，为党组织生活的健康开展营造一个良好的党内生活氛围。

首先，坚持党的会议制度。延安时期，党坚持实行党员大会、党小组会和支部会议制度，并强调党的一系列重大问题必须先由党组织开会充分讨论决定，然后交给群众响应执行。同时，要积极组织召开支部代表大会和党小组会，把上级的指示传达给全体党员，加深党员对政策、指示的认识和领会，以便指示得以更好地实施。

其次，搞好组织生活会。在生活会上，鼓励党员和党的主要领导干部，自由发言，上级不对下级指手画脚，遵从党的纪律，坚持群众路线，对群众的合理意见充分讨论、虚心接受并加以改正。此外，党强调组织生活会要坚持批评和自我批评的优良作风，尤其是通过自我批评使党员能够更加全面深刻地了解自己在思想和工作中的不足和问题，增强自身的党性修养。

---

① 列宁. 列宁选集：第 4 卷［M］. 北京：人民出版社，1972：24.

最后，党的领导干部要充分发挥表率、示范作用。领导干部作为党组织建设的中坚力量，其言行举止、政治信仰和生活作风等都对广大党员群众起着重要的模范影响作用。

三、严明党的组织纪律

严明的组织纪律是党组织发展壮大的鲜明特征与重要保障。延安时期，党不断深化严明组织纪律的重要性与迫切性的认识，加强党的纪律检查，注重党的纪律教育，从纪律层面保证了这一时期党的组织建设的顺利开展。

（一）加强纪律检查工作

党的纪律检查是对党内纪律落实情况的考察，是保证全党遵守纪律、规范党员行为、保持党的优良作风的有效路径。延安时期，在党中央正确路线的领导下，党的纪律检查工作渐渐地走向正确的发展道路。为强化对党的各级机关、领导干部和广大党员存在的违法和违纪行为的管理和检查，党的六届六中全会特别注重加强党内法规建设，起草出台了若干党内法律法规。此外，六届六中全会还完整地提出了"四个服从"的重要原则，"四个服从"是党的一项重要组织纪律。这些党规党纪对党中央及各级地方党组织的职责、任务、组织纪律等方面做了明确规定，从而使党的纪律检查工作的内容更加明确和具体。在延安整风期间，中共中央制定和执行了"惩前毖后，治病救人"的方针，指出要以科学的态度认识和批评党内同志犯的错误，努力把犯错误的同志转变为好同志。此方针不仅是我们党开展党内斗争所必须要遵循的基本方针，同时也是党开展纪律检查工作所必须要坚持的重要遵循。1945年，党的七大修改的新党章首次在总纲中把党的纪律作为党的组织基础载入其中，着重强调对党员的奖惩是遵守纪律的有效方式。党章还提出要恢复建立监察委员会，加强对党员干部的监督和检察，明确规定了纪律检查机关的生成模式、任务职能和领导体制。党的七大颁布的新党章发展了党的纪律检查制度，增强了党员干部的纪律性。

（二）注重党的纪律教育

纪律教育是提高党员纪律意识、净化党内风气、维护党组织团结统一的基础性工作。延安时期，在国民党"糖衣炮弹"的政治诱降下，一些党员干部守不住底线，理想信念发生动摇，加之这一时期共产党多次取得局部抗战的胜利，有的党员产生了骄傲自满的心理，还有一些党员出现了违法犯罪的行为。因而，在全党加强纪律教育，深化全体党员的纪律信仰，已成为党亟待解决的重要问题。在1938年党的六届六中全会上，毛泽东明确强调，"必须对党员进行有关党的纪律的教育"①。并着重强调从一般党员到党的高级干部都必须严格遵守纪律，不存在"特殊人物"，指明了纪律教育的目的。1942年的整风运动专门把纪律教育作为推动党内思想统一的关键一环。整风过程中，中共中央将列宁论党的纪律的经典文献列入教育学习的重要文件中，从思想上强化党员干部的纪律意识。此外，针对新入党的党员和新的领导干部存在的党性较弱的问题，陈云提出要："严格纠正本位主义的一切直接或间接的不合组织纪律的作风"②。要求全面强化纪律教育，各级党政机关、部门和学校要一起担负起党的纪律教育的重要责任。为使党的纪律更加内化于心、外化于行，党的七大提出对于违反党纲、党章、党纪，损害党组织发展并不能改正者，要时时注意清理出党。延安时期党在全体党员范围内进行了一场党的纪律教育运动，并对违纪违法的党员干部给予严肃的处理。这一系列重要举措极大地提高了广大党员干部的纪律意识，促使其更加遵纪守法。

四、加强基层党组织建设

基层党组织是将党和人民群众紧密联系在一起的纽带和桥梁，是中央的决策部署得以贯彻落实的"最后一公里"。延安时期，党中央坚持以整顿为重点，完善基层党组织结构，积极发展新党员，增强基层党组织力量，既巩固了党的组织基础，同时也为革命胜利提供了坚强的组织支撑。

（一）大力整顿优化基层党组织结构

为最大限度地动员和组织人民参加民族解放运动，稳固和发展共产党的群众基础、阶级基础，进一步提升党的战斗力，中共中央对基层党组织做出了相应的整顿和部署。

一方面，明确整顿目的。针对基层党组织存在的不足，党中央强调："支

---

① 中共中央文献研究室，中央档案馆.建党以来重要文献选编（1921—1949）：第16册［M］.北京：中央文献出版社，2011：330.
② 陈云.陈云文集：第4卷［M］.北京：中央文献出版社，2005：364.

部工作必须加强，支部在群众中的工作必须发展。各级党的组织机构必须加以整理，以求得在巩固党的工作中收到最大的效果。"① 主张要认真地、大规模地审查基层党组织，把渗透进来的不良分子和敌对分子全部肃清，使党的组织队伍更加纯洁，对全体党员开展一次社会主义和共产主义的理想教育，以提高广大党员的思想理论素质，坚定其理想信念，从而更深入地开展群众工作。

另一方面，提出基层党组织的整顿措施：一是由审查委员会深入党的基层组织，严格审查，发现问题，逐个整改；二是注意掌握政策界限，将普通党员犯的错误与清查干部、处理反革命分子正确区分开来；三是要进行成分改造，对党内的复杂成分尤其是领导成分进行整顿和改造；四是审查工作要以党的支部为单位进行，主要开展对领导班子和一般党员历史背景和工作成绩的审查；五是对基层党组织进行定期整顿和检查工作。通过多年的整顿、整改，党的基层组织得到优化和发展，进一步夯实了党的组织基础。

（二）积极发展基层新党员

基层党员队伍是加强和推进基层党组织建设，促进基层党组织不断发展壮大的力量源泉和重要动力。党中央在延安时期十分重视并采取了多项措施加强基层党员队伍建设，主要有三个方面。

首先，坚持党员标准。为了争取抗战胜利，越来越多的人申请加入中国共产党，其中不乏投机分子进入党内，在一定程度上破坏了基层党组织的纯洁性。为了保证基层党员队伍质量，陈云明确列出了成为合格共产党员的六个标准。随后，根据形势的发展，陈云进一步提出了"两项要求"，即忠诚、踊跃参加经济与技术工作，进一步完善了党员的行为规范。

其次，注重对基层党员的教育。对基层党员的教育要坚持县委、区委负责的基本原则，主要以马列主义教育、革命教育、政治常识教育，以及社会科学知识和历史知识教育等为教学内容，采取识字组、读报组和训练班等教育形式调动党员的积极性，以提升基层党员的文化水平，增强基层党组织工作能力。

最后，加强对基层党员的组织管理。一是设立专门负责新党员管理工作的办事处。培养汇集一批思想先进、素质过硬的组织人员管理和负责新党员

---

① 中共中央文献研究室，中央档案馆.建党以来重要文献选编（1921—1949）：第16册［M］.北京：中央文献出版社，2011：580.

的接收、发展和管理工作。二是对于申请入党的人员要进行严格审查。新党员入党，必须逐个进行审查、通过、批准，严防敌探、阴谋家、汉奸分子混入党内。三是严格入党手续。党反复重申要按规定规范入党手续，最先要有入党介绍人，介绍人要对申请人有仔细深入的考察，而后经所在的党支部党员大会讨论通过，最后由上级党委批准，以此保证基层党员的质量。

五、启示

延安时期，中国共产党深刻认识到党的组织建设对提升党的执政能力、巩固党的执政地位的重要意义。并在从严管理党员干部、完善党的组织制度、严明党的组织纪律、建设基层党组织等方面，对如何加强党的组织建设进行了一系列实践探索。历史与实践证明，加强党的组织建设，把党建设成为充满活力、团结统一的马克思主义政党，为发挥领导核心作用夺取革命最终胜利提供重要组织保障。深刻考察延安时期党的组织建设实践，汲取经验教训，对于新时代坚持党的领导、加强党的建设，做好党的组织工作具有重要启示。

（一）加强党员干部队伍建设

党员干部是党的核心成员。党的工作归根结底是党员干部在各级党组织的团结和带领下完成的。强化组织建设的关键是充分建设好党员干部队伍。延安时期，在抗战救国的艰辛过程中，中国共产党吸收了许多优秀的领导人才和知识分子，形成了庞大的党员干部队伍，为党的决策、路线的实施提供了坚实的保障。新时代，面对深刻变化的国际环境及繁重复杂的工作任务，要适应形势的变化，必须把各级领导班子与干部队伍建好建强，与此同时，把培养对党忠诚、恪尽职守、勇于担当的高素质干部作为当前组织工作的重中之重。因此，必须狠抓严管干部的培育、选拔、管理、使用工作；牢固坚持任人唯贤、德才兼备的政策方针，选干部用人才既要重品行又要具才能，选拔培养政治品质高、工作能力强的优秀人才。各级党组织在严格把控政治、品行、能力关的同时，要不断增大干部交流力度，创新选拔人才机制，努力聚天下英才而用之。

（二）注重党的组织制度建设

党的组织制度的核心是民主集中制。这是党不断取得巨大胜利的内在引擎和制度保障。延安时期党根据面临的新形势、新任务，不断发展完善包括党的集体领导制度、请示报告制度等具体的制度。这一时期党中央高度注重并贯彻实行党的民主集中制，为党组织的成长和发展创造了良好的政治氛围，推动了党的团结，促进了革命的发展。新时代加强组织制度建设，首先要完善和落实民主集中制。加强对民主集中制的学习教育和检查监督，使党员干部在学习中增强"四个意识"，坚定"四个自信"，做到"两个维护"，做到团结统一、步调一致。各级领导干部要正确把握好民主集中制的内容方法，带头发扬民主，集思广益，不搞"一言堂"。同时要结合党内考察巡视、民主生活会等形式，对领导小组和党员干部落实民主集中制的状况进行全面的检查。对落实不好或者没有落实的，要给予警告和批评，并在适当的时候进行组织的调整。其次要健全组织制度体系，强化制度执行。要从组织设置、组织生活、组织运行等方面对党的组织制度体系进行完善。坚持系统规划，注重协同高效，系统地整理和细化党的制度，努力弥补缺失的主要规章制度，健全相应的配套制度，强化整合零散制度，适时进行过时制度的清理，从而推进党的组织制度更加成熟和定型。同时要加强培训和检查评估，增强党员制度意识，把制度执行力作为考察党员干部的重要部分，促使其按规矩、照纪律办事。

（三）着力强化组织纪律建设

组织纪律是党的优良传统和巨大优势。在延安时期，毛泽东完整地提出了"四个服从"的组织纪律，指出了各级党组织的科学和严密的纪律关系，同时中央还根据党内残留的错误思想，率先进行了规模宏大的整风运动，进一步完善了党的组织纪律结构，促进了全党思想的统一。组织纪律是党的纪律的一项重要内容，同时也是推进党的建设和发展的一项重要法宝。以强化组织建设为导向，新时代党的组织纪律建设要从两个方面着手：首先，强化纪律教育。要深入开展党的纪律教育工作，使党员干部在学习教育中切实了解党的纪律的具体功能，形成对纪律的正确认识，从而把党规党纪镌刻于心，提高党员干部的纪律性，树立良好的遵纪守法的作风。其次，强化对组织纪律执行情况的检查监督。实践证明，没有检查监督，纪律的执行力就会打折扣。因此，党在今后的工作中要进一步增强组织管理，强化对组织纪律执行的检查监督，要求所有党员均应无条件地服从党组织的相关安排，认真执行党的纪律，增大监督力度，做到有纪必执、有违必查、有责必究，严厉惩处瞒骗组织、违抗组织的恶劣行为，彰显党内监督的权威性、实效性，把组织纪律真正变为带电的高压线。

（四）提升基层党组织的组织力

治国安邦，贵在基础，管党治党，贵在基层。延安时期，我们党注重壮大党员队伍，整顿基层党组织班子，在提升党员质量的同时，加强对党员的教育和训练，克服了复杂社会环境与利益主体对党组织的挑战，增强了基层党组织的力量。新时代党推进组织建设，要注重充分发挥基层党组织所具备的强大的战斗力，以着力提高基层党组织的组织力为重点，保证党的各项决策、方针政策，能够在基层得到贯彻落实。首先，要"配强班子用对人"。一方面必须把政治上过硬、工作上有思路、作风上有担当的好同志充实到基层党组织中，增强基层班子的领导力量；另一方面要继续推进全面从严治党向基层延伸，加强对基层领导干部责任的监督和追究力度，强化基层领导集体的主动性与办事灵活性。其次，从严教育、管理和监督，提高党员质量。严格按照党内法规要求，把好党员入口关，对全体党员深入开展思想政治教育工作，激发斗志、凝聚共识，进而增强基层党组织内部凝聚力；同时严把出口关，按照合格共产党员的标准对党员进行考核评议，对于考评不合格的依法依规进行教育和处置。在实际工作中，广大党员要加强与人民的联系，提高为民服务的能力，促进组织力的提高。最后，增强制度保障，确保职能发挥，保证各项工作的顺利实施。健全激励机制，以完善的党内激励措施激发党员的主动性与创造性，严格执行"三会一课"制度，以提升党员素质水平，严肃党内政治生活，优化组织设置、创新基层党组织活动方式，从横向上明确基层党组织对其他政权机关、群团组织的领导关系，在清晰的职责与职权划归中落实党中央的方针政策。

浅论马克思"第三者"的三重内涵

——基于《1844 年经济学哲学手稿》的分析

田正洋

摘　要："第三者"是马克思在《1844 年经济学哲学手稿》中提出的关键概念，指在主体与对象的"对象性活动"中，"第三者"既作为自身的对象而存在，又作为对象的对象而存在，表现着主体与对象在历史中的双向生成关系。同时，非现实的存在也作为对象性活动的对象，证明了对象性活动的现实性。"第三者"概念的提出使马克思的"新唯物主义"以"对象性活动"超越了旧唯物主义，终结了以本体论为主体的传统形而上学，成为无产阶级革命的哲学。深刻把握"第三者"概念，对理解马克思"对象性活动"以及马克思主义政治经济学的批判方法具有重要的意义。

关键词：1844 年手稿；第三者；对象性活动；政治经济学批判

《1844 年经济学哲学手稿》作为马克思思想转型时期的重要著作，提出了诸多哲学和政治经济学理论，其中以"对象性活动"最为重要。具体而言，马克思通过对"对象化"与"异化"的区分提出了"对象性活动"，而使"对象性活动"成为马克思哲学批判向现实批判飞跃的关键，则是他"不经意间"提出的"第三者"概念。这一概念的引入，深刻地说明了主体与对象历史的双向生成关系，为从根本上解决旧唯物主义的主客二元对立提供了思想线索。正是"第三者"概念，在历史唯物主义中具有本体论意义的"实践"概念才由沟通主体与客体的中介，上升为主体与对象在动态生成意义上的统一体。以"生产自己的生活资料"为起点的现实的个人，由此真正科学地成为历史的前提。可以说，没有"第三者"概念，马克思所创立的"新唯物主义"就缺少了最重要的基石，就有庸俗为机械唯物主义的可能。

可惜的是，学界对相关问题的论述不多，对"第三者"概念尚没有展开充分地讨论，这与"第三者"概念在"对象性活动"，乃至马克思"新唯物

作者简介：中国人民大学哲学院马克思主义哲学研究生。

主义"中的重要地位并不相称。传统教科书并不是以动态生成的角度看待实践中的主体与对象，而是仅从认识论的角度出发，把实践看作认识的来源，进而将实践视为主体与客体相互联结的纽带。这种观点无疑是正确的，但却无意间预设了主体与客体的存在。这就不能很好地反思主客背后的"对象性活动"，也更难追溯作为"对象性活动"思想基石的"第三者"概念。同时，缺乏对"第三者"概念的认识容易造成两方面的误解：就主体而言，"劳动创造了人本身"易被曲解为一个纯粹经验科学的命题，进而引发"马恩对立论"的问题。同样，对象也只是被看作打上了人的烙印的人化自然，没有脱离旧唯物主义的思维局限。因此，要深入地理解"实践"，理解"对象性活动"，急需将"第三者"概念重新发掘出来，以涤荡传统教科书所造成的影响。而通过对"第三者"概念的分析，我们不仅能更为深入地思考马克思何以超越了黑格尔哲学，明晰"新唯物主义"的科学性与革命性，进一步反思马克思如何以"对象性活动"深刻地批判资本主义生产方式。

《1844 年经济学哲学手稿》中提到"第三者"概念的主要有四处，其中三处位于"对黑格尔的辩证法和整个哲学的批判"章；另一处位于"货币"章。前三处揭示了"第三者"概念的三重内涵，即：自身的对象，对象的对象，实在的对象，是笔者分析的重点；后一处则是将"第三者"作为"武器的批判"分析资本主义社会。这与《资本论》的思维方法一以贯之。由此可见，马克思对"第三者"概念虽着墨不多，但这一范畴确是揭开"对象性活动"神秘面纱的关键所在。

一、自身的对象

前文提及，"第三者"概念是揭示主体与对象双向生成关系的关键，而主体本身就是指具有认识和实践能力的人，而人所面对的则是整个世界。因此，主体与对象的关系问题就具体表现为"人与自然如何同一"的问题。恩格斯将近代以来的哲学基本问题总结为"思维和存在的关系问题"①，正是反映了旧哲学在主客关系问题上的对立。作为唯心主义与旧唯物主义的代表，黑格尔和费尔巴哈都对这一问题做了回答，马克思的"第三者"概念也正是起源于此。

---

① 马克思，恩格斯. 马克思恩格斯文集：第 4 卷 [M]. 北京：人民出版社，2009：277.

简单来说，黑格尔是以"自我意识的外化设定物性"①，使自然以主体的设定与人同一回答这一问题的。在他看来，自然是绝对精神自我异化和自我复归的过程，作为主观的设定而与主体同一。这种同一确实消解了主体与客体的对立，但在"物质利益的难题"面前却是苍白无力的。相比之下，费尔巴哈则看到了黑格尔实际上是片面强调主体的能动性，进而认识到他的"对象性活动"只不过是纯粹的思维活动，感性存在的现实性只是精神的规定。但费尔巴哈不是把这种纯粹的思维活动改造为现实的活动，而是直接放弃"把人的活动本身理解为对象性的活动"②，抛弃了"对象性活动"的概念，因此，费尔巴哈对于人的受动性的强调就成为一种"被动的受动"。我们在这种受动性中看不到主体的意义，更无论主体与对象之间的双向生成运动，而只有客体对主体单向的限制性规定。缺少了双向的对象性，主体与对象之间的关系无疑是僵死的。即使费尔巴哈打着"人本主义"的旗帜，还是走上了为历来观念论者所抨击的旧道路，轻视了人在自然中的地位与作用。人与自然也不可能得到唯物主义式的同一，而只能是绝对对立的两面。

马克思由此指出，不能忽视主体自身的受动性，但这种受动性又不同于费尔巴哈的"被动的受动"，而是一种"能动的受动"。这种"能动的受动"不能理解为主体对客体也发挥作用，而是说受动性并非主体的缺陷，而是人与自然联合存在的前提。正是这种"能动的受动"，才使主体具备与自然发生对象性活动的可能性。反之，自然自身所不具有的能动性，是它与主体发生对象性活动的前提。"它的对象性的产物仅仅证实了它的对象性活动，证实了它的活动是对象性的自然存在物的活动。"③ 正是在这一"自然存在物"的基础上，马克思把"纯粹思维的对象性活动"转变为"现实的对象性活动"，转变为主体与对象双向生成的运动，实现了唯物主义意义上的人与自然的同一。马克思进而分析，黑格尔与费尔巴哈之所以不能意识到这一点，是因为以往的人都是依赖于他者而存在，人与自然是占有与对抗的关系。作为"人的无机的身体"④ 的自然，由于异化劳动而"使人自己的身体同人相异化"⑤，使人的受动性成了绝对的缺陷，意味着人不能充分地占有自然。只有扬弃私有财产，使人不再依赖于物而存在，人才不再以占有自然为目的而与自然发

① 马克思，恩格斯. 马克思恩格斯文集：第 1 卷 [M]. 北京：人民出版社，2009：208.
② 马克思，恩格斯. 马克思恩格斯文集：第 1 卷 [M]. 北京：人民出版社，2009：499.
③ 马克思，恩格斯. 马克思恩格斯文集：第 1 卷 [M]. 北京：人民出版社，2009：209.
④ 马克思，恩格斯. 马克思恩格斯文集：第 1 卷 [M]. 北京：人民出版社，2009：161.
⑤ 马克思，恩格斯. 马克思恩格斯文集：第 1 卷 [M]. 北京：人民出版社，2009：163.

生关系。正是在这个意义上,共产主义才"作为完成了的自然主义,等于人道主义,而作为完成了的人道主义,等于自然主义,它是人和自然界之间、人和人之间的矛盾的真正解决"①。

通过分析"能动的受动",马克思提出了"第三者"概念的第一重内涵。在现实的对象性活动中,主体与对象以"能动的受动"为前提而相互生成,从而产生了"第三者":

说一个东西是对象性的、自然的、感性的,又说,在这个东西自身之外有对象、自然界、感觉,或者说,它自身对于第三者来说是对象、自然界、感觉,这都是同一个意思②。

参照德文和英文文本,这里的"第三者"(drittes sein③, third party④)可以直接翻译为"第三存在物"或者"第三方",都是指主体与对象相互生成、相互作用的那个结果。在对象性活动中,主体作为"第一者"必然存在与之相应的对象,这个"第二者"在主体之外,而不是因主体的思维所设定的。在这种双向活动的作用下,主体本身得到了生成,从而产生了"第三者",并作为它自身的对象而存在。简言之,因对象性活动而产生了的主体,成为它尚处于未生成时期的自身的对象,这就是"第三者"概念的第一重内涵。要特别说明的是,"第三者"概念遵循的是辩证逻辑的对立统一规律,而不是形式逻辑的同一律。因为主体发展为"第三者"的运动不是孤立的自我运动,而是与对象的矛盾运动。它不是简单的"自己与自己相同一",而是在对立统一的基础上延续了内在的规定性,实现了自我扬弃。

在对象性活动中生成的"第三者",在现实中是作为"类存在物的主体"而存在的。马克思在分析异化劳动的第三个规定时指出,作为动物的人发展为作为类存在物的人的过程,正是人类自身的生成过程。人是类存在物,是人区别于动物的显著特征:

人是类存在物,不仅因为人在实践上和理论上都把类——他自身的类以及其他物的类——当作自己的对象;而且因为——这只是同一件事情的另一种说法——人把自身当作现有的、有生命的类来对待,因为人把自身当作普

---

① 马克思,恩格斯.马克思恩格斯文集:第1卷 [M].北京:人民出版社,2009:185.
② 马克思,恩格斯.马克思恩格斯文集:第1卷 [M].北京:人民出版社,2009:210.
③ Marx-Engels-Werke(MEW)Band 40 [M].Berlin:Dietz,1968:628.
④ Marx and Engels Collected Works Volume 43 [M].New York:International Publishers Co.,1997:357.

遍的因而也是自由的存在物来对待①。

　　"类存在物"是相对于个体存在而言的，意味着"第三者"即作为类存在物的主体在进行对象性活动时，不仅是与某一个对象，即作为个体的对象进行活动；而且是与某一类对象，即作为类的对象进行活动。"第三者"的活动具有"触类旁通"的特点，而这恰恰是只依靠本能进行活动的动物所不具备的。尽管一些动物的活动是人所不能及的，"蜜蜂建筑蜂房的本领使人间的许多建筑师感到惭愧"②，但马克思指出："动物只是按照它所属的那个种的尺度和需要来构造，而人却懂得按照任何一个种的尺度来进行生产，并且懂得处处把固有的尺度运用于对象。"③ 因此，动物不具有美的意识，而人却能从各类对象性活动中抽象出美的观念，并在尊重各种类存在物自身属性的基础上，把美的观念普遍地用于各类对象性活动中。

　　我们把人以类的方式对待个体对象的意识称作"类意识"，这种"类意识"是"第三者"的显著特征，在对象性活动中产生，是主体生成的标志。换言之，不具有"类意识"的主体，本质上只是以动物的方式生存的人，而不是以人的方式生活的人。在这个意义上，马克思将共产主义之前的历史都看作"人类的前史"，而共产主义社会则是"自由人的联合体"。"第三者"的"类意识"表现为作为主体的人对类存在物的认识，以及他自身作为类的认识，而这都是在对象性活动中产生和发展的。对于前者，即"个体是类的个体"的认识，形成于主体与同类或不同类的个体的对象性活动之中。例如，一个婴儿第一次看见糖果，并不会自觉地剥开糖纸把糖果放进嘴里。而当他知道糖果的甜味后，无论遇到什么东西，都会先将它放进嘴里寻找甜味。婴儿一开始不把糖果放进嘴里，是因为他不明白眼前的糖果属于"糖类"这个类的个体；而后婴儿把不是糖果的他物放进嘴里，是因为他不能辨别不同个体的类。在婴儿看来，所有的个体都是同一类物。相反，成长后的婴儿即成人则不会，因为他在与同类或不同类的个体之间的对象性活动中，已经具有了"类意识"。他在把个体看作类的个体的同时，辨别不同的类。因此，由婴儿成长而来的成人，正是尚未成人的婴儿的"第三者"，也就是作为婴儿的对象而存在。同样的，人把自身看作类的个体，认识到"人的本质……在其现

---

①　马克思，恩格斯．马克思恩格斯文集：第1卷 [M]．北京：人民出版社，2009：161．
②　马克思，恩格斯．马克思恩格斯文集：第5卷 [M]．北京：人民出版社，2009：208．
③　马克思，恩格斯．马克思恩格斯文集：第1卷 [M]．北京：人民出版社，2009：163．

实性上，它是一切社会关系的总和"①，也是通过对象性活动而非自身的孤立的运动形成的。成人已经意识到了他属于一定的社会关系，或说他是一定的阶级的个人，婴儿则没有这种"类意识"，充其量也只有朦胧的血缘意识。

从上述分析不难发现，"第三者"作为自身的对象，既是主体与对象双向生成运动的产儿，又是主体自我扬弃的结果，蕴藏着主体本身生成的秘密。没有"第三者"，对象性活动就难以成为现实的、历史的活动，"实践的唯物主义"也难免沦为费尔巴哈式的"直观唯物主义"了。

二、对象的对象

"第三者"的第一重内涵是生成了的主体，而对象性活动本身则是主体与对象的双向生成关系，意味着主体与对象都是在这种相互关系中生成的。因此，"第三者"的第二重内涵必然指向生成了的对象，不是主体的对象，而是作为对象的对象而存在。这种视角的转变类似于康德的"哥白尼革命"：对象在这一运动中成为具有"能动性"的"主体"；而原本作为"第一者"的主体则主要凸显其受动性的一面，作为自然的对象即"第二者"实现自然的生成。此前提及，主体面对的是整个自然界，因此马克思在这里面临的问题是如何突破旧唯物主义的观点：如果在人出现之前便存在着一个不依赖于人的意识而存在的自然界，人又如何与这种自然相同一。我们也将看到，"第三者"概念的后两重内涵，也是围绕这一问题的两个方面，即所谓的"人化自然"与"自在自然"而规定的。

马克思把"人化自然"称为"主体的自然界"，他指出，一个主体是自然存在物还是思维存在物，关键在于它是否具有"自己的自然界"②。"自己的自然界"是指在对象性活动中生成的自然界。因此，马克思强调的是，当主体为了满足自身生存和生活的需要而进行对象性活动时，作为对象的自然会在这种活动中生成。那么站在对象的视角看，呈现的是自然界自身的生成，生成了的自然界作为对象的对象，就是"第三者"的第二重内涵：

一个存在物如果本身不是第三存在物的对象，就没有任何存在物作为自己的对象，就是说，它没有对象性的关系，它的存在就不是对象性的存在③。

---

① 马克思，恩格斯．马克思恩格斯文集：第1卷 [M]．北京：人民出版社，2009：501.
② 马克思，恩格斯．马克思恩格斯文集：第1卷 [M]．北京：人民出版社，2009：210.
③ 马克思，恩格斯．马克思恩格斯文集：第1卷 [M]．北京：人民出版社，2009：210.

需要注意的是"存在物"的表述，马克思使用的是本质（wesen）①，而不是第一次提及"第三者"所用的存在（sein）。本质在马克思的著作中有两种含义：一是指"事物的本质"，例如，"人的本质是一切社会关系的总和"中的"本质"就是"wesen"；二是指"客观的存在物"②，这里的"存在物"应该指"事物的本质"。马克思之所以没有使用"sein"而是"wesen"，是因为这里的第三存在物"作为本质来看，只能被理解为'根据'即 grund 的意思"③，而不能简单地看作一般的、现实的存在物。这一表述显然是受到黑格尔的影响，在他看来，"wesen"不仅具有存在的含义，还表示"处在变化之中的、有特定规定性的根据"④。说明"第三者"的第二重内涵意在强调自然界有其自身的"原因"，不需要由任何实体引起，也不像宗教神学和唯心主义所宣称的那样，在对象性活动的各方面，存在更高的实体作为一切事物的原因。主体与自然是相互生成的关系，而不是由实体引发的结果。

解释了"第三者"的第二重内涵，我们便不难理解为什么马克思说"自然发生说是对创世说的唯一实际的驳斥"⑤，"自然发生说"不能简单地看作一个自然科学的理论，而是在此基础之上对"第三者"的说明。它不仅继承了旧唯物主义的观点，把自然的生成看作了一个科学的运动过程，从而否认上帝或其他最高实体的存在；而且说明了真正的自然不是先定的存在，是在与主体的活动中生成的，使这种"自我生成"彻底摆脱客观精神的束缚。但这种生成的自然不同于自然科学视野下的客观自然，而是包含着人的生命活动的自然。它在与主体的生成中内化了人的情感意志和价值追求，体现着人的知情意行的统一。

自然的生成在整体上展现为"主体的自然界"的产生，在细节上则表现为自然生成为与人的尺度相符合的对象，成为人"无机的身体"。主体进行对象化活动的过程，恰是这种无机的身体与人的有机的身体逐渐相连的过程，恰是人与自然相同一的过程。当一个现实的个人作为一个崭新的主体立于大地时，他所面对的是作为自身活动对象的自然界，而且这种对象性活动即生成过程，已随着他站在大地的那一刻起就开始了。"动物只生产自身，而人再

---

① Marx-Engels-Werke（MEW）Band 40 [M]. Berlin：Dietz，1968：628.

② Marx and Engels Collected Works Volume 43 [M]. New York：International Publishers Co.，1997：358.

③ 舒远招. 马克思的 Wesen 概念 [J]. 世界哲学，2010（2）：39.

④ 舒远招. 马克思的 Wesen 概念 [J]. 世界哲学，2010（2）：38.

⑤ 马克思，恩格斯. 马克思恩格斯文集：第 1 卷 [M]. 北京：人民出版社，2009：195.

生产整个自然界"①，现实的个人为满足生存与生活的活动，以及建立在这一基础上的再生产，与自然的生成与扩大的总和，构成了整个社会历史。但这绝不是说个体随心所欲地生产自然，自然虽然会因人的活动而能动地运动，体现着人的需要，但却不一定时刻与人的目的相符。

无论自然的生成与扩大是适应还是违背人的需要，有一点可以肯定，那就是"环境的改变和人的活动或自我改变的一致，只能被看作是并合理地理解为革命的实践"②。主体与对象都是且只是在生成的意义上而有意义。历史作为二者的对立统一，是连续而又不连续运动的主体与对象的集合。也只有如此，我们才能"认为世界不是既成事物的集合体，而是过程的集合体"③。尽管历史唯物主义总是强调自然必然性对整个社会历史的制约性，却在根本上不同于"自然主义历史观"的自然决定论。原因在于历史唯物主义的基本原则建立在对象性活动的基础之上，特别是建立在"第三者"作为对象的对象基础之上。"人的思维的最本质的和最切近的基础，正是人所引起的自然界的变化，而不仅仅是自然界本身。"④

因此，"第三者"的第二重内涵，是指主体作为对象的对象，使对象本身得到生成和发展。这种发展的前提在于"第三者"的第一重内涵中所包含的主体的特性，即主体并不完全按照本能而活动，还按照自我而活动。自我不仅是动物的自我，只能认识到主观应当符合客观的自我；而且是知情意行相统一的自我，是致力现实符合需要的自我。因此在对象性活动中，自然的发展既体现着主体的目的，又不与主体的需要时刻相符，是既对立又统一的。由此对象性活动作为整个社会历史本身，展现为"自然史和人类史彼此相互制约"⑤ 的辩证生成运动。正是这样，马克思和恩格斯才告诫"我们仅仅知道一门唯一的科学，即历史科学"⑥。

三、实在的对象

"第三者"的前两重内涵从两个角度说明了主体与对象的双向生成关系，

①　马克思，恩格斯．马克思恩格斯文集：第1卷［M］．北京：人民出版社，2009：162.
②　马克思，恩格斯．马克思恩格斯文集：第1卷［M］．北京：人民出版社，2009：500.
③　马克思，恩格斯．马克思恩格斯文集：第4卷［M］．北京：人民出版社，2009：298.
④　马克思，恩格斯．马克思恩格斯文集：第9卷［M］．北京：人民出版社，2009：483.
⑤　马克思，恩格斯．马克思恩格斯文集：第1卷［M］．北京：人民出版社，2009：516.
⑥　马克思，恩格斯．马克思恩格斯文集：第1卷［M］．北京：人民出版社，2009：516.

这个运动既是主体通过对象确证主体自身的过程，又是对象通过主体确证对象自身的过程。作为同一过程的两个方面，要表达的是同一个命题，即"第一者"必须通过"第二者"确证自身，而自身就是"第三者"。只是当"第一者"和"第二者"的内涵发生变化时，"第三者"的内涵也随之变化。因而马克思指出，"一个存在物如果在自身之外没有对象，就不是对象性的存在物"①，无论是主体还是对象，如果不能通过对方确证自身，就不符合对象性活动的基本原则，也就不是对象性的存在物。这种分析对主体与对象无疑是规范性的，但旧哲学中的诸多范畴本身就是非对象性的。要超越旧哲学，"第三者"的内涵就不能仅局限在对象性活动中。以此为基点，马克思揭示了"第三者"的第三重内涵，即不处于对象性活动的"非对象性存在"是非现实的存在，只有对象性的存在物才是现实的存在。简言之，"对象性的存在物"通过"非对象性存在"确证了自身，因此我们将其称为"实在的对象"。

事实上，"实在的对象"在实证的角度上并无意义，因为我们在现实生活中并不能找到这样一个存在物。马克思提出，它意在从两个方面进一步说明对象性活动：对于对象性活动本身来说，"第三者"是维系其存在的重要前提，没有"第三者"就没有对象性活动；而对于游离于对象性活动之外的存在物，"第三者"否定了它们的现实性。这一重内涵的提出，使"第三者"具有重要的哲学意义，不仅是超越非感性自然，从而超越旧唯物主义的关键；而且是将一切非对象性的实体、范畴排斥出现实，从而终结传统形而上学的关键；更是使马克思的"新唯物主义"具有以往旧哲学所不具有的革命性的关键。正是"第三者"的第三重内涵，使马克思真正走向历史唯物主义。

"第三者"何以成为维系对象性活动存在的前提？前文指出，对象性活动是"第一者"通过"第二者"确证自身的过程。假使"第三者"并不存在，就意味着"第一者"不能通过"第二者"确证自身，因此存在两种可能：第一种，"第二者"将"第一者"消融了，并非是主体与对象的双向生成关系，而是一方对另一方的单向规定，本质上只存在"唯一者"，自然不足以称之为"对象性活动"。马克思以恋爱比喻说明了这个问题，"如果你在恋爱，但没有引起对方的爱……那么你的爱就是无力的，就是不幸"②。这就是说，如果主体的爱不能通过对象的爱确证自身，没有引起对象的爱，主体的爱只是一厢情愿，是一种单向的规定。在这种"单相思"中，我们根本看不到与主体相

---

① 马克思，恩格斯. 马克思恩格斯文集：第1卷 [M]. 北京：人民出版社，2009：210.

② 马克思，恩格斯. 马克思恩格斯文集：第1卷 [M]. 北京：人民出版社，2009：247-248.

对应的那个现实的个人,而只有他自身。因此根本不能称之为"爱",自然也不存在恋爱对象性的关系了。第二种可能则是"第一者"与"第二者"并无联系,二者是井水不犯河水的"唯二者",那又何谈"对象性"呢?而"唯二者"如果发生关系,要么在相互生成中孕育"第三者",要么只存在"唯一者"。由此可见,"第三者"是维系对象性活动的关键所在,没有"第三者"也就无所谓对象性活动了。

彼此互不相干的"唯二者",实际上只是"唯一者"的叠加,正是马克思所要批判的"非对象性存在"。它"本身既不是对象,又没有对象。这样的存在物首先将是一个唯一的存在物,在它之外没有任何存在物存在,它孤零零地独自存在着"①。这种"非对象性存在"无法感知和思维,甚至无法言说,是完全外在于世界的,是一个"孤零零的存在"。事实上,马克思所设想的这种"实在的对象"实际上也不是"非对象性存在",因为在人设定它没有对象之时,就已经"进入"人类社会,成为主体的对象了。因此,"非对象性存在"不可能为外物所证实或证伪,而只能由它自己证明自身存在与否。但既然我们不能证明它的存在,又要肯定它的确存在于世界之外,这种肯定又建立在它自己对自己的证明之上,显然是一个悖论。如同当康德设想不能为人所触及的"物自体"时,就已经把"物自体"作为人类社会的存在物了。因此马克思说,"非对象性的存在物是非存在物"②。不处于对象性活动中的存在,本质上而言是一个非现实的存在。在这个意义上,"非对象性存在"作为"对象性的存在物"的对象,以"实在的对象"作为"第三者"的第三重内涵:

因此,对这个第三对象来说,我是和它不同的另一个现实,也就是说,我是它的对象③。

马克思所用的"第三对象"是"3ten Gegenstand"④ 一词,与英译本中的"third object"⑤ 大意相同,都重在强调对象的"现实性"。"非对象性存在"是"对象性的存在物"的对象,从而以非现实性证明现实性。马克思由此把"对象性"与"现实性"联系在一起,尽管二者有着不同的内涵,但当我们

① 马克思,恩格斯. 马克思恩格斯文集:第1卷 [M]. 北京:人民出版社,2009:210.
② 马克思,恩格斯. 马克思恩格斯文集:第1卷 [M]. 北京:人民出版社,2009:210.
③ 马克思,恩格斯. 马克思恩格斯文集:第1卷 [M]. 北京:人民出版社,2009:210.
④ Marx-Engels-Werke (MEW) Band 40 [M]. Berlin:Dietz,1968:628.
⑤ Marx and Engels Collected Works Volume 43 [M]. New York:International Publishers Co.,1997:358.

谈到现实性时，已认定它是对象性活动中的存在；而当我们谈论对象性存在时，通过对方成为现实同样是不言而喻的。而当"对象性"与"现实性"相等时，困扰近代哲学的诸多形式的"非对象性存在"被取消了地位，从而在根本上走向终结。旧唯物主义曾因思考在人类活动之外的那个自然界是怎样的而争论不休，"对象性即现实性"则说明，"被抽象地理解的、自为的、被确定为与人分隔开来的自然界，对人来说也是无"①。尽管这里只说"对人而言"是"无"，而对他者可能是"有"，由此又回到了最初的那个悖论：如果我们知道这个"自在的自然"是对于他者而存在的，就意味着它已经不再是与人分隔开来的"自在的自然"了。马克思由此说"先于人类历史而存在的那个自然界，不是费尔巴哈生活于其中的自然界。"②旧唯物主义所思考的自然看似现实，但实际上却是纯粹虚假的存在，是"实在的对象"。至于传统形而上学的诸多概念，在"对象性即现实性"面前，或是落入前文所说的悖论之中，或是本身已成为主体的对象，从而在根本上消解了。

诚然，传统形而上学也提出过"第三者"，康德曾赋予它极高的地位，"我们必须超出一个给予的概念以便把它和一个别的概念综合地加以比较，所以就需要一个第三者，只有在它里面两个概念的综合才能产生出来"③。"第三者"是先天综合判断何以可能的前提，进而是康德批判哲学基石性的范畴。但当"第三者"作为普遍必然知识的基础被提出时，就只是逻辑上的抽象概念。当我们追问究竟何为"第三者"时，提出这一概念的哲学家本人也只能以"未知之物=X"④简言代之，把"第三者"的内涵变为"一个极为复杂的问题"⑤。而发现对象性活动的黑格尔虽然也提出了"第三者"，"原先那种联系是一种中介性的联系，在其中，被联系的并非同一个东西，而是一个互为的他物，只在一个第三者中才合而为一"⑥，但他的对象性概念并不包含主体与对象的相互生成关系。因而"第三者"不过是在"正—反—合"的逻辑学下，为了避免无限对立而产生的思辨范畴。即便它被设想为旧的对立面的扬弃，进而是现实的存在或真实的主体的重建，但仍是对"唯一者"的变相重

① 马克思，恩格斯. 马克思恩格斯文集：第1卷［M］. 北京：人民出版社，2009：220.

② 马克思，恩格斯. 马克思恩格斯文集：第1卷［M］. 北京：人民出版社，2009：530.

③ 康德. 纯粹理性批判［M］. 邓晓芒，译. 北京：人民出版社，2004：149.

④ 康德. 纯粹理性批判［M］. 邓晓芒，译. 北京：人民出版社，2004：10.

⑤ 彭志君. 康德先天综合判断的第三者概念及其形而上学意义：基于《纯粹理性批判》的一项文本解读［J］. 清华西方哲学研究，2019，5（1）：95.

⑥ 黑格尔. 精神现象学［M］. 邓晓芒，译. 北京：人民出版社，2017：395.

复。至于"唯我论者"施蒂纳，虽然他在"唯一者"的哲学体系中为"第三者"概念隐约留下了位置，认为"只有在我对我能够给予我自己的东西既不期待于个人又不期待于一个整体之时，我方才逃脱爱的圈套"①。但这种"第三者"正如前文所提及的，只不过是"我"这个"唯一者"的单向度设定。马克思因此指出，"施蒂纳认为人生的各个阶段只是个人的'自我发现'②，我们在这种"自我发现"中除了能看到非对象性的"唯一者"之外，什么也看不到。由此可见，传统形而上学的"第三者"或是思辨的范畴，或被"唯一者"所消解。而正是由于马克思对"第三者"的认识完全不同于以往的哲学家，才使得对象性活动成为超越旧哲学的关键。

"第三者"的第三重内涵也再度证明了主体与对象的现实性。"人来到世间，既没有带着镜子，也不像费希特派的哲学家那样，说什么我就是我，所以人起初是以别人来反映自己的。"③一个人把自己当作人，只是因为他把其他的人看作是与自己相同的物种，从而在世界上获得了自己的对象，确认了自己的现实性。而人作为一个现实的存在，需要在对象性活动中证明自己的现实性。因此，劳动在根本上的意义是人自我实现、自我证明的手段，是人使自己具有现实性、历史性的媒介，人的现实性就隐藏在能动的活动之中。而作为人活动的对象，自然界是人无机的身体。至于不在人的活动范围之内的自然，不仅对于费尔巴哈这个人类的个体而言不存在，对任何人也是如此。

"第三者"的第三重内涵并不是局限于"对象性"概念本身的，是凸显了"新唯物主义"革命的哲学立场。在莱茵报时期，马克思就指出"任何真正的哲学都是自己时代的精神上的精华"④，说明以往的哲学家并非不关注现实的社会，他们的哲学思想都自觉或不自觉地体现着他们对时代问题的思考。而他们之所以陷于"解释世界"的窠臼之中，正是由于缺乏对"对象性活动"，特别是对"第三者"的认识。不能从主体与对象的生成关系看待人与自然，甚至自觉或不自觉地设想与人完全隔绝的超验存在，使原本关注社会现实的哲学思想陷入了存在与思维的对立之中，哲学成了"厮杀的战场"。而"新唯物主义"以对象性看待主体与对象，始终指向能动的实践，进而意识到"意识在任何时候都只能是被意识到了的存在"⑤。当社会的现实问题已经浮

① 施蒂纳. 唯一者及其所有物 [M]. 金海民，译. 北京：商务印书馆，1989：282.
② 马克思，恩格斯. 马克思恩格斯全集：第3卷 [M]. 北京：人民出版社，1956：129.
③ 马克思，恩格斯. 马克思恩格斯文集：第5卷 [M]. 北京：人民出版社，2009：67.
④ 马克思，恩格斯. 马克思恩格斯全集：第1卷 [M]. 北京：人民出版社，1995：220.
⑤ 马克思，恩格斯. 马克思恩格斯文集：第1卷 [M]. 北京：人民出版社，2009：525.

现在人的面前时，解决现实问题的方案作为问题的"对象"，在这种相互关系中生成了。假使一个问题并没有现实的答案，就不能称之为问题。因此，哲学真正的任务是使答案由潜能变为现实，进而解决问题。而问题不断出现与解决的过程，被称之为人类历史。因此我们才说"旧唯物主义的立脚点是市民社会，新唯物主义的立脚点则是人类社会或社会的人类"①。"新唯物主义"并不诉求像哥白尼式的天文学革命，因为日心说取代地心说并不能改变太阳东升西落的现实；"新唯物主义"追求的是真正的人的生成，因而它不在乎如何对世界做出合乎某种逻辑的解释，所追求的是如何在变革世界中实现人的解放，在主体与对象的生成中实现人道主义与自然主义的统一。

四、潜藏在政治经济学之下的"第三者"

《1844 年经济学哲学手稿》是早期马克思的重要著作，此后的研究逐渐由哲学转向政治经济学，最终在《资本论》中诞生出成熟的马克思主义。曾几何时，人们面对这样一个巨大的思维难题：为什么马克思的哲学研究戛然而止，以至于他不能像历来伟大的哲学家那样留下一部完整的哲学专著，而只是大量的笔记、残篇、手稿、序言？"一切已经死的先辈们的传统，像梦魇一样纠缠着活人的头脑"②，对此人们不能寄希望于逝者的复生，便提出诸多理论加以解释。这些理论或辩护或指责，令人感慨马克思的哲学探究已在《德意志意识形态》完稿的那一刻终结了，他并不是一个"合格的哲学家"。但一个人的思想总是连贯与跳跃的综合，或许从马克思的"第三者"概念，我们可窥见一二。当他看到恩格斯所著的《英国工人阶级状况》，亲自前往曼彻斯特考察资本主义生产方式后，他才真切意识到观念批判不能浮于理念的天国，而要在社会历史中寻得它的现实性。"理论在一个国家实现的程度，总是取决于理论满足这个国家的需要的程度。"③ 作为马克思哲学批判成果的"第三者"是否是现实的人获得解放的思想钥匙，只有在现实的需要中才能得到检验。宗教批判为马克思开启了独立探究真理的大门，哲学批判在马克思的苦苦探求中完成了自己的使命，而马克思自己则带着累累硕果，开启了现实批判。至于诞生于思维转折中的"第三者"概念，作为马克思哲学批判与

---

① 马克思，恩格斯. 马克思恩格斯文集：第 1 卷 [M]. 北京：人民出版社，2009：502.
② 马克思，恩格斯. 马克思恩格斯文集：第 2 卷 [M]. 北京：人民出版社，2009：471.
③ 马克思，恩格斯. 马克思恩格斯文集：第 1 卷 [M]. 北京：人民出版社，2009：12.

现实批判的思维纽带，在现实的实践中转变为批判资产阶级政治经济学的锐利武器，从而使共产主义从思辨的哲学上升为实证的科学。

因此，尽管《资本论》中并没有过多地直接写明"第三者"概念，但前文已然提及，"第三者"概念是"对象性活动"的思想基石，而"对象性"在马克思政治经济学批判中的重要地位毋庸置疑。无论是对劳动二重性、商品二重性的分析，还是商品交换的出现与扩大、货币的产生与流通，再到货币转化为资本、绝对与相对剩余价值的生产，无不贯穿着"对象性"的思维方法，以及隐藏的"第三者"概念。这种以人类解放为最终目的，为无产阶级所运用的科学方法，使得站在无产阶级对立面的资产阶级不得不正视马克思的探索，"它甚至会把辩证法灌进新的神圣普鲁士德意志帝国的暴发户们的头脑里去"①。"第三者"概念正是在对资产阶级政治经济学的批判中具有了自己的现实性和革命性，不仅把马克思主义哲学从象牙塔中解放出来，成为无产阶级的锐利武器，也使自身成为革命性的力量，至今仍保有迫人的锋芒。

---

① 马克思，恩格斯．马克思恩格斯文集：第5卷［M］．北京：人民出版社，2009：23.

文化建设视野下的"两个结合"演进逻辑研究

陈杰锋

摘　要：马克思主义激活中华优秀传统文化。优秀传统文化的存在及其在演进与发展中释放群体推动力量，是马克思主义融入中国、指导中国人民建设中国的先导性条件与基础性前提，二者的结合对于接续马克思主义中国化是必要的，承继优秀传统文化的中国特色社会主义文化赋予我们当前的时代主题。我们站在新的时代起点上，有必要对马克思主义基本原理与中华优秀传统文化的辩证关系进行新的探索与阐释。

关键词：马克思主义；中华优秀传统文化；马克思主义中国化；两个结合

党的二十大报告指出，"只有把马克思主义基本原理同中国具体实际相结合、同中华优秀传统文化相结合，坚持运用辩证唯物主义和历史唯物主义，才能正确回答时代和实践提出的重大问题，才能始终保持马克思主义的蓬勃生机和旺盛活力"①。党的十九大报告强调，中国特色社会主义文化须坚持马克思主义的指导地位，亦应当坚守中华文化立场。习近平在"七一"讲话中指出，"坚持把马克思主义基本原理同中国具体实际相结合、同中华优秀传统文化相结合"②。十九届六中全会通过的《决议》多次提及"两个结合"，强调用"中华优秀传统文化培根铸魂"③，"决不能抛弃马克思主义这个魂脉，决不能抛弃中华优秀传统文化这个根脉"④。高音量的主张，显著凸显优秀传统文化之于当代中国马克思主义理论探索的极端重要性，进一步为我们在当今时代条件下对于马克思主义与中华优秀传统文化的辩证关系的探赜明晰了

基金项目：湖南省社科成果评审委员会课题"中华优秀传统医德文化与社会主义核心价值观内在关联研究"（XSP17YBZZ097）；湖南中医药大学2022年校级研究生创新课题"人类文明新形态的三重阐释"（项目编号：2022CX124）。

作者简介：陈杰锋，湖南中医药大学马克思主义学院硕士研究生。

① 习近平．高举中国特色社会主义伟大旗帜为全面建设社会主义现代化国家而团结奋斗 [N]．人民日报，2022-10-26（001）．

② 习近平．在庆祝中国共产党成立100周年大会上的讲话 [N]．人民日报，2021-07-02（002）．

③ 中共中央关于党的百年奋斗重大成就和历史经验的决议 [N]．人民日报，2021-11-17（001）．

④ 习近平．开辟马克思主义中国化时代化新境界 [J]．求是，2023（20）．

方向与指针。

中国无产阶级政党在早期探索中，对马克思主义与中国传统文化的关系问题就形成了极为科学的认识，共产党人"要使得马克思列宁主义这一革命科学更进一步地和中国革命实践、中国历史、中国文化相结合起来"①。进入新时代，习近平强调，"一个民族的历史是一个民族安身立命的基础"②。这一清晰发展脉络雄辩地证明，"两个结合"的提法并非是对马克思主义中国化理论范畴的补充，而实际上是新时代的中国共产党人"对马克思主义中国化的一个重要维度或一个方面的本质规定的特别强调"③，是对马克思主义中国化的经验总结，以及未来接续推动中国化马克思主义理论与实践探索的要点强调。

一、马克思主义激活中华优秀传统文化

在近代的一段历史时期内，中华传统文化曾经陷入低谷，沦为人人尽可诋毁、抹黑的对象；中华传统文化占据主导地位的中华文明也曾一度"蒙尘"，沦落至外来文明肆意欺凌、打压的地步。在这样的困境中致使以胡适为代表的部分本土文人对中华传统文化产生深刻的质疑，写出"我们必须承认我们自己百事不如人"④的"挽联"，在摸索救亡图存道路的进程中，此类宣扬通过全盘否定传统文化以置换西方文化进行现代化的主张一度甚嚣尘上。如何科学对待传统文化成为摸索救亡图存路径的艰苦尝试中的一道难题。在这种混乱与迷惑之中，中国无产阶级政党在马克思主义的指引下，带领中国人民走出一条马克思主义与中国实际紧密结合的，首先实现救亡图存进而逐步走向民族复兴的中国化马克思主义道路，对这一课题做出了正确的解答，既非用马克思主义全盘否定中华传统文化，亦非用中华传统文化排异、拒斥马克思主义，而是"用马克思主义的真理力量和时代精神激活中华优秀传统文化"，实现"马克思主义与中华优秀传统文化的良性互动和有机结合"⑤。

---

① 中共中央文献研究室、中央档案馆. 建党以来重要文献选编（一九二一——一九四九）：第一册 [M]. 北京：中央文献出版社，2011：318-319.

② 习近平. 在纪念毛泽东同志诞辰120周年座谈会上的讲话 [N]. 人民日报，2013-12-27.

③ 汪信砚. 百年大党马克思主义中国化的再出发 [J]. 武汉大学学报（哲学社会科学版），2021，74（6）：5-13.

④ 胡适. 胡适文存：四 [M]. 合肥：黄山书社，1996.

⑤ 刘建武. 马克思主义基本原理与中华优秀传统文化相结合的历史必然性 [J]. 思想理论教育导刊，2022（2）：56-63.

马克思主义与中华传统文化的互动与结合必然经历提炼与激活的两大过程。提炼即是运用历史唯物主义对传统文化进行科学分析，取其精华、弃其糟粕，甄别与筛选出符合历史发展方向的优秀传统文化，将蕴含在其中的古典人文智慧、深沉道德哲思、深邃历史积淀承继下来，为马克思主义中国化提供依据与基础；激活即是中国无产阶级政党在马克思主义的指引下，结合中国物质实际、文化实际，走出一条通向民族复兴的光辉道路，推陈出新、古为今用，使"蒙尘"的中华文明与中华文化完成时代的蜕变，得以再度绽放悠久而深厚的人文光芒，成为建设社会主义现代化强国征程中的丰厚文化资源。一方面，我们必须承认精华与糟粕同时存在于中华传统文化的概念之中，应当将精华的优秀传统文化提炼出来；另一方面，祖辈先贤们留给我们的精华不能被儿孙后代奉若神龛而束之高阁，而应妥善利用、激活，使其重现光芒，为当下的伟大民族复兴事业添注思想指引与精神力量。

当我们提及马克思主义与中华文化的良性互动，就不可忽视中国共产党人的作用。正是秉持马克思主义的共产党人，充分认识中华传统文化中蕴藏的未经开采利用的珍奇瑰宝；正是马克思主义深入解构进而渐进释放中华传统文化中的巨大能量，成功"激活中华民族历史文化的时代魅力"①；正是中国共产党人紧握马克思主义真理钥匙打开古老尘封的大门，内里珍藏的财富与珍宝才得以为我所用，传统文化中的精华便逐步纳入中国特色社会主义先进文化的结构之内，马克思主义中国化的列车才得以徐徐开动。

二、中华优秀传统文化前置于社会主义文化建设

中华优秀传统文化为马克思主义中国化提供了本土文化环境，贡献思想源泉与表达形式。马克思主义基本原理与中华传统文化融通、交流，从而演进、蜕变出优秀传统文化的历程，是一种社会历史性的运动。这种运动的演进过程中，由于国情和世情的不断运动变化发展的差异，而催化、呈现出不断变化发展的各阶段结果的差异，带有具体的不同于其他地区、其他时代的"特点"，这个过程投射在中国所产生的附有"特点"的结果，我们将其称之为"中国特色社会主义"。中华优秀传统文化在马克思主义中国化、具体化、大众化，以及孕育马克思主义中国化理论、实践成果的进程中，发挥

---

① 阮博. 大力弘扬伟大爱国主义精神，为实现中国梦提供精神支撑：学习习近平关于新时代弘扬爱国主义精神的重要论述［J］. 党的文献，2020（4）：39-45.

着不可磨灭的基础性作用。马克思主义在本土化的过程中必然与本土文明成果相结合，从而推动相应地区的社会主义事业前进，将这个结论置于中国语境当中，即是马克思主义与中华民族文明成果的抽象范畴，中华优秀传统文化的结合。

在这个结合进程中显著吸收了中华民族自古以来长久衍生、进化、传承的优秀文化成果。受益于如此光辉璀璨的文明前史，我们在文化建设上每进一步都时刻"吸吮着中华民族漫长奋斗积累的文化养分"①。对于中国本土文化的语言形式、表达风格的不断采纳与吸收，使中国的马克思主义理论逐步成为富有民族特点、民族风格、民族气派的理论形式、文化形式，是一个必然发生事物的演进过程。诞生于欧洲却适用于中国的马克思主义理论，要以中国的优秀传统文化所赋予的外在形式、内在神韵予以表达与阐述才能称为"中国的"，"试想，倘若没有中华优秀传统文化的语言系统，马克思主义中国化的理论如何得以表达？也就不可能构成中国化的马克思主义理论"②。形式上的作用是其次的，更为重要的是"中华文明几千年绵延发展，生生不息，历经磨难而不中断，其中有决定着它强大生命力的精神血脉、文化基因"③，给予我们国家和民族群体性、不断战胜困难、矢志追寻理想实现的韧劲与强大。在当代即为我们接续推进马克思主义中国化，接续推进中华民族伟大复兴的历史重任提供精神鼓舞与思想源泉。

中华优秀传统文化的存在及其在演进与发展中，释放群体推动力量是马克思主义融入中国、指导中国人民建设的先导性条件与基础性前提，是中华优秀传统文化在社会主义事业中的重要地位。须知没有中华优秀传统文化就没有所谓中华民族，亦无所谓中华文明，更不存在所谓中国化马克思主义理论，须知中国特色社会主义"是对中华文明 5000 多年的传承发展中得来的"④。简言之，否认中华优秀传统文化的存在及作用，是对过往马克思主义指导下中国人民奋斗成就，即中国化马克思主义理论与实践探索成果的基于先决条件的纯粹否定。

① 张允熠，张弛. 从"一个结合"到"两个结合"：马克思主义中国化的新叙事［J］. 思想理论教育，2021（9）：10-16.

② 余玉花. 论中华优秀传统文化在当代中国马克思主义发展中的作用［J］. 思想理论教育，2021（9）：25-30.

③ 邓纯东. 论马克思主义中国化的三个重要经验［J］. 思想理论教育导刊，2022（2）：74-81.

④ 习近平. 以时不我待只争朝夕的精神投入工作 开创新时代中国特色社会主义事业新局面［J］. 思想政治工作研究，2018（2）：9-11.

三、优秀传统文化支撑社会主义文化建设

优秀传统文化为中国社会主义精神文化建设添注澎湃内生动力,与马克思主义共同构建与支撑当代中国精神文化体系。如今我们强调在新的时代条件下坚持"两个结合"是使两者完美配合,建构出马克思主义中国化的新篇章、新乐谱,进而能够融入中国社会、解决中国问题。二者的结合可以理解为脚和鞋的关系,在马克思主义中国化的进程中否定作为中国特色与亮点的中华优秀传统文化"就是削足适履";在马克思主义中国化的进程中否定作为社会主义中国前进指南的马克思主义"就是削履适足"①。穿越时空而历久弥新的中华优秀传统文化,是先人留给我们深深思考的珍贵财富,并不是可以直接拿来套用的现成法宝,其最终的应用场景是在不同的情况下,与马克思主义基本原理相结合从而汇集成中国特色社会主义文化,进而指导我们认识、改造不断变化发展的物质与精神世界。因此,在我们的认识与实践活动中,思想支柱、精神支撑并不仅局限为中华优秀传统文化的作用,优秀传统文化并非单独承担如此重任,漂洋过海而来的马克思主义亦非单独胜任。我们强调马克思主义具有科学性、时代性,就是因为"它提供的不是现成的教条,而是进一步研究的出发点和供这种研究使用的方法"②,着重指出科学原理在指导实践的行动中,既要坚持基本原则亦必须以各种实际情况为转移。因此,如今我们强调马克思主义与优秀传统文化的结合,也绝不是要"一切由马克思主义包办代替"③。简而言之,二者皆无法单独承担建设中国当代社会主义文化、推动马克思主义中国化的复杂而庞大的历史任务、时代任务,因此,我们务必应当承认二者之间的结合是符合理论与实践发展要求而极端必要的。

在明晰这个问题之后,我们才能够进一步踏实构建中国社会主义条件下的先进精神文明体系,在不断变更的社会、历史条件下坚守初心,坚定理论自信,渐进社会主义理论的钻研与扩展;坚定文化自信,持续深入挖掘悠久历史文化里灿若星辰的珍藏与瑰宝,接力推动作为社会主义事业重要组成部分的社会主义文化事业朝着正确的方向前行,使马克思主义中国化的伟大历

---

① 林建华. 百年来马克思主义基本原理与中国实际相结合的逻辑 [J]. 高校马克思主义理论教育研究,2020(1):57-65.

② 马克思,恩格斯. 马克思恩格斯选集:第4卷 [M]. 北京:人民出版社,2012:664.

③ 沈湘平. 坚持把马克思主义基本原理同中华优秀传统文化相结合 [J]. 中国高校社会科学,2021(5):9-18,156.

史运动接续劈波斩浪，争取在新时代基础上的更大成功。

四、时代主题根源于优秀传统文化

中华民族伟大复兴的时代主题源自中华优秀传统文化。马克思主义并没有改变中国人是谁，而是帮助中国人认清自己，中国人归根到底还是立足于优秀传统文化之上，浸润在优秀传统文化之中，须知"中华优秀传统文化是中华民族的文化根脉"[①]。具备科学性、真理性甄别作用的马克思主义，帮助中国人民保留传统文化中最进步、最科学、最符合人类社会发展方向的精髓，甄选出传统文化中能够与马克思主义具有共通性、相融性的优秀传统文化，使之实现脱胎于传统文化同时超越于传统文化，深入构建中国特色社会主义文化。在当代孕育成长的中国特色社会主义文化，赋予我们当前时代的使命与任务就是中华民族伟大复兴，我们的理论与实践探索围绕这个时代主题展开。

中国特色社会主义文化在形式上是"社会主义"，但是其精神内容仍然是马克思主义甄选而出的优秀传统文化。优秀传统文化身披众多各异的外衣与形式，根植在中华民族的言与行中，因此使深藏于中华民族精神谱系中的历史积淀、岁月更迭、古典智慧、深沉哲思苏醒过来，转化为浇灌、培育马克思主义中国化成果开花结果的涓涓泉水、肥沃土壤，让二者紧密结合，成为科学的理论，人民的理论，使其站在新的时代舞台上，再度焕发真理的人文光芒，再度引领意识形态共同体的前进步伐，为中华民族伟大复兴进程添注磅礴推动力量是当前阶段我们的重大任务。

构建具备强大感召力、吸引力、凝聚力的中华文化，使其渐进繁荣与逐步发展皆是服务于中华民族伟大复兴的时代主题，在这个过程中富有科学性与时代性的马克思主义基本原理是不可缺席的，作为中华民族的优秀传统文化亦是不可缺席的，是中华民族之所以为"中华民族"的根本，而"抛弃传统、丢掉根本，就等于割断了自己的精神命脉"[②]。在自身具体化、大众化的进程中，马克思主义将进入不同的国家和民族，与多种各异的具体实际相互

---

① 习近平. 举旗帜聚民心育新人兴文化展形象 更好完成新形势下宣传思想工作使命任务 [J]. 党建，2018（9）：4-6.

② 习近平. 把培育和弘扬社会主义核心价值观作为凝魂聚气强基固本的基础工程 [J]. 党建，2014（3）：4-6.

碰撞，融入多样的传统文化、风土人情之中，融入不同人群、种族的精神世界中，渐进筛选出符合社会前进方向，顺应历史潮流，合乎历史规律的精华文化，逐步淘汰落后时代潮流，违反科学要义，背离客观规律，消极而迂腐的糟粕文化，以形成先进的、附有自身民族符号的精神文化共同体，进而指导实践不断推动社会与群体进步。

马克思主义中国化的进程将传统文化从积极因素与消极因素并存的状态，转化为积极因素为主导从而能够进入先进社会主义文化构成范围的概念，使得马克思主义的科学理论与中华优秀传统文化的人文智慧得以实现自身的完善、进步、发展。马克思主义中国化的伟大历史运动尚在行进与演化之中，中华优秀传统文化亦在转化与发展之中。我们站在新的时代起点上，有必要对马克思主义基本原理与中华优秀传统文化的辩证关系进行新的探索与阐释。

中华优秀传统文化"两创"实践研究综述

庞光鹏

摘 要： 中华优秀传统文化创造性转化和创新性发展是习近平总书记实施文化传承发展工程的重要原则。党的十九大以来，学界围绕中华优秀传统文化的创造性转化、创新性发展展开深入研究，取得一定成果，尤其是针对传统文化现实困境、转化难题、发展窠臼等方面，中华文化要在内容和形态上实现自我变更和超越，就必须在充分继承传统文化的基础上不断转化、创新现有文化资源。为此，应遵循中华优秀传统文化的发展规律，充分发挥文化主动精神，实现中国社会主义文化的大发展大繁荣。

关键词： 十九大；中华优秀传统文化；创造性转化；创新性发展

中华优秀传统文化始终在兼收并蓄中历久弥新，其内容博大精深、源远流长，形式更是众彩纷呈。"中华优秀传统文化是中华民族的突出优势，是我们在世界文化激荡中站稳脚跟的根基，必须结合好时代条件传承和弘扬好。实施中华优秀传统文化传承发展工程，必须推动中华优秀传统文化创造性转化、创新性发展。"① 关于如何实施和发挥"创造性转化、创新性发展"理念，对于建设社会主义新文化的风向标作用，一直是学界关注的重要话题，尤其是党的十九大以来，习近平提出"传承和发展什么样的中华传统文化""怎样传承和发展中华传统文化"的历史课题与时代之问，学界围绕更好地传承和发展中华优秀传统文化进行广泛研究，并取得一定成果。在当今文化多元化的背景下，认真梳理和总结中华优秀传统文化"创造性转化、创新性发展"的研究成果，对于推动中华文化自身传承和实现世界文化基因延续具有重要的理论和现实意义。

一、中华优秀传统文化"两创"的必要性研究

实施中华优秀传统文化必要性研究是"创造性转化、创新性发展"的前

作者简介：广西大学马克思主义学院硕士研究生。

① 《中共中央关于党的百年奋斗重大成就和历史经验的决议》辅导读本［M］. 北京：人民出版社，2021.

提和基础，党的十九大以来，学界关于中华优秀传统文化必要性研究，主要根据中华优秀传统文化传承面临的问题以及重要意义两方面展开。

（一）中华优秀传统文化"两创"存在的问题

研究中华优秀传统文化"两创"面临的问题是实现领悟好、实施好、贯彻好文化传承发展工程的重要保障，对此，学界主要围绕现实困境、转化难题、发展窠臼三个方面进行探讨。

1. 用"两创"解决中华传统文化"低语不鸣"的现实困境

有学者认为，这种现实困境存在的原因有两方面：一是人们在保守与激进、"全盘西化"与"保存国粹"所组成的文化谱系当中左摇右摆、左支右绌、进退维谷，形成极富悖论性的"激进—保守"的文化困境①；二是由于传统文化鲜明的"两重性"，文化中的负面因素会导致文化的倒退，以及自身原有文化体系问题，使得在实践上对传统文化进行"取其精华、弃其糟粕"工作非常困难②。

2. 用"两创"应对中华传统文化"束之高阁"的转化难题

有学者认为，传统文化中存在需要抛弃的消极内容，必须辩证看待中华传统文化在现代社会生活中的不同影响，把积极的、有益的内容转化为生活的行为规范，实现现代性和传统性结合中的文化资源转换③。同时，在中国文化不断发展中，不同时期的上层文化有其特色，其中的上层精英文化诱导众多文化资源远离人间烟火，从而让中国文化自身的内在缺失、缺弱与缺陷得以放大④。

3. 用"两创"突破中华传统文化"缓不济急"的发展窠臼

有学者认为，就目前文化的发展状态而言，无论是文化自身的内生发展动力，还是宣传、保护、利用等外在发展动力都未充分调动起来，仍然处于未完善状态，丰富的文化资源暂未完全有效地转化为推动社会发展的现实生产力⑤。此外，在新时代的中华传统文化面临着"守"与"变"、"承"与

---

① 范鹏，李新潮."两创"思想对"激进—保守"文化困境的四维超越［J］.求是学刊，2021（1）：55-57.

② 赵丽媛，翟继军.中华优秀传统文化"两创"的三重维度［J］.学术交流，2019（11）：96-98.

③ 王莹.中华优秀传统文化"两创"分析［J］.当代世界与社会主义，2018（6）：85-88.

④ 郭齐勇.中国文化的"两创"［J］.孔学堂，2021（3）：4-5.

⑤ 陈念，郭竹.中华优秀传统文化创造性转化与创新性发展的理路［J］.四川文理学院学报，2021，31（4）：53.

"弃"的历史选择题，不可避免地会出现盲目复古和刻意求新等问题①。

以上分析为我们利用"两创"理念应对中华传统文化存在的问题提供了解决思路，也让我们认识到新时代对中华优秀文化实施"创造性转化、创新性发展"的必要性。笔者认为，除去文化自身弊端因素，文化传承者缺乏积极性和创造性，也是一个不小的挑战。

（二）中华优秀传统文化"两创"的重要意义

中华优秀传统文化"创造性转化、创新性发展"的重要意义有两点。

其一，振奋民族精神，凝聚民族力量，推动我国社会主义文化繁荣发展。有学者指出，在中华传统文化中实行"两创"，能够提高全民族思想道德水平，推动文化事业全面繁荣和文化产业快速发展，为实现中华民族伟大复兴的中国梦提供思想保证、精神力量、道德滋养②；还有学者认为，推动构建新时代中国特色社会主义文化新形态，内在要求是实现优秀传统文化"两创"，正是中国精神、中国价值、中国力量的构筑，才能更快实现新时代中国特色社会主义文化强国的建设③。

其二，有利于中国在世界文化激荡中站稳脚跟，不断提升民族凝聚力和文化向心力。有学者围绕习近平重要讲话精神指出"两创"在"两个结合"中的重要性，提出实施"两创"理念能够深化对外交流互鉴，扩大中华文化影响力，使中华优秀传统文化立足世界，充分体现中华文化精髓，更加符合世界进步潮流；另有学者指出，中华优秀传统文化蕴藏着应对人类共同难题的重要启示，只有在"两创"理念中才能让原创性的中国智慧有创造性地为人类的文明进步和社会发展做贡献④。

围绕中华优秀传统文化的"两创"对中国文化传承和世界文化延续的重要意义，学界展开了多角度、多领域的论述。只有将中华传统文化实施"两创"的理论价值和实践意义阐释清楚，才能进一步从中华优秀传统文化中，

① 侯文学，倪晓明．新时代贯彻落实"两创"方针的意义及路径［J］．北方民族大学学报（哲学社会科学版），2019（5）：50-53．

② 宋霞．从"两个结合"中汲取推动中华优秀传统文化"两创"的磅礴之力［J］．山东干部函授大学学报，2022（3）：24-26．

③ 张瑞涛．深刻把握中华优秀传统文化"两创"的理论内涵［J］．山东干部函授大学学报，2021（12）：15-20．

④ 赵信彦，周向军．习近平关于中华优秀传统文化"两创"重要论述的内在逻辑［J］．当代世界社会主义问题，2021（3）：03-05．

探寻理论资源和文化转化创新方法、激发文化创新创造活力，以此推进马克思主义中国化、时代化。

二、中华优秀传统文化"两创"的理路研究

党的十九大以来，学界关于如何在中华传统文化中实施"两创"进行了广泛研究，研究主要集中于让传统文化能够实现从"传统"走向"现代"和从"现代"走向"未来"。

（一）从"传统"走向"现代"

从"传统"走向"现代"，在探源守正中实现创造性转化。关于中华优秀传统文化"创造性转化"的研究，学界主要围绕着国民教育、社会氛围、主体意识等方面展开，部分学者针对传统文化传承中存在的问题提出自己的见解，认为坚持"两创"方针首先要让传统文化从"传统"走向"现代"，在探源守正中实现创造性转化。同时，有学者认为，创造性转化是文化发展基础，是中华传统文化保持民族特色的基点①。

普及优秀传统文化的国民教育，增强人民的文化认同。开展对中华优秀传统文化创造性转化的研究，首先要找准立足点，探寻文化发展的本质及精髓，并运用批判性思维将优秀传统文化资源转化为社会生产力。对此，有学者认为，传承中华优秀传统文化应紧跟现代剧场，把握现代审美与现代观众，采取如"中国谜语大会""牡丹亭"等文化教育展现的现代形式，唤起国人对中华文化的集体认同②。同时，有学者认为，要格外重视对传统文化的教育普及，从传统文化中把握有益的思想资源和精神遗产，并将其再度"资源化"以及在与当代文化相适应和与现代社会相协调的过程中"再语境化"，从而赋予其新的时代内涵，增强人民群众的情感认同③。

营造崇尚传统文化的社会氛围，激发人民的精神共鸣。有学者认为，在中华传统文化中实行"两创"方针能够潜移默化地影响国人的行为方式。通过深入挖掘和阐释中华优秀传统文化的时代价值，将传统文化基因的精神标

---

① 王彬，徐国亮."两创"方针是弘扬中华优秀传统文化的根本路径 [J]. 红旗文稿，2018（5）：27-28.

② 刘京臣."两创"：弘扬中华优秀传统文化的根本遵循 [J]. 文学遗产，2018（5）：25-28.

③ 李新潮. 中华优秀传统文化创造性转化 创新性发展的运行机理 [J]. 理论学刊，2022（2）：25-29.

识，有当代价值、世界意义的文化精髓提炼出来，转化为人们的精神追求和行为习惯，使中华文化与人民情感共鸣、与现代社会相协调①。另有学者认为，中华优秀传统文化要与现代社会发展相适应，与当代人们社会生活相符合，培育出良好的社会氛围，让传统文化的发展契合当代人民群众的思维模式和文化适应性，树立对中华优秀传统文化的信心，提振中华民族的精神力量②。

激活民众的文化实践主体意识，调动人民的历史主动。有学者认为，关于充分发挥人民主体地位的举措，必须要坚持以人民为中心，紧紧抓住人民群众对于文化发展的新要求，注意传统文化内容转换形式，增强文化自觉，强化文化共识，通过人民群众的创造性活动使党的文化方针成为人民的自觉行动③。另有学者认为，西方文化的洋教条、洋八股倾向、采取历史虚无主义的态度等问题，对人们的文化心理、文化观念造成极大冲击，面对各种思想文化交流频繁激烈碰撞、国际话语权争夺日趋激化的历史时期，人民群众要发挥历史主动性，积极审时度势、始终保持中华文化的特性，要用既有中华优秀传统文化气质，又有时代特征的社会主义先进文化，提升中华文化在世界文化格局中的竞争力和影响力④。

（二）从"现代"走向"未来"

从"现代"走向"未来"，在推陈出新中实现创新性发展。有学者认为，中华优秀传统文化想要从"现代"走向"未来"，必须要结合现实需求，深入挖掘阐释优秀传统文化精髓，并借助创意对传统文化进行创新性重构，并实现前沿科技为优秀传统文化赋形赋能，不断推陈出新⑤。另有学者认为，中华优秀传统文化实现"两创"能够使人民群众充分汲取中华优秀传统文化养分，以全新的视角凝聚出更加强大的精神力量，推动我国文化建设在未来一

---

① 孙雷．坚持创造性转化、创新性发展 传承弘扬中华优秀传统文化 [J]．四川戏剧，2021（2）.
② 时佳佳．中华优秀传统文化创造性转化与创新性发展的路径探析 [J]．今古文创，2022（26）：76-78.
③ 陈念，郭竹．中华优秀传统文化创造性转化与创新性发展的理路 [J]．四川文理学院学报，2021（4）：52-57.
④ 曹苗．中华优秀传统文化的创造性转化创新性发展研究 [J]．理论探讨，2021（6）：56-60.
⑤ 王丽霞．中华优秀传统文化创造性转化和创新性发展路径探析 [J]．山东社会科学，2021（11）：85-88.

个阶段帮助社会进步、民族振兴、国家发展①。

加大文化遗产保护力度，提高传统文化内容的"纯"度。有学者认为，中华优秀传统文化进行"两创"的重要目标，是对传统文化进行现代性内容诠释，激活传统文化中优秀的因子，使得传统文化发展与当代社会需要保持因时而进、因事而化、因势而新，立足于时代要求和时代发展潮流，并根据时代新问题、新要求不断更新、拓展、完善，让收藏在博物馆里的文物，陈列在广阔天地上的遗产，书写在古籍里的文字都活起来②。同时，有学者提出要对传统文化继承、改造和完善，加强研究阐释，加强文物保护利用和文化遗产保护传承，融入国民教育、生产生活及文艺创作中，推进中华优秀传统文化的国际交流传播③。

借助数字战略优势，提升传统文化内容的"鲜"度。有学者认为，中华优秀传统文化的基本内容要蕴涵数字化，发展形式、题材要现代化，传播手段形式要多样化，需要通过现代化的数字科技手段，实现传统文化与数字技术相结合，如中西医结合、数字书法技术、数字博物馆等，让传统文化的内涵得以体现④。有学者提出，中华传统文化需要结合互联网思维、智慧应用、智能技术、文化产业等技术，探索传统文化的传承创新路径，从而将中华文化推往新的实现高度⑤。有学者提出，中华优秀传统文化要积极创新发展方式，强化科技支撑，在新时代，必须要寻求技术、手段的突破，借鉴新兴技术手段，形成"传统文化+网络""传统文化+数字""传统文化+智能"的发展格局，建立和完善中华优秀传统文化的理论研究，并通过经典推介、国民教育、传承保护、宣传普及、文艺创作、融入生活、文化交流等渠道和平台，挖掘传统文化的独特基因，持续加强文化输出力度⑥。

结合文化产业开发，提振文艺创作的产出"力"度。有学者认为，贯彻

---

① 胡孝红. 中国共产党对中华优秀传统文化的创造性转化和创新性发展 [J]. 马克思主义理论与现实，2021（12）：40-45.

② 吴增礼，王梦琪. 中华优秀传统文化创造转化与创新性发展的维度和限度 [J]. 湖南大学学报，2020（1）：1-6.

③ 阮晓菁，肖玉珍. 习近平关于"中华优秀传统文化创造性转化、创新性发展"论述研究 [J]. 思想理论教育导刊，2019（1）：30-33.

④ 张荣军，任鹏程. 中华优秀传统文化现代性转换的必要性和可能性研究 [J]. 贵州社会科学，2016（8）：56-61.

⑤ 李林，杨海越. 基于智慧城市的传统文化传承创新路径研究 [J]. 江汉论坛，2016（8）：140-144.

⑥ 黄意武. 中华优秀传统文化创造性转化、创新性发展面临的障碍及破解路径 [J]. 重庆社会科学，2020（5）：120-126.

"两创"方针所取得的文化产业、文化产品等研究成就表明,实现传统文化的当代创新性发展应当发挥科技优势,助力文化转型,加快文化产业多维发展,完善政府主导、社会参与的协同发展机制①。有学者认为,在传统文化中实行"两创"理念能够借助科技促进传统文化产业转型升级,赋能传统文化,通过虚拟现实、人机交互等高新技术,将传统戏剧和曲艺、民间文学、传统手工技艺等文化产业进行更具时代性的产出②。另有学者认为,传统文化为现代文化产业发展提供丰富的资源基础,现代文化产业发展则可以为优秀传统文化传承与发展拓展更大空间,如开发兼具历史性、艺术性、知识性、趣味性的文创产品,开辟出文化创意产业双向循环机制新路子③。

三、实施中华优秀传统文化"两创"的未来展望

新时代对中华优秀传统文化创造性转化和创新性发展的探索,作为习近平实施文化传承发展工程的重要原则,以其独特的思想性、理论性、针对性,为提取传统文化精髓和中华文化走向世界提供了重要的方法论原则。新时期,实现中华优秀传统文化的创造性转化和创新性发展,就必须充分发挥传统文化主动精神、激发全民族文化创造创新活力,着力推动我国文化自觉、文化自信和思想文化领域朝向上向好态势发展。同时,更应主张从中华优秀传统文化中探寻理论资源和文化转化的创新方法,以此推进马克思主义中国化、时代化。未来一定时期内,我国的传统文化发展必将在符合时代发展潮流的基础上,掌握文化发展规律的同时顺应人民情感与人民需求,从而提升国家文化软实力,建设社会主义精神文明和社会主义先进文化,促进人类文明交流互鉴,推动社会主义文化大发展、大繁荣。

---

① 侯文学,倪晓明.新时代贯彻落实"两创"方针的意义及路径[J].北方民族大学学报,2019(5):48-52.

② 宋小霞.中华优秀传统文化创造性转化与创新性发展的路径[J].东岳论丛,2019(5):125-130.

③ 孔繁轲.推动中华优秀传统文化创造性转化、创新性发展的实践运用与路径探析:以传统文化与社会主义核心价值观的耦合转化为例[J].理论学刊,2018(6):18-24.

科技生产力与科技生产关系助推新时代发展

路舒涵

摘　要：科技生产力作为牵动经济社会发展的"牛鼻子"，日益成为促进社会发展的强大引擎，推动着社会的全面进步。探究科技生产方式，将有助于我们运用好科技生产方式的特征，不断推进高质量发展。

关键词：科技生产力；科技生产关系；新时代；发展

近几十年来，经过科技的迅猛发展，知识经济引发了人类生存方式的重大转型，使人对科学技术的幻想越来越成为现实，推动着人类社会不断向前发展。从第一台电子计算机的问世到现在的 5G 网络大面积覆盖，知识经济在不断证明其为推动经济社会发展的重要因素之一。

一、科技生产力与科技生产关系

知识经济的实质是科技经济。同工业经济一样，科技经济有其自身的生产力与生产关系。

（一）科技生产力

科技生产力是指在一定社会背景下，社会所具有的创造、传播、应用和发展科学技术的能力的总称，是相对于社会的物质生产方式中的生产力而言的①。只有更好地理解科技生产力，才能理解科技生产力决定科技生产关系的原理，促进社会科技生产的发展。

科技生产力不是一开始就存在的，是伴随着知识经济的发展而发展的。在 16 世纪以前，"科技"还未产生，那时科学和技术是相分离的，科学和技术并没有完全联系起来，而是按照各自的逻辑进行发展。在古代，科学知识

作者简介：首都经济贸易大学马克思主义学院研究生。

①　刘冠军. 论科技生产力构成的特殊性［J］. 理论学刊，1997（4）：36-40.

专属于贵族，而技术一般由工匠掌握，二者之间有明显的区分。中世纪以后，通过商业的发展，社会交换日益密切，科学和技术之间的交流开始日益接近。到工业革命时期，由科学指导的生产方式已逐步成为一种强大的生产力。到19世纪，技术发明活动与物质生产活动相脱离，以经验和技能为基础的工业技术逐步转变为以科学为基础的现代技术。科学发现活动和技术发明活动相互作用、相互协调，构成了统一的技术活动，相对独立的科技生产力基本形成①。到20世纪，电子计算机和信息技术的产生与发展促使科学与技术的联系更加紧密，科学与技术之间的协同作用更加凸显。科学对技术的先导作用得到充分的体现，科学引领技术的进步，使技术充分发挥自身作用，迅速扩大生产规模，提高生产效率，使越发先进的技术逐渐应用于社会生产的各个领域。影响并作用于社会的生产关系、上层建筑、社会经济结构等方面。通过科学技术的不断发展，逐步形成了一种社会力量，"科技生产力"的产生与迅速发展逐步超前于物质的生产活动，并对物质生产起到了巨大的推动作用。科技生产力不仅对物质生产起到了空前的推动作用，并且这种引领作用是不可替代的。

与社会物质生产方式的生产力相比较，科技生产力的构成有其特殊性，表现在：科技劳动者是科技生产力的主体要素，实验技术装备是科技生产力的物质形态的生产资料（硬件），图书情报资料是科技生产力的知识形态的生产资料（软件）②。近年来，随着科学技术的进步，科技生产力对于科技产品的更新以及时代的进步所发挥的作用愈发凸显。推动全球科技革命、产业变革，当今科技生产力已经越来越成为推动经济发展和社会进步的强大动力。

（二）科技生产关系

科技生产关系是与科技生产力相对应的。劳动形成人类的社会关系，科技劳动的实践中同样也会形成社会关系。科学劳动者在科技实践活动中必须结成一种特定的社会关系，才能进行科技生产。因此，科技生产关系就是科技劳动者在科技实践活动中结成的各种关系的总和③。科学劳动者在生产科技劳动产品中形成的生产科技资料也同生产生活资料一样，必定要存在着一定

---

① 任盈盈，刘思峰，方志耕. 科技生产力及其相关概念体系的构建［J］. 科技进步与对策，2006（8）：120-122.

② 刘冠军. 论科技生产力构成的特殊性［J］. 理论学刊，1997（4）：36-40.

③ 刘冠军. 论科技生产关系的发展和特点［J］. 东岳论丛，1997（4）：96-99.

的已经存在的科技生产力，加上与之所对应的科技生产力，构成了科技生产的生产方式。

但科技生产关系同一般的生产关系又是不同的。科技生产关系的内容主要包括：科技劳动资料的所有制形式、科技劳动的分配关系（如工资、版权、专利权、奖金等），以及科技劳动者之间的复杂的学术关系，等等①。除内容构成上的不同外，科技生产关系与一般意义上的生产关系相比还有六点特殊之处。分别为：空间上的广泛而复杂的协作关系，时间上的科技产品的产权关系，相对优厚但差距不大的分配关系，科技生产关系的滞后性，科技产品在交换上的复杂性，科技产品在消费关系中的多功能性和奇异性②。

（三）科技生产力与科技生产关系的辩证关系

生产力决定生产关系，生产关系反作用于生产力，是马克思主义基本原理中关于生产力与生产关系之间的辩证关系的经典论述。与社会物质生产资料的生产力决定生产关系一样，科技生产力决定着科技生产关系，科技生产关系对科技生产力具有反作用。

科技生产力决定科技生产关系主要表现在科技生产力是基础。科技劳动者只有与科技生产力相结合，才能够发挥其自身作用，才能产生科技生产关系。如果只有科技生产资料，没有科技劳动者的结合，便无法进行科技生产。同样，没有科技生产力，科技劳动者将无法发挥作用。随着科技的进步，催生了新产业、新业态的出现。如人工智能（AI）已经成为目前最炙手可热的科技行业，人工智能的科技生产资料如数据、创新材料等资料在现代已经十分丰富，结合科技劳动者的研发，催生了一系列人工智能相关产业，如机器学习（深度学习）、算法研究、人工智能芯片制造、机器视觉、图像识别、自然语言处理（NLP）、语音识别、推荐系统、搜索引擎、机器人等。只有在已有的科技资料的基础上经科技劳动者的运用和改造，新产业和新的生产关系才得以出现。在科技生产力提供的"软"物质基础面前，科技人员除了结成与此物质基础相适应的科技生产关系，是不可能发挥其应有的作用和效能的③。一个典型的例子便可以看出这种关系——科技劳动者在现有科学技术基

---

① 刘冠军. 论科技生产关系的发展和特点 [J]. 东岳论丛，1997（4）：96-99.
② 刘冠军. 论科技生产关系的发展和特点 [J]. 东岳论丛，1997（4）：96-99.
③ 刘冠军. 论科技生产力和科技生产关系的矛盾及其规律 [J]. 科学技术与辩证法，1999（1）：1-6.

础上加工改造，生产出服务于各行各业的智能机器人，节省了人力资源，提高了劳动效率。同样，科技生产力的发展决定着科技生产关系的变革。有什么样的生产力，就有什么样的生产关系。

在人类社会中，生产关系是不断变化着的，是受社会生产力的发展变化决定的。同样在科技生产中，科技生产力决定了科技生产关系。随着时代的变化，科技实现高速发展，科技生产力发展了，必然引起科技生产关系的变化。从工场手工业到机器大工业的飞跃，从机械化到现代智能化的飞跃，无不体现着生产力对生产关系变革的深远影响。生产力作为社会生产中最活跃的因素，是不断地发展和变化的。科技发展在智能化的时代日新月异，科技生产力也在发生飞速变化。从石器时代、铁器时代、蒸汽时代、电气时代到电子时代，随着这些不同时代用于生产的机器、设备，即科学和技术知识物化的具体体现的变革，一步步突破原有生产关系的限制，打破原有科技生产关系，使旧的科技生产关系被新出现的科技生产关系取代。

科技生产关系反作用于科技生产力。当科技生产关系适应科技生产力发展时，就促进生产力的发展；反之，会阻碍生产力的发展。这时的科技生产力就要求改变原来的旧的生产关系，由更能适应科技生产力的科技生产关系代替它。

科技生产力和科技生产关系相互作用，相互影响，推动着现代科技向前发展，使科技作为一种强大的动力推动着社会发展。

二、科技生产力与科技生产关系助推新时代新发展

随着时代的发展，近年来，科技作为经济社会发展"牛鼻子"的作用越来越凸显。当前，科技革命、产业变革对经济发展的推动作用越来越大，新产业、新技术、新业态、新模式不断涌现。把握科技发展的规律，促进科技生产力与科技生产关系相互促进、相互协调，使科技生产方式赋能现代社会发展，助推中国持续推进高质量发展。

（一）科技生产力惠及民生

5G，AI，云计算……在科技生产力蓬勃发展的时代，算力是新的科技生产力的代表之一。蒸汽时代、电气时代的到来使人们用上水、电、煤。信息时代的到来和发展改变了人们的生活方式，改善了人们生活的基础设施。当

今，算力已经成为促进科技社会发展的重要角色，逐渐成为现代主要的基础设施之一。算力的强大作用不仅体现在为社会发展带来无限的方便快捷，且取代了一些旧的科技生产力成为新一代基础设施，成为推动社会发展的强大力量。如，云计算正逐步取代小型机成为新一代 IT 基础设施。2009 年，阿里云研发出的中国唯一的云计算操作系统"飞天"，带动了国内云计算蓬勃发展的风潮。新科技生产力带动了越来越多的公司应用云计算系统，很快惠及各行各业。云计算在交通运输业的应用就是典型的例子。在中国，每年春运都有几亿人次出行，从 App 上购票、查询余票、下订单、付款等操作，已经成为人们最方便快捷的操作。在这个过程中产生巨大的数据流量，冲击着软件后台的云计算系统。在云计算还不完全成熟时，人们在系统操作时遇到卡顿、闪退、系统崩溃等问题，现在有了发达的云计算的支撑、有强大的算力，软件购票变得更加畅通，在流量巨大的春运期间，人们可以顺利流畅地买到车票，几分钟内能完成从查询车票到下单出票一系列操作。这一科技进步是科技生产力飞跃的体现，也是科技生产力和科技劳动者有机结合的成果。

科技无处不在。例如移动支付。移动支付现在已经渗透人们的日常生活，2018 年，中国的移动支付交易规模已达 277.4 万亿元，居全球首位。移动支付，背后是复杂的科技支撑。在进行支付时，手机 CPU 进行计算，将二维码转换为链接，发送数据，数据经过各层面的发送请求、传送，计算机芯片进行飞速计算和运转，不仅要保证数据的安全性，还要及时做出相应请求和回馈。移动支付的普及和发展，使人们的生活进入了"轻现金社会"。与其他发达国家从现金到信用卡再到移动支付的方式不同，中国的支付发展历程中信用卡普及并不高，直接进入了移动支付阶段。先进的技术和普及率，成为这个发展进程中的重要发力点。随着科技的发展，面容识别支付、蓝牙支付、VR 支付等也相继问世。在中国，有约 86% 的人使用移动支付，移动支付以极高渗透率进入中国百姓的日常生活。移动支付不仅改善着人们的生活，还助力于共享经济、数字政务等。当今，5G 更加推动了数字经济的发展。

从以上例子可以看出，云计算和民生有着紧密的联系，强大的算力给人们提供了更多的便捷。科技生产力的发展离平民百姓似乎遥远，但其实惠及民生，与人们的日常生活息息相关，科技生产力和科技生产关系的和谐发展，从实质上改善着人们的生活。

(二) 科技生产力引领新兴产业

随着时代进步和科技的发展，新兴产业逐步成为增长的引擎，给经济发展增加了新动能。人工智能、大数据、区块链、量子通信等新兴技术的加快应用，培育了智能终端、远程医疗、在线教育等新产品、新业态。例如，区块链已经广泛应用于各领域，如金融领域、公共服务领域、信息安全领域、物联网领域、供应链领域、汽车产业、股票交易、政府管理等。在未来，金融、医疗、健康、体育、农业等都会搭上区块链的快车，不断地发展起来。区块链为新一代的信息基础设施，愈发广泛应用于各生活场景。再如量子通信的应用，扩大了通信范围，实现了远程运输，量子通信网络实现多地相互通信等，以传统通信方式所不具备的绝对安全特性，在国家安全、金融等信息安全领域有着重大的应用价值和前景，也逐渐走进人们的日常生活。这些新科技生产力的涌现和发展，带动着新兴产业的发展，引领产业结构优化升级，促进国民经济发展。

机器大工业时代的到来，曾对生态环境造成很大的破坏，很大程度上影响了社会的可持续发展。随着科技革命的产生，新的科技生产力不断涌现，科技生产方式改善了这一问题，实现了社会发展与生态、能源多方面的协调。科技生产力的发展改变着传统产业的结构，促进传统产业优化升级。从产业发展的历史进程看，科技生产力的技术创新是推动产业成长的核心动力，也是产业结构调整的重要推动力。科技进步使得产业发展及其结构不断更新改造。从第一次科技革命至今，每一次科技的创新都产生了许多新产业，一些老产业也得到了极大发展。随着科技生产力的发展和社会需求的扩大，会形成新的产业和产业部门。

科学技术创新在推动产业成长的过程中，通过影响产业内部构成关系的变化影响产业的发展，从而使得产业结构发生变革。此外，科技生产力和科技生产关系的发展也使得高新技术产业快速兴起，促进国民经济转型发展。

当今，科技生产方式不仅很大程度上改善了人们的生活，并且引领着新兴产业的发展，推动传统产业升级转型，在促进创新发展、提升我国竞争力等方面起到了不可或缺的作用。但同时要看到，科技生产方式的发展需要具备很多要素，同样需要实现科技生产力与科技生产关系的和谐统一才能促进发展，并不是任何条件下都可以推进和建立。因此，我们要继续探究科技生产力与科技生产关系之间的新发展、新特征，解决社会矛盾，助推我国经济社会持续高质量发展。

劳动、休闲时间与人的自由

——基于马克思自由时间理论的视角解读

秦 雯

摘 要：通过对比资本主义社会条件下的自由时间与实现共产主义社会时的自由时间，充分反映只有在人们可支配自己时间的前提下，才能促成人的积极存在和本质回归。由此产生对当代中国社会发展自由时间的理性思考，即如何高质量的利用自由时间，实现真正有价值且有意义的幸福生活。

关键词：自由时间；节假日；共产主义社会；人自由而全面的发展

在《1861—1863年经济学手稿》中，马克思明确提出："时间实际上是人的积极存在，它不仅是人的生命尺度，而且是人的发展空间。"[①] "整个人类的发展，就其超出人的自然存在直接需要的发展来说，无非是对这种自由时间的运用，并且整个人类发展的前提就是把这种自由时间作为必要的基础。"[②] 由此看来，时间对于人来说具有生存论的意义，自由时间则是人们实现个人全面发展、充分享受美好生活的基础条件。人们张开臂膀拥抱更多的自由时间，相当于人们享有了一片属于自己的广阔天地——尽情绽放自身的一切兴趣、爱好、才能的自由天地，从物质财富的束缚中挣脱出来，转向对美好生活的憧憬、向往与追求，更深入地提升人们的幸福感，进而促成人的全面发展，社会全面进步。

人的生命历程归根到底是对于自由的充分向往与追求，是对于自身生命自由的追寻。然而，随着科技的迅猛发展和时代的进步，人们对于自由时间的支配和利用已经变成了一种奢望。在物资丰盛、商品琳琅满目的社会背景下，自由时间促进人的全面发展的积极价值并未很好地体现，人们为了获得

作者简介：兰州财经大学马克思主义学院硕士研究生。

① 马克思，恩格斯. 马克思恩格斯全集：第47卷 [M]. 北京：人民出版社，2013：532.

② 马克思，恩格斯. 马克思恩格斯全集：第32卷 [M]. 北京：人民出版社，1998：214-215.

更好的物质生活条件，自由时间异化现象普遍出现。在原本属于他们的时间领域内，大量自由时间被消磨、侵占、浪费，已经完全丧失了人的主体性地位。一方面，人们在不断膨胀的物欲面前不惜一切，以致付出了"异化"自己的代价，这不仅没有给予人们更多的自由时间，反而拉大了人们与自由时间间的现实距离。为了获取更多的收入，为了提升生活质量，满足自身物质需求，更多的人在拥有固定工作的同时加入了兼职行列，拼尽一切力气想从有限的时间内挖掘更多的财富，这一行为驱使自由时间逐渐走向资本化行列。另一方面，在经济迅猛发展的消费社会中，人们利用双休日、节假日，无休止的加班、工作，占据了大量的自由时间，属于人们的自由时间早已经被消磨了，人们失去了享有自由而全面发展的机会。然而，在马克思看来，"个人自由而全面地发展"是共产主义社会的标志，而自由时间为实现人的自由活动和全面发展提供先决条件。

党的十九大报告强调："我们要在继续推动发展的基础上，着力解决好发展不平衡不充分问题，大力提升发展质量和效益，更好满足人民在经济、政治、文化、社会、生态等方面日益增长的需要，更好推动人的全面发展、社会全面进步。"[1] 党的十九届五中全会提出，到 2035 年基本实现社会主义现代化远景目标，进一步强调"人民生活更加美好，人的全面发展、全体人民共同富裕取得更为明显的实质性进展"[2]。这充分体现了党在新时期提出的发展要求，与马克思的"实现人自由而全面的发展"目标既一脉相承，又与时俱进，彰显了实现共产主义事业与不懈追求人的全面发展目标的一致性。因此，有了节假日的存在，人们在精神上才能享受放松、身体上保持愉悦，只有人们享受到生活的幸福，才能更好地促进社会的全面进步。

一、节假日是实现自由时间的现实条件

没有休闲时间，也就实现不了自由，休闲时间是得以实现自由的条件。在资本主义社会中，受到无限利益与财富诱惑的资本家疯狂地占有工人的自由时间，然而，对于疲劳不堪的工人而言，休闲时间对于他们来说简直是"天方夜谭"。再看共产主义社会条件下，自由时间不是空谈，而是真正实现

---

① 习近平．决胜全面建成小康社会 夺取新时代中国特色社会主义伟大胜利：在中国共产党第十九次全国代表大会上的报告 [M]．北京：人民出版社，2017：11-12．
② 中国共产党第十九届中央委员会第五次全体会议公报 [N]．人民日报，2020-10-30．

个人充分发展与自由的时间，与自由时间在资本主义社会中被充分异化的事实是完全相反的。

（一）资本主义社会中对自由时间的深刻揭示

马克思在自由时间理论中指的自由时间是"用于娱乐和休息的闲暇时间"，以及"在精神上充分享受自由的时间"，也就是"并不被生产劳动所占有的那部分时间"。人类可以利用这部分时间学习科学文化知识，修养身心，发挥自己的特长。但是，在资本主义私有制条件下，随着生产力的不断发展，机器大工业逐渐取代手工劳动的现象已经被普遍化，在劳动生产率越来越高的情形下，时间理所当然地成为测量劳动的工具，资本家为了无休止地剥削工人，为了无偿地占有工人创造的剩余价值，延长了工人的劳作时间，工作时间已经不仅限于白天，这样一来，资本家便最大化地占有了工人利用闲暇时间所创造的剩余价值，尝到"甜头"的资本家在物质利益的驱使下变本加厉，由此一来，工人已经彻底沦为资本家的奴隶，使工人"还不如一头载重的牲畜"[1]。

此外，在资本逻辑的驱使下，劳动者已经完全没有了自由时间，劳动者的自由时间已经被资本异化。劳动者付出了包括出卖自己劳动力的一切劳动力，面对的却是更多的工作、更少的工资。迫于生计的需要，为了获得工钱，劳动者不得不放弃一切自由，继续"贱卖"自己的劳动力。这里放弃的自由不仅是时间的自由，甚至已经放弃了人身自由，直接沦为劳动的机器，替贪婪者劳作。相反，不需要付出任何劳动的资本家却有充足的时间去享受。他们享受着大笔金钱、丰厚的物质资料以及顶级的社会地位带来的快乐。可见，在这样的社会制度下，自由时间和劳动时间是互相分离的，只有上层统治者才有足够的资格享受闲暇时间带来的快乐。

但是，资本家的这种休闲观是对于更多物质财富的渴望，对于消费主义、享乐主义无限追求的价值观，是人在各种欲望和名利驱使下的，虽然能让资产阶级感受到无限占有被统治阶级自由时间的那种幸福，产生一时的快乐和享受，但这种休闲并不是真正意义上的休闲，而是人在贪慕各种物质享受、利欲熏心下产生的不自觉的行为而已。正如马克思所言："人已经不再是人的奴隶，而变成了物的奴隶。"[2]

---

① 马克思，恩格斯. 马克思恩格斯选集：第2卷［M］. 北京：人民出版社，1995：412-479.
② 马克思，恩格斯. 马克思恩格斯选集：第1卷［M］. 北京：人民出版社，1995：25.

这是劳动异化和休闲异化在资本主义社会条件下的充分体现，工人创造的财富被资本家无情占有并使工人受其支配；资本家享受充足的休闲，工人没有休闲，却被迫成为劳动工具，付出更多劳动力，只换取最基本的生活资料。在那个时代，个人并没有闲暇时间，更不会实现其个人充分而全面的发展，因为他们毫无自由可言。

(二) 共产主义社会对自由时间的不懈追求

在共产主义社会，马克思把"个人全面发展"视为其标志。要得到个人全面发展，必须拥有充足的自由时间。《资本论》提出，未来社会是"以每一个个人的全面而自由的发展为基本原则的社会形式"①。就其本意而言，在共产主义社会形态下，高度发达的生产力得以显现，物质文明和精神文明成果极大丰富，相应的人们需要劳作的时间会减少，需要的自由时间会增多，劳动异化与休闲异化的现象已经不复存在，自由时间的增加给人们提供了更多展示自己才能、发挥自己特长的条件，更多的思想家、科学家、艺术家出现，每个人的精神境界被极大地丰富，人的需要得到了满足，人的幸福才可得以实现。

法兰克福学派最知名的学者——马尔库塞认为："在摆脱了统治的需求后，劳动时间和劳动能量在量上的减少，将导致人类生存发生质的变化：决定人类生存内容的，不是劳动时间，而是自由的时间，不断扩展的自由王国真正成了消遣的王国，即个体机能得到自由消遣的王国。"② 自由时间的增多对于人类社会而言是社会文明进步的风向标；对于人们而言，要想使个体机能得到充分发挥和施展，自由时间的创造便为其提供了实现空间，提供了前提条件：人们在可以自行支配的时间领域内实现自身的全面发展。

共产主义社会下，以牺牲大部分人的自由和尊严为代价换取小部分人的自由和尊严的现象已经结束。共产主义的特别之处就在于：它推翻了一切旧的生产与交往关系的基础，并且推翻了维护旧的生产方式的统治阶级，从而彻底地改变了旧的经济关系和政治关系。还在于使人类自身乃至进行革命的无产阶级获得彻底的改造，改造成为符合共产主义要求的新人，现存的条件演变成为联合的条件，造就了全新的社会、全新的人。所以，共产主义社会作为人类社会发展的高级阶段，为实现人类自身发展、充分发挥人的主体性，

---

① 马克思，恩格斯．马克思恩格斯文集：第 5 卷 [M]．北京：人民出版社，2009：683.
② 赫伯特·马尔库塞．爱欲与文明 [M]．黄更，薛民，译．上海：上海译文出版社，1987：164.

为其创造充足的自由时间提供了有效路径。

只有在这样的社会条件下，才能真正谈论怎样正确运用自由时间，才称得上是真正意义上的休闲，实现真正的人的解放。与资本主义社会相比，在共产主义社会劳动已将"沉重的负担变成愉快"，不再是单纯的谋生手段，而是为了实现自身的价值，成为人们自觉的行动与休闲的方式，成为人们全面发展和展示自我才能的途径，成为解放人而不是束缚人的手段，是真正的自由，实在的自由。因此，人们对自由时间无限的憧憬与向往将促使人们不断追求，并为之付诸实践，为社会的每个成员创造出更多的自由支配的时间，到那时，人们的生活会更加幸福、更加和谐，人们的精神境界极大提高，整个社会将会呈现一片繁荣的景象。

二、节假日对人的发展的重要意义

时间是人发展的空间，人在时间里存在，同样也在时间里发展。作为给人提供充分发展空间的时间来说，实际上是指自由时间，即人们可以自由支配的时间——节假日。节假日的出现给人们增加了更多的自由时间，创造了更多自我发展的机会，给予人们最大限度地自由发挥自身的潜能，实现个性与自由的解放，丰富他们的本质力量。人们只有在节假日，即可自己支配时间的前提下，才能充分实现个性自由与解放，促成人的积极存在和本质回归。

（一）节假日是人实现个性自由与解放的基础

节假日的存在，使人们除了工作之外拥有一部分自由时间，在此时间里人们可以休闲、享受身心的愉悦和放松，在此基础上达到个人个性自由的解放与发展。人们个性的自由与解放是相对于人的个性受到充分压迫、剥削，以及被支配的对立面而言的，要想真正实现人的个性自由与解放，节假日的存在以及被人们正确运用为实现人的个性自由与解放打牢基础。

马克思毕生所追求的终极目标就是人自由而全面的发展，而这恰恰是实现人的解放的核心要素。以自由时间作为实现人全面发展的重要依托，是马克思自由时间理论蕴藏的价值所在。马克思认为，共产主义社会是"以每个人全面而自由的发展为基本原则的社会形式"[①]，是一个"自由人联合体"[②]。

---

① 马克思，恩格斯．马克思恩格斯全集：第23卷［M］．北京：人民出版社，1972：649.
② 马克思，恩格斯．马克思恩格斯全集：第23卷［M］．北京：人民出版社，1972：95.

每个人自由而全面的发展意味着人的社会关系得到充分的发展，人的个性自由得到全面的解放。

首先，节假日给予人们大量的休闲与自由活动的时间，促进了人们"社会关系"的全面拓展。人与人之间的沟通与交流更加频繁、更加密切、交往的形式更加多样化，交流的内容更为丰富，是通往实现人全面发展目标的重要途径。节假日的休息时间丰富了人与人之间交往的机会，在与他人交往的过程中收获一定的知识、信息、经验，也会更深入地获得情感上的交流，在脑力层面和精神方面都得到进一步的洗礼和启迪，从而使自己的心灵得到净化、心智走向成熟，最终达到充实自己、完善自己，实现个人社会关系全面发展的目的。这是节假日存在的价值意义之一。

其次，节假日孕育人的"个性自由"，使人的个性得到充分发挥。人们想要充分发挥自己的主动性与创造性，节假日便给予人们宝贵的机会。在人们可自由支配的时间领域内毫无保留地尽情展示自身的独特内涵，在属于自己的广阔天地里自在地遨游、驰骋。只有在自由的时间里，人们才可能彻底摆脱一切束缚自身的条件，包括社会的、政治的、经济的、文化的外部条件，当然也包括对财富的渴望、世界观及价值观等内在的因素，尽情释放自己的天性，发挥主体性作用，不受任何限制的发展多方面的才能，促进人的个性解放。

反观原始社会时期，生产力水平低下，人们需要解决温饱问题，所有的时间都用来满足最基本的生存需要，谈不上实际意义上的自由时间；到了奴隶制社会和封建社会，此时社会生产力仍以自然经济为主导，处于人身依附与封建依附关系下的大部分人没有独立性与自主性可言，同样也不会有自由时间保证他们达到人的个性自由与解放；过渡到资本主义社会时期，资本家不仅毫无底线地榨取劳动者创造的财富，同时剥夺属于劳动者的自由时间。资本家已经成为事实上的统治者，不论是在财富利益的获取上，还是在自由时间的侵占上，都成了"自由而全面发展的主体"，循环往复地、无休止地对工人进行野蛮的奴役。

纵观四种社会形态，从"人与人之间产生依赖关系"为主的社会形态，逐步发展到"人依赖于物的产生"为主的社会形态，都无法确保自由时间的存在，也无法实现人的个性自由与解放，更无法实现人自由而全面的发展，只有在"个人全面发展"的社会形态——共产主义社会，人们才能拥有更多充分且健康的自由时间，才能培养人们多方面的才能，实现个性自由与解放，而这个自由时间，已经在我国社会中存在，即节假日。因此，节假日为每个人实现个性自由与解放提供了现实可能。

（二）节假日促成人的积极存在和本质复归

节假日提供的自由时间让人们在繁忙的工作任务中抽身，一定程度上缓解了因为工作而导致的各种压力，使人的发展更为"人性化"，使人的发展真正了为了自身而谋发展，促成人的积极存在与本质的回归。

在私有制社会，特别是在资本主义社会，劳动出现异化现象：劳动者与劳动产品、劳动行为发生异化现象，人与人相互之间也发生异化现象，人们利用智慧与物质财富，运用勤劳的双手创造出的一切都演变成为与自身相对抗的东西。"他在自己的劳动中不是肯定自己，而是否定自己，不是感到幸福，而是感到不幸，不是自由地发挥自己的体力和智力，而是使自己的肉体受折磨、精神遭摧残。"① 可见，劳动者在所有劳作的时间里受到的是肉体和精神的双重折磨，他们为了维持最基本的生活开支而拼命地劳作，但他们生产的财富越多却越贫穷。工人的劳动不是自愿的，而是强制性的、被迫的。在这种高压的工作环境下，劳动者的身体机能与身心健康已经彻底被奴役，变成资本家的"傀儡"。长此以往，工人对这种处于水深火热的日子已经彻底失去希望，失去信心，不再留存一丝丝对未来美好生活的幻想。与之相反，自由时间的出现，使人找回了自己在肉体上与精神上的主体性地位，挣脱了之前商品对于人赤裸裸的牵掣，人开始不抱有任何实践的目的，立足于人本身去寻求自身的能力，努力挖掘社会的潜力。

马克思提出，时间实际上是人的积极存在，节假日使人们享受更多的自由时间，为人积极发挥各方面才能提供优越的条件，因此，节假日促成人的积极存在。"人的积极存在"是相对于消极存在而言的，实际上意味着对资本主义社会无情地摧残人、不断地折磨人的社会制度进行的深刻批判，只有在人人都享有平等的自由时间的基础上，人们才能真正获得精神层面的愉悦，努力探求生命的真谛，发展自己，成就自己，而这一切归根到底是由于自由时间，即节假日的出现。

以人的类本质为出发点，人是自由存在物。首先，在《关于费尔巴哈的提纲》一书中，存在这样的论断："人的本质并不是单个人所固有的抽象物。

---

① 马克思，恩格斯. 马克思恩格斯选集：第 1 卷 [M]. 北京：人民出版社，1995：43.

在其现实性上，它是一切社会关系的总和。"① "社会关系的含义是指许多个人的合作。"② 人们生活在"一切社会关系总和"的现实中，总是能接触到社会生活的每个方面，其中蕴含的各种复杂的社会关系都需要人类自主地去认识、感知、思考、研究。"只管干活不玩耍，头脑迟钝人变傻"，是马克思告诫资本家时提出的，充分说明了自由时间在资本家占统治地位的时期依旧显得极为重要。如果离开了自由时间谈论劳动，一切劳动都不是人的自主活动，更不是人们积极主动的作为，劳动在人面前毫无价值可言，更谈不上劳动使人幸福。同样，没有了自由时间的劳动，劳动者与机器毫无区别，而这样的劳动只能成为折磨工人身体与精神的残酷武器。其次，关于上述人的本质的论断充分体现了人总是处在一定社会关系中的，所以他们不可避免地与周围的一切人、一切事物发生一定的、具体的联系。假如他们没有足够的自由时间维持身边的人际关系，没有属于自己的余暇时间进行学习与计划，进行社会交往活动，履行社会职责，等等，人类便不会取得进步，社会生产力将会停滞不前，科学技术也不会取得今天辉煌的成就，甚至会沦为社会的附属品，自身的奴隶，不会成为自己时代的主人。

"现实的人"是无限向往自由的人，是人的本性。因此，节假日为人类创造了追求自由的时间机会，提供极为重要的发展条件，积极促成现实的人的本质的回归。

三、对当代中国社会发展的自由时间的思考

随着时代不断地变迁，社会不断地进步，信息技术已经渗透到社会生活的各方面，改变了人们的生产方式和生活方式。人类的劳动方式已经转向智能自动化方向，自动化的出现使人们的闲暇时间逐渐增多。生活方式逐渐多元化、便利化。但是，相当多的人们认为，闲暇时间就是运用可自由支配的时间满足自己，就是为了吃喝玩乐，自我放纵，过度消费。逐渐在享乐主义、消费主义、价值虚无主义中迷失自我，过度沉沦，把更多的自由时间视为纯粹的消遣条件，放弃做一切具有价值的事情。由此可见，如果人们一直沉迷于这样的发展环境，将与马克思自由时间理论背道而驰，最终将严重损害人们的脑力与体力，身心健康也会受到影响。

---

① 马克思，恩格斯．马克思恩格斯全集：第 3 卷 ［M］．北京：人民出版社，1960：5.
② 马克思，恩格斯．马克思恩格斯全集：第 3 卷 ［M］．北京：人民出版社，1960：33.

因此，唯物史观认为，自由时间的存在是让人们在属于自己的余暇时间里找到一种积极的生存状态，而不是一味地消磨时间、消遣生活。给予充分的自由时间绝对不是毫无意义的娱乐，而是在一种轻松的时间与空间中有目的地享受生活、创造生活、发展自我，是真正有价值意义的自由时间。所以，在新时代背景下，我们应对如何合理利用、分配自由时间的问题进行认真思考，坚持正确的价值引领，对其深入研究。这是人类对自身前途命运的一种理性思考，是尝试探索自由时间与实现人生价值内在联系的一种忠实选择。

（一）科学把握自由时间发展自身

中国在完成全面建设小康社会任务以后，人们日渐追求的生活质量越来越高，更加渴望追求符合人性化的生活方式。但是，值得我们思考的是，自由时间的逐渐增多并不意味着休闲生活质量的提高，面对这样的现实问题，每个人都应当科学把握自由时间，以此不断提升自身的综合素质，通过广泛阅读，关注实时信息，接受高等教育，学习新技能，勤于思考等，多方面的途径去吸纳知识、拓宽眼界、增长见识、充实自己。

"真正的财富，就是所有个人的发达的生产力。那时，财富的尺度决不再是劳动时间，而是可以自由支配的时间。"① 马克思把个人发达的生产力等同于一笔巨额的财富。要想实现个人自由而全面的发展目标，当然就是要在科学运用自由时间的基础上，使个人的主体性作用得到充分发挥，即人在实践活动中所体现出来的积极性、主动性与创造性。而人的主体性作用在实践中能否得到充分发挥将取决于主体自身的素质，主体素质的高低直接影响未来美好生活的构建，社会的文明程度以及人自由而全面的发展。因此，作为社会主体的我们，应当志存高远，树立"生命不息，奋斗不止"的远大理想，做到终身学习，实现更高质量的生活，更要做到广泛涉猎，不仅要在文化知识领域内用理论武装头脑，还要在科学技术、政治法律、道德等方面融会贯通，争做德才兼备的时代新人。

（二）充分利用自由时间探索生活

在我们努力实现未来美好生活的进程中，积极探索生活的意义是通往美好生活的重要途径，自由时间恰巧为此提供了条件。在努力追寻生活意义的过程中，人会因为各种社会现象去思考，去研究，不自觉地运用脑力以及所

---

① 马克思，恩格斯．马克思恩格斯文集：第 8 卷 [M]．北京：人民出版社，2009：200．

学知识分析与解决问题，最终找寻每种社会现象背后的原因，在原因背后领悟生活的真谛、感受世界的奇妙，再到下一个问题的发现、探索、解决等。在一系列循环的过程中，人们的知识水平与实践能力、思维模式与综合素质以及道德品质都被潜移默化地提升了，人所蕴藏的智慧与才能被充分发掘，最终使之成为热爱探索生活的、自由而全面发展的人。这一切都归功于他们勤于思考以及善于发现生活中美的能力。

在苏格拉底看来，人们应该在生活中崇德向善、不断反思。现代的人处于喧嚣浮躁的世界中，很多人只顾享受生活，认为探索生活是毫无意义的，这样一来，人们的身体便走在了灵魂的前面，心灵得不到纯粹的净化，何谈用心去感受生活的意义。然而，美好生活意义的最高目标便是至善。因此，我们应在全社会树立起"崇德向善，止于至善"的正确价值观导向，深入研究生活世界，并在此过程中冷静思考，用心灵感受生活的意义，生命的真谛。

（三）正确看待自由时间脚踏实地

马克思的著名论断影响广泛且深远："哲学家们只是用不同的方式解释世界，而问题在于改变世界。"① 可见，实践在人们认识世界的过程中扮演着极具重要的角色。在自由时间中，我们应当坚持学用结合，用社会实践活动赋予自由时间真正的存在价值。我们可以充分发挥自身的主体作用，从事科研、行政、医学、农业等职业，尝试学习不同的技能，不断学习，不停实践，充分运用自由时间提升自己。

我们在实践过程中应当脚踏实地，戒骄戒躁。所谓行远自迩，就是要求人们凡事都要一步一个脚印，是人们实现个性自由而解放的根本要求，也是通往成功之路的必要途径。在正确认识自由时间的基础上，运用合理的方法实现自身的价值，即理智且清晰地合理规划自由时间，真正实现属于人的"休闲"。

（四）真正实现人自由而全面的发展

实现人自由而全面的发展是一个历史过程，最终旨在实现人民幸福。社会中每个成员的幸福得以实现才是现实生活中真正的幸福。同样，人民幸福的出发点是立足于现实的人，因此，坚持"以人为本"的理念，坚持"人才强国"战略，完全符合社会主义市场经济条件下对所需人才的要求，而自由

---

① 马克思，恩格斯. 马克思恩格斯选集：第1卷 [M]. 北京：人民出版社，1995：54-57.

时间的出现为全面发展型人才提供了强有力的基础条件，给予了人们一种全新的、积极的生活状态：人不再因为社会分工而被拘泥于一个特定的工作领域，也不会被特定的、有限的社会交往关系而束缚，更不会因为没有实践活动的条件——自由时间而限制，相反，人们的发展与活动更具有全面性，自由时间为人们最终实现幸福生活构建桥梁，从而更好地实现自我价值。

在中国迈向更好地建设社会主义伟大事业的前提下，节假日制度的存在为人们提供了更多的闲暇时间，为人的自由而全面的发展开辟了广阔的前景。每个人在正确认识且合理利用闲暇时间的前提下，必将实现个人全面发展，走向属于自己的自由天地。

论中华文化和中国精神的时代精华三重意蕴

金子鑫　王　颖

摘　要：中国精神贯穿于中华民族五千年历史长河的始终，积蕴于中华民族伟大复兴的现代过程。习近平新时代中国特色社会主义思想是中华文化和中国精神的时代精华，开拓了马克思主义中国化宏蕴而深厚的现代文化纵深，从厚植于中华文化层面延续了中华文明的理论脉络，从反映时代要求层面回答了新时代的历史钟声，从实现人民需求层面凝结了中华民族长期形成的精神气韵，成为实现中华民族伟大复兴的鲜明旗帜。

关键词：中华文化；中国精神；时代精华

中国共产党长期立足于传承和发扬中华民族优秀传统文化，致力于推动马克思主义与中华优秀传统文化的有机结合，着眼于马克思主义中国化的宏图伟业。党的十八大以来，以习近平同志为代表的中国共产党人创造性地将中国传统文化与马克思主义相结合，与百年未有之大变局相结合，与中国特色社会主义治国理政相结合，立足国情、党情，汇聚民心、民智，着眼过去、未来，创立了习近平新时代中国特色社会主义思想。党的十九届六中全会确立了习近平新时代中国特色社会主义思想的历史定位，审议通过了《中共中央关于党的百年奋斗重大成就和历史经验的决议》，鲜明提出了"习近平新时代中国特色社会主义思想是当代中国马克思主义、二十一世纪马克思主义，是中华文化和中国精神的时代精华，实现了马克思主义中国化新的飞跃"①。这一重大科学论断和重大政治判断，充分彰显了党的道路自信、理论自信、制度自信、文化自信，体现了高度的政治自信和政治自觉，为更好推动马克思主义中国化理论纵深和文化内涵提供了源头活水。"中华文化和中国精神的时代精华"的重要论断，昭示了习近平新时代中国特色社会主义思想的理论

作者简介：金子鑫，中国政法大学人文学院博士研究生；
　　　　　王颖，首都经济贸易大学马克思主义学院教授。

① 习近平．关于《中共中央关于党的百年奋斗重大成就和历史经验的决议》的说明［N］．人民日报，2021-11-17．

渊源和内生动力，深刻理解相关论断对更好学习、领会、运用习近平新时代中国特色社会主义思想起着提纲挈领的重要作用。

一、彰显中国精神的文化风范

（一）延续中华文化的发展脉络

大江泱泱，大风荡荡，五千年中华文明绵延不绝。自上古到殷商，三皇治世，五帝定伦，政教大行，八方宾服；夏道尊命，政尚忠朴，殷人尊神，宗亲祭乐，周代崇礼，尊礼尚施，中华文明在三代文化下经历了开端与发轫。孔子立儒，孟子施教，百家争鸣，文化多元，中华文明在先秦文化下经历了改革与奠基；而后经历了两汉经学的综合和成型，魏晋玄学的融合与新变，隋唐佛学的冲突与共融，宋明理学的合流与内化，清代朴学的集成与沉淀，在不断积累与革新中塑造了中华文化脉络的延续性①。到了近代，以新学为基础的救亡图存运动如火如荼，五四运动"民主与科学"的口号响彻九州大地，社会主义思想在中华大地觉醒。1921 年，中国共产党成立之初，就致力于中华民族的千秋伟业，力图于将千百年不曾中断的华夏文明延续下去，救生民于水火，立万世之伟业，成为中华文化发展脉络的重要一环。在继承与弘扬中，中国共产党人将中华文明长期发展形成的伦理道德、人际交往、社会文明、行为秩序、哲学认识，汇聚成党的精神品格，在实践中延续中华文化的发展脉络。

党的十八大以来，以习近平同志为代表的中国共产党人继续着党的发展轨迹，在中华文明的发展脉络上继续前行。

第一，习近平同志强调中华文化宝库的重要价值。2016 年，习近平创新性提出"广大文艺工作者要善于从中华文化宝库中萃取精华，汲取能量"②的重要论述，集中表达了"中华文化宝库"的历史性概念。中华文明绵延五千年经久不衰，华夏文明始终如一不变主线，其中蕴含了浩如烟海的圣贤典籍。站在全新的历史起点，中国共产党要立足过去，放眼未来；要通古今、连中外，坚持历史自信与历史自觉，才能树立文化自信、文化自觉，不忘华夏千百年文化之本来，才能持续开创中华民族伟大复兴之未来。习近平新时

① 商志晓．深刻领悟"中华文化和中国精神的时代精华"［J］．理论导报，2022（2）：16-19.
② 习近平．筑就中华民族伟大复兴时代文艺高峰［N］．人民日报，2016-12-01.

代中国特色社会主义思想接续古今，在汲取中华文化宝库的基础上继承发展中华民族文明脉络，实现理论创新、道路创新、文化创新的新高度。

第二，构建新时代文化话语体系。文化自信与文化自觉需要强大的文化底蕴，坚持建立以马克思主义话语体系为主导，融入中华传统文明的中国特色社会主义文化话语体系，是习近平新时代中国特色社会主义思想的重要内涵。党的十八大以来，习近平坚持马克思主义立场、观点、方法，在"两个结合"中深入拓展、挖掘中华优秀传统文化和文明精神，在马克思主义中国化的道路上不断进取。对待传统文化的"创造性转化、创新性发展"的方法论，"要坚持为人民服务，为社会主义服务"的决定论，"立足新时代，面向全人类"的起点论，不断将蕴含千百年文化底蕴的中国声音唱好、唱响，唱向世界。延续中华文化，唱响新时代篇章，习近平新时代中国特色社会主义思想引领文化内涵、文化精神、文化底蕴、文化态度、文化目标，以延续中华传统文化为经，以新时代中国精神为纬，标注新时代中国文化自强的光辉灿烂之路。

第三，兼收并蓄，和而不同。中华文化从古至今以包容性著称，在不断吸收、借鉴外来文化和其他文化的基础上形成了兼收并蓄、和而不同的文化品格，塑造了华夏民族海纳百川的胸襟气魄。社会主义进入新时代，实现中华民族伟大复兴要贯穿发扬中华民族长期凝练形成的民族品格、历史气节，将马克思主义为我所用，将马克思主义中国化在新时代提升至前所未有的新高度，是习近平新时代中国特色社会主义的核心要义。"一带一路"共建共享，亚投行让发展中国家互利互惠，人类命运共同体让全人类共享发展成果，新冠疫情下打造卫生共同体体现大国担当，以习近平同志为核心的中国共产党人秉持着"美人之美，美美与共"的思想精粹，坚持开放、包容、普惠、平衡、共赢的发展理念，牢固树立平等、互鉴、包容、对话的文明观，走出历久弥新的传统中华文明的现代之路，是对中华文明体系的延续和发展。

（二）追索以人民为中心的思想源头

中华文明长久以来形成了"以民为本"的为政之道，远在上古时期就有"厚土保民"的政治渊源，女娲补天、后羿射日，以民为重的神话典故历久弥新。而真正成型则肇始于夏商周时期，在敬土保民和为政以德的思想精髓下民本思想开始不断发扬。历经春秋战国时孔孟学说对此的推崇，以汉代"独尊儒术"为标志，民本思想在中国古代逐渐成熟定型。后经朱熹改制，阳明心学"亲民"论的革新，民本思想虽历朝历代有所不同，但大体相近。《尚书》"民惟邦本，本固邦宁"和"德惟善政，政在养民"，容纳了古代民本思想的核心要义，一曰"顺从民意"，二曰"安民利民"，三曰"节用爱民"，四曰"为政以德"。但是，追索古代民本思想的历史意义，可以发现古代的民本仍是统治阶级自上而下的，维护统治阶级利益的民本，只以道德约束和伦理束缚的民本。现代中国共产党领导下的人民民主在坚持民本思想的基础上坚持"人民当家做主"的根本原则，将以人民为中心作为中国精神的凝练与升华。

习近平总书记继续坚持追索以人民为中心的思想源头，将民本思想化为当今时代中国精神的核心要义，将"坚持以人民为中心的发展理念"提高到前所未有的新高度。2021 年，十三届全国人大四次会议将"全过程民主"写入法律，从 1954 年的"人民当家做主"到"全过程人民民主"，中国共产党将以人民为中心的根本观点上升到新的理论层面，将中华文化中的"民无不以为本也"提升到新的实践高度。习近平关于全过程人民民主的重要论断是中华文化的现代化阐释与升华，是中国精神的集中表达，既有历史意蕴又兼具现代内涵，是习近平新时代中国特色社会主义伟大思想在不断追索人民中心论思想源头的最新成果。

第一，全过程民主是中华文化以民为本和现代民主权力的有机结合与深层次提升。习近平强调"我国全过程人民民主不仅有完整的制度程序，而且有完整的参与实践"①。从民主选举到民主决策、民主监督再到民主协商、民主管理，中国共产党领导下的全过程人民民主集中了直接民主和间接民主的智慧，实现了"过程民主和成果民主、程序民主和实质民主"②的经验融合，是符合中国特色的现代化民主方式，在优化民主模式和民主形式的基础上，实现了对传统政治文化的继承与现代民主方式的整合升级。

第二，习近平全过程民主观的"全链条民主"论断彰显了古今融合的现代趋势。"全链条、全方位、全覆盖的民主"是习近平全过程人民民主论断的核心内容，在民主辐射范围上，全过程人民民主要坚持人民对政治、文化、经济、社会等皆享有全覆盖的民主权利；在参与范围上，要坚持民主选举、管理、监督的全方位；在表达形式上，要坚持民主表达渠道畅通无阻，坚持人民依法依规管理国家各项事物，坚持人民全链条对国家权力进行制约和监

---

① 习近平．在中央人大工作会议上的讲话［J］．求是，2022（5）．
② 习近平．在中央人大工作会议上的讲话［J］．求是，2022（5）．

督。在封建中央集权下"以民为本"空有其表而沦为统治阶级的工具，而在社会主义制度下，习近平用全过程民主全方位、全链条的形式发挥了民本思想的最大内涵。

第三，习近平全过程民主是对古代民本思想的最大实践。全过程人民民主建设是真正体现人民当家做主，真正将14亿中国人民置于最高地位的全景体现。从"办好中国的事情，关键在党"①，明确坚持党的领导是全过程人民民主的最大优势；到"必须坚持和完善人民当家做主的制度体系"建设，加强全过程民主的政治制度保障；再到"发展人民民主必须坚持依法治国""使民主制度化、法律化"②，明确法治保障功能，全过程人民民主将古代民本思想发挥了现代应有之义。习近平新时代中国特色社会主义人民观，鲜明继承"民本"思想和社会主义人民价值理论，创新全过程人民民主论，从理论与实践两个层面辨析了人民民主的终极价值取向，以中华传统"平政爱民""富民强国""重民保民""恤民忧民"为导向，凝结了中华文化和中国精神的时代精华。

(三) 探寻中国精神的历史渊源

中国共产党长期注重精神塑造，从伟大建党精神、革命精神、艰苦创业精神、改革开放精神，到习近平新时代中国特色社会主义思想提炼下的新时代伟大奋斗精神，都是中国共产党精神的集中展现。而中国共产党精神是中国精神的集中反映，是中国精神的内在逻辑和外在升华，尤其是新时代伟大奋斗精神蕴含的"艰苦奋斗、不懈奋斗、开拓奋斗、砥砺奋斗、接续奋斗、竞相奋斗、团结奋斗"精神，是新时代历史定位下中国人民精神的总结提炼。而新时代中国精神不仅是现代中国的逻辑彰显，更是中华民族文化脉络的历史演进。中华民族自古勤劳勇敢，开拓进取，在伟大奋斗精神的鼓舞下，与天争、与地斗，云贵梯田、东北粮仓、沙漠变绿洲，中华民族秉持着"路漫漫其修远兮，吾将上下而求索"的追求，不断奋斗、拼搏，秉持着愚公移山的精神不断为中华民族伟大复兴而奋斗，在几千年的发展中凝练出中国精神的时代风华。中国共产党的发展史是一部中华民族不断在逆境中奋发，在激流中奋斗的历史。从"站起来"、"富起来"到"强起来"的伟大飞跃，都离不开中国共产党的伟大奋斗精神。党的十八大以来，"始终保持革命者的大无

---

① 习近平 . 在庆祝中国共产党成立 100 周年大会上的讲话［M］. 北京：人民出版社，2021.
② 习近平 . 在庆祝全国人民代表大会成立 60 周年大会上的讲话［N］. 人民日报，2014-09-06.

畏奋斗精神"① 成为中国共产党的响亮口号，"我们要永远保持建党时中国共产党人的奋斗精神，永远保持对人民的赤子之心"②，成为新时代伟大奋斗精神的价值定力，"切实把奋斗精神贯彻到进行伟大斗争、建设伟大工程、推进伟大事业、实现伟大梦想全过程"③，成为奋斗精神的实施方略。习近平新时代中国特色社会主义凝结了新时代中国精神的理论精华，提炼中国共产党精神完整谱系，创新新时代伟大奋斗精神主旨内涵，传承中华民族精神历史内涵，成为新时代中华民族复兴的重要指导。

二、凸显中国精神的文化品格

（一）"两个结合"的理论结晶

马克思主义原理与中华传统文化有着多方面的契合之处，马克思主义实践观与中国传统"知行合一"相符合，马克思主义辩证法、矛盾论与中国传统"阴阳二分""中庸之道"相匹配，马克思主义人民观与中国传统"民本"思想相契合，马克思主义共产主义学说与中国传统大同社会相吻合。因而马克思主义在中国能够生根发芽、发展壮大，得益于中华文明源头活水的重要文化价值。坚持将"把马克思主义基本原理同中国具体实际相结合、同中华优秀传统文化相结合"，走马克思主义中国化的现代道路，是推进中国特色社会主义发展的必由之路。中国五千年文化历久弥新、博大精深，是中华民族文化自信的文化底气、历史底蕴。"如果没有中华五千年文明，哪里有什么中国特色？如果不是中国特色，哪有我们今天这么成功的中国特色社会主义道路？"④

在新时代，习近平总书记鲜明认识到马克思主义与优秀传统文化是中国发展的鸟之两翼，坚决将赓续中华优秀文明，拓展中华文化宝库价值，提升中华文化影响力、感染力、生命力，把延续中国精神谱系放到重要位置，将中国传统文化、革命文化、社会主义先进文化融会贯通，创新创造更深厚、更广泛、更坚实的文化自信。习近平统筹马克思主义基本原理和中国传统文

① 习近平. 习近平在党史学习教育动员大会上发表重要讲话［J］. 求是，2021（3）.
② 习近平. 在庆祝中国共产党成立95周年大会上的讲话［N］. 人民日报，2016-07-02.
③ 在新的历史起点上不忘初心继往开来：一论学习贯彻习近平总书记"7·26"重要讲话精神［N］. 人民日报，2017-07-31.
④ 张岂之. 重视挖掘中华五千年文明中的精华［N］. 人民日报，2021-04-07.

化，立足新时代国情、民情、党情，在人民论中总结中国传统"以民为本""民贵君轻"思想和马克思主义人民论，创新全过程人民民主的最新思路；在教育论中总结中国传统"大学之道，在明明德""尊师重教"与马克思主义德育论，创新"四有好老师""师德师风建设的四个相统一""扣好人生第一粒扣子"的最新思路；在文化论中总结中华文化宝库价值和马克思主义文化论，创新发展先进文化的纲领、目标、政策和文化强国最新思路；在政治论中总结中国传统德法兼治和马克思主义法治观，创新依法治国和以德治国相结合重要思路；在外交论中总结中国传统协和万邦和马克思主义国际学说，创新人类命运共同体新思路，不断以马克思主义中国化的最新理论成果，回答时代之问，世纪之问。

（二）新时代的时代精粹

新时代、新样貌、新图景，习近平新时代中国特色社会主义思想立足于中华民族进入新时代的崭新历史定位，回答了新时代全面发展的要求。新时代根植于中国人民迎来最接近于中华民族伟大复兴的历史时刻，聚焦于新中国成立 70 周年与建党 100 周年的伟大时刻，汇聚于"两个一百年"奋斗目标历史交汇期重大历史时刻，着眼于新冠肺炎疫情下中华民族挺身而出、节节胜利的光辉时刻。而习近平厚植于新时代全新历史定位，创新性地将马克思主义基本原理与中华优秀传统文化相结合，与中国具体实际相结合，与新时代全新历史定位相结合，扎根于五千年来长期经验总结形成的历史文化土壤，坚持从马克思主义真理中汲取精神文明的养分，不断回答着 21 世纪的世界之问、时代之问。习近平新时代中国特色社会主义思想立足文化强国的中国梦，提出"推动中华优秀传统文化创造性转化、创新性发展""建设社会主义文化强国"① 的明确主张，是中华民族文化资源深厚的历史凝练。同时坚定筑牢文化强国的底蕴基础，明确"意识形态决定文化前进方向和发展道路"② 的决定论和"深入挖掘中华优秀传统文化蕴含的思想观念、人文精神、道德规范，结合时代要求继承创新"③ 的方法论，不断为实现文化强国的民族梦添砖加瓦，不断回应着人民日益增长的美好生活需要的殷切期盼，不断满足着人民

---

① 习近平．习近平谈治国理政：第 3 卷［M］．北京：外文出版社，2020.
② 习近平．决胜全面建成小康社会夺取新时代中国特色社会主义伟大胜利［M］．北京：人民出版社，2017.
③ 习近平．习近平谈治国理政：第 3 卷［M］．北京：外文出版社，2020.

对精神生活和文化生活的高质量要求。

三、凸显中国精神的文化关怀

（一）社会主义现代化强国蕴含着"国富""民强"的民族梦

"天行健，君子以自强不息。"中国自古将自强、民强与国强结合在一起，成为治国理政乃至君子处事之道的核心价值。"强必贵，不强必贱。"中国古代文人政客在富国强民的历史发展轨迹中行万里路，管仲商鞅变法图强，文景之治、贞观之治、开元盛世、康乾盛世，中国古代以民富国强为盛世之兆。清末新政"师夷长技以制夷"救亡图存，变法以图强。"不强必乱""不强必辱""不强必危"，中国共产党鲜明认识到这一历史哲理与历史意义，明确认识到国富必先民强，富国强民是中华民族长久以来不可磨灭的殷切期盼。

中国共产党带领中华民族实现新民主主义革命的伟大胜利，实现人民真正当家做主，走向改革开放的伟大征途，实现从"站起来"到"富起来"再到"强起来"的伟大飞跃，不断实现着人民对美好生活的崇高期盼。习近平总书记总结道，"正是这种'天行健，君子以自强不息''地势坤，君子以厚德载物'的变革和开放精神，使中华文明成为人类历史上唯一一个绵延五千多年至今未曾中断的灿烂文明"①。富国强民的传统思想和现代中国精神不断凝聚成中国共产党的奋斗目标，党的十八大以来，在习近平新时代中国特色社会主义思想的引领下，国富民强之路在不断从理想变成现实。全面建成小康社会的历史性胜利，让一个拥有 14 亿人口的发展中国家实现了全面脱贫，2020 年，中国 GDP 超过 100 万亿元，2021 年人均 GDP 超过 8 万元，超过世界平均水平，物质生活条件不断跃进，人民富裕的生活愿景不断走向现实。而中国在发展中不断在国际舞台发挥重要角色，从半殖民地半封建社会、积贫积弱的旧中国，到工业化的新中国，改革开放以来的现代化国家，到如今不断向着现代化强国大步迈进，国家富强成为新时代的光辉写照。习近平新时代中国特色社会主义思想立足"富国""强民"的历史观照，延续着中华民族长久以来的中国梦、小康梦、强国梦，把提升人民幸福感作为治国理政的首要方向，坚持以人民为中心的发展要求，鲜明认识到"人民日益增长的

---

① 中共中央党史和文献研究院．十九大以来重要文献选编：上［M］．北京：中央文献出版社，2019.

美好生活需要与不平衡不充分之间的矛盾",推动"四个全面战略布局",从经济、政治、社会,从物质层面、精神层面、文化层面将"富国强民"从理论变成现实,将国家富强、民族振兴、人民幸福的历史使命加以逻辑贯通。

(二)新时代"富春山居图"蕴含着全面小康的乡村梦

"要科学把握乡村的差异性,因村制宜,精准施策,打造各具特色的现代版'富春山居图'。"① 习近平总书记将中国传统的传世之作与现代乡村振兴战略相结合,将传统小农社会的男耕女织美好图景与现代美丽乡村和谐画卷相联系,摹画出一篇现代版的锦绣山河,明确了党和人民对发展乡村、振兴乡村的美好图景。

第一,打造好现代版"富春山居图"。首先,要做好三农工作,坚定不移走好扶贫脱贫、防止返贫、全面小康的战略布局,深挖乡村发展痛点难点,解决好乡村发展的人才问题、土地问题、资金问题、技术问题。

第二,必须画好美丽中国下美丽乡村和谐图景。"富春山居图"是集合了自然美、生态美、人文美的美丽画卷,现代版"富春山居图"不能只谈经济发展,乡村振兴更要做好环境保护工作和可持续发展,"要协调好绿水青山和金山银山的合理关系",统筹做好乡村旅游、立体化农业、绿色集约化农业相关发展工作;"富春山居图"有山、有水、有林,现代乡村振兴要保留好"祖先们留下的山林水泊",保护好自然文化遗产。

第三,因村制宜,精准施策是根本方法。具体问题具体分析的马克思主义方法论要用在中国传统农业乡村发展趋势下,就要坚持"村村翻新样,各地有特色"的发展路径,坚持美丽乡村基准下,将"生态环境优势转化为生态农业、生态工业、生态旅游等生态经济的优势"②,发挥孔子故里、革命摇篮等历史人文价值,依托山林、湖泊、湿地等自然文化价值,运用江南丝绸、山西陈醋、景德镇瓷器、贵州茅台等历史产业价值,因地制宜、因村制宜,打造明星村、产业村、旅游村。

第四,要坚持用传统文化打造符合群众愿景的美好画卷。要用"中华优秀传统文化指导工作、教育干部、启迪思维",要运用传统文化绘出美好乡村振兴画卷。党的十八以来,习近平总书记走访山东曲阜孔子研究院、湖南大学岳麓书院、福建朱熹园,在追索传统文化的源头活水中找发展、找路子、

① 习近平. 把乡村振兴战略作为新时代"三农"工作总抓手 [J]. 求是, 2019 (11).

② 习近平. 绿水青山也是金山银山 [N]. 浙江日报, 2005-08-24 (5).

谋民生，将传统文化精粹引入治国理政之道，引入乡村振兴之路，启迪蛰伏千年的文明光辉，点亮历史与现代交织的"富春山居图"。

（三）人类命运共同体中蕴含了"协和万邦""大同社会"的中国梦

中华民族自古就是不断开放、包容的民族，华夏文明在不断海纳百川、兼收并蓄中既发展了本民族文化，又对世界其他民族的发展做出不可磨灭的贡献。儒家文化圈广布东亚、东南亚乃至南亚地区，甚至在阿拉伯和欧洲地区都有一定影响力。儒家文化在中国自古好客、热情、中庸的民族性格造就包容的民族精神的同时，更造就了天人合一的宇宙观、协和万邦的国际观、和而不同的社会观、人心和善的道德观①。"和平发展思想是中华文化的内在基因，讲信修睦、协和万邦是中国周边外交的基本内涵。"② 中国长期秉持着天下大同的理念原则，在和平共处五项原则的指引下，中国长期注重睦邻友好，坚守中华文化礼仪之邦的文明信仰。党的十八以来，习近平总书记鲜明认识到中华优秀文化所凝聚的内在价值，深刻论证了"中华民族是爱好和平的民族"，在引用"国虽大，好战必亡"的历史格言中，明确指出"'以和为贵''和而不同''化干戈为玉帛''国泰民安''睦邻友好''天下太平''天下大同'等理念世代相传"的中华文化具有强大的内在生命力。和平与发展是当今时代的主题，是中华传统文化内在精神的延续，更是当代中国精神的理论内涵。中国人爱好和平，谋求发展，在人类命运共同体理论的指导下，致力于推动国际社会的合作与共赢，号召全人类共同面对百年未有之大变局。同时，习近平新时代中国特色社会主义思想，将"大同社会"与人类命运共同体有机结合，与马克思主义原理相结合，做出了共产主义的终极价值与传统儒家"大同社会"的构想相契合的伟大论断，明确了"两个结合"下人类命运共同体的中国内涵。

以中华传统文化为基，以新时代全新历史定位为经，以聚焦于全人类为纬，习近平新时代中国特色社会主义是马克思主义的最新理论成果，是不断发展着具有内在生命力和外在引导力的理论成就，是赓续中华文明联系现代发展思路的理论脉络。作为"中华文化和中国精神的时代精华"，习近平新时

---

① 薛庆超，薛静，刘伊纯．中华文化和中国精神的时代精华：习近平对中华优秀传统文化的创造性转化和创新性发展 [J]．统一战线学研究，2022（1）：1-15.

② 习近平．深化合作伙伴关系共建亚洲美好家园：在新加坡国立大学的演讲 [N]．人民日报，2015-11-08.

代中国特色社会主义思想既有文化底蕴又有发展精神，既有理论深度又有文化高度，既是中华民族和中国人民长期实践经验总结的历史成就的集中体现，又是人类社会和世界文明的重要写照，并在中华民族伟大复兴的历史进程中始终显示着强大的影响力、感召力和生命力。

新时代共青团制度建设的内容体系探析

吴姿翰

摘　要：新时代团的制度建设是共青团"强三性、去四化"的根本保障，是共青团加强自身建设科学化的重要内容。为履行好新时代团的历史使命，共青团以制度建设为引擎，挖掘习近平关于党的青年工作的制度蕴含，巩固"三力一度"的制度支撑，明晰共青团改革的制度逻辑，充实全面从严治团的制度依据。在构建制度体系的过程中，共青团在原则上始终坚持把制度建设放在更加重要的位置，把马克思主义作为指导思想，以团章为统领，以改革创新精神为驱动，明确了团的制度建设的整体定位、指导思想、核心制度与实践动力。

关键词：新时代；团的制度建设；团内规章；内容体系

新时代共青团制度体系的构建与完善本质上是党领导下共青团事业的一项结构性工程，也是共青团追求组织现代化的长线任务。党的十八大以来，团的制度建设坚持以习近平新时代中国特色社会主义思想为指导，统筹推进团的规章制度建设，坚决落实全面从严治团，初步构建起新时代团的制度体系框架，开拓了党的青年工作的新格局。探究新时代团的制度建设内容体系的客观要求、主要内容与基本原则，有利于及时总结制度优势与短板，为新时代共青团更好地为党聚才、为党育人提供制度经验借鉴。

一、新时代共青团制度建设的客观要求

制度带有全局性、稳定性，管根本、管长远。提升制度建设水平是共青团推进自我革命，紧跟党走在时代前列的重要举措。然而，对比党内制度建

基金项目：2021 年度团中央中特中心课题"党领导中国青年运动百年历程与历史经验研究"（21TZTSKC01）；中国青少年研究中心规划课题"中国共青团制度建设的历史经验研究"（20GH15）；中国青少年研究中心规划课题"中国共青团 100 年制度建设的历史与实践研究"（21GH12）的阶段性成果。

作者简介：北京师范大学珠海校区党委学生工作办公室专职辅导员。

设的显著成绩，共青团的制度建设现状仍未能稳定在规范化和科学化的轨道，未能很好地适应党的青年工作的任务要求。新常态下直面现存问题，健全制度体系，是推动共青团事业科学发展、创新发展、持续发展的必然要求。

（一）加强共青团制度建设是坚持党的领导的必然要求

加快推进制度建设是共青团能够始终坚持正确的政治方向，永远听党话、跟党走的重要法宝。步入社会主义新时代，党的制度建设进入新的发展阶段，党的十八届四中全会将"形成完善的党内法规体系"纳入全面推进依法治国的总目标中。在党的坚强领导下，共青团对制度建设重要性的认识逐步深化，在制度建设各方面取得了明显成效。但不可否认，共青团的制度建设也存在一些薄弱环节，比如，在贯彻落实习近平总书记重要指示批示精神方面，实效仍未全面显现，深层次的制度机制有待加强；在现有制度内容层面，侧重于组织建设，在组织的作风建设、纪律建设等层面存在一定的滞后性。对标党的青年工作目标，正确认识、评价现有成效与问题，把制度建设进一步融入共青团事业大局，是当前和今后一个时期全团建设发展的重要任务。新时代加强团的制度建设只有在党的指导思想的正确引领下，才能深刻认识提高制度科学化水平的紧迫性，既立足当前，着力解决突出问题，又着眼长远，丰满共青团底层制度逻辑，加速建设适应形势变化的现代化马克思主义青年组织。

（二）加强共青团制度建设是推进团的自身建设科学化的根本保障

一个充满青春活力、时代进步的马克思主义青年组织，必然是一个崇尚科学、遵循规律、追求自身建设科学化的政治组织，是马克思主义政治组织的要求，也是中国共青团的一贯追求。历史经验表明，共青团不重视制度建设、缺少主动探索和变革，就会面临被青年边缘化，甚至失去组织存在价值的危险。当前，影响和制约共青团自身建设的深层机制问题不少，领导机关"散"、基层组织"弱"的问题仍然有待改善。与此同时，制度供给不足、执行不力等问题，仍旧是制约共青团组织战斗力和创造力的因素。因此要求共青团直面矛盾，改革创新，一方面填补关键环节、重要领域、系统体系的制度空白，把制度建设向纵深推进，向基层延伸；另一方面，注重制度的时代性、发展性与可操作性，着力提高制度执行力度。同时，把共青团的制度建设与政治建设、思想建设、组织建设、纪律建设、作风建设等方面有机结合。

总而言之，只有依靠制度建设这个抓手，才能真正实现共青团的建设科学化，打造新时代共青团良好新形象。

（三）加强共青团制度建设是发挥共青团引领青年职能的关键

竭诚为青年服务是共青团的性质决定的。当前世界正在经历百年未有之大变局，中国正面临经济结构、社会结构等新形势、新变化、新挑战，由此造成了青年价值观的多元化嬗变。如何准确把握青年群体自身发生的深刻分化，如何准确选择服务青年的切入点和突破口，成为新时代共青团面临的重大命题。而常变常新的制度正是共青团回应时代之问的独特优势。加强共青团的制度建设，尤其是提升服务青年、引领青年、凝聚青年的配套制度体系建设，正是确保共青团发挥好青年政治组织服务引领职能的必由之路。这要求共青团在制度建设探索道路上，借鉴历史经验，回应现实挑战，敢于开辟充分照顾青年成长的新特点和新规律的新路；及时将探索创新中形成的具有迁移价值的新经验、新成果上升为制度，进而保障共青团以新思路、新模式切实履行好组织青年、引导青年、服务青年、维护青少年合法权益的各项工作。

新时代以来，党中央对于共青团在坚持党的领导、突出自身建设、发挥服务职能等方面提出了新要求。当前共青团改革任务繁重，如果制度落后，必然导致共青团的事业滞后，难以满足党和青年对共青团的信任和期待。只有站在历史与时代的高度去理解新时代共青团制度建设的关键作用，以科学的制度建设紧跟党走在时代前列，着力增强依章履职、依规办事、依制管人的制度意识，着力完善于法周延、于事简便、务实管用的制度体系，着力形成讲原则、守纪律、无例外的制度执行力，才能跟上时代前进、青年发展、实践创新的步伐。

二、新时代共青团制度建设的主要内容

新时代共青团的制度建设是加强共青团自身建设的重要抓手，是共青团发展更加稳固、同青年联系更加紧密的有效路径。共青团制度建设的内容涵摄习近平关于党的青年工作思想，及"三力一度两保障"工作格局的各方面，为共青团的制度建设指明方向，围绕工作格局开展的制度建设则保证了制度内容体系化、逻辑紧密性。共青团的制度架构初具规模，总体内容贯穿理论

与实践，有血有肉，富于生命力，是共青团凝聚青年力量，服务发展大局的有力支撑。

（一）习近平关于党的青年工作思想的制度蕴含

党的十八大以来，习近平总书记从确保党的事业薪火相传和中华民族永续发展的战略高度，对青年工作做出全面且系统的重要论述，为新时代共青团工作提供了强大思想武器和科学行动指南。党的青年工作思想中的丰富制度论述，从党的青年工作、团的自身建设、青年发展三个维度，为新时代建设共青团、培养青年指明了制度建设方向。推进新时代团的制度建设必先厘清习近平关于党的青年工作思想中的制度论述，确保共青团紧跟党的群团路线不偏移。

1. 党的青年工作的制度建设论述

制度建设是党的青年工作的重要内容。习近平关于党的青年工作的重要思想，是立足于"两个大局"和"两个布局"战略判断所形成的系统性观点与要求。党的青年工作重要思想中的制度论述呈现以政治性为第一属性，重视理想信念，把握伟大复兴的奋斗主题，强调扎根青年的特点。第一，政治性是新时代党的青年工作制度建设的灵魂。"新时代的青年工作要毫不动摇坚持党的领导。"[1] 作为党的助手与后备军，共青团在推进制度建设时始终坚持听党话、跟党走。这是共青团的政治生命所在。第二，理想信念是党的青年工作制度建设的精神根基。习近平总书记强调，要始终高举共产主义、社会主义旗帜，使共青团"始终把青年凝聚在党的理想信念旗帜之下"[2]。牢牢把握理想信念，是新时代青年工作制度建设的"主心骨"。第三，民族复兴是新时代青年工作制度建设的最高目标。习近平总书记多次强调，新时代的中国青年要以实现中华民族伟大复兴为己任。制度建设要牢牢扭住实现中国梦的奋斗主题，为团结更广大青年奋斗在实现民族复兴的征程上提供支撑。第四，扎根广大青年是新时代青年工作制度建设的坚实基础。2018 年 7 月，习近平同团中央新一届领导班子成员集体谈话时指出："代表广大青年、赢得广大青

---

① 习近平同团中央新一届领导班子成员集体谈话 ［EB/OL］. http：//www. xinhuanet. com//politics/2018-07/02/c_ 1123068491. htm，2018-07-02.

② 习近平. 在庆祝中国共产主义青年团成立 100 周年大会上的讲话 ［N］. 人民日报，2022-05-11.

年、依靠广大青年是我们党不断从胜利走向胜利的重要保证。"① 新时代党的青年工作将服务青年、发展青年置于制度建设始终，搭建自上而下的系统制度保障，为青年发展保驾护航。

2. 共青团自身建设的制度论述

制度建设贯穿共青团的建设始终，是共青团优化组织功能的关键。正确认识制度建设在共青团自身建设中的地位与作用，对于提高制度对共青团的规范、约束、保障能力意义重大。党的十八大以来，习近平总书记对共青团的建设做出了重要指示，明确指出包括共青团在内的党的群团组织要切实保持和增强政治性、先进性、群众性，明确了共青团自身建设的着力点，也为共青团的制度建设提出要求。在政治建设方面，共青团要坚持党的领导，"坚定不移地走中国特色社会主义群团发展路线"②，以制度确保共青团增强"四个意识"，坚定"四个自信"，做到"两个维护"。在思想建设方面，习近平总书记要求共青团组织"在思想上政治上行动上始终同党中央保持高度一致"③，同时积极发挥制度约束力量，要求团干部"做一个一心为公、一身正气、一尘不染的人"④，引导广大青年"树立远大理想，不断增强道路自信、理论自信、制度自信，不断增进对党的信赖、信念、信心"⑤。在组织建设方面，制度建设自觉对标全面从严治党的经验做法，"以改革创新精神和从严从实之风加强自身建设，严于管团治团"⑥。在纪律建设方面，共青团以制度落实习近平总书记"严守政治纪律和政治规矩"⑦ 的要求，维护共青团组织的纯洁性，保证共青团事业在大风大浪、大是大非的严峻考验中稳固不倒。

3. 青年发展的制度论述

青年是国家的希望、民族的未来，不断健全的制度体系为青年发展提供有力保障。党的十八大以来，以习近平同志为核心的党中央高度重视青年发

① 中共中央文献研究室. 习近平关于青少年和共青团工作论述摘编 [M]. 北京：中央文献出版社，2017：3.

② 习近平. 在庆祝中国共产主义青年团成立 100 周年大会上的讲话 [N]. 人民日报，2022-05-11.

③ 中共中央文献研究室. 习近平关于青少年和共青团工作论述摘编 [M]. 北京：中央文献出版社，2017：70.

④ 习近平. 在庆祝中国共产主义青年团成立 100 周年大会上的讲话 [N]. 人民日报，2022-05-11.

⑤ 习近平同团中央新一届领导班子成员集体谈话 [EB/OL]. http://www.xinhuanet.com//politics/2018-07/02/c_ 1123068491.htm，2018-07-02.

⑥ 习近平. 在庆祝中国共产主义青年团成立 100 周年大会上的讲话 [N]. 人民日报，2022-05-11.

⑦ 中共中央文献研究室. 习近平关于青少年和共青团工作论述摘编 [M]. 北京：中央文献出版社，2017：70.

展事业，为青年思想政治引领和成长成才奠定制度基础。习近平总书记强调，各级党委（党组）要倾注极大热忱研究青年成长规律和时代特点，拿出极大精力抓青年工作，当好知心人、热心人、引路人。在习近平党的青年工作思想的指引下，中共中央国务院印发《中长期青年发展规划（2016—2025年)》，着重解决青年的现实问题和迫切需求，服务青年更好成长、更快发展。2022 年 4 月首次印发的《新时代的中国青年》白皮书，充分呈现了党和国家在青年发展事业上的努力与成就，展现了在以习近平同志为核心的党中央的高度重视下，新时代青年奋进新征程、建功新时代的风貌与担当。

习近平总书记关于青年工作的重要思想兼具政治的高度、理论的深度与大众的广度，揭示了新时代青年工作的发展前景与深远价值，是共青团的制度建设必须遵循的路径。新时代推进共青团的制度建设应将习近平总书记关于青年工作的系列重要论述转化为自觉行动，为实现中华民族伟大复兴中国梦准备制度力量。

（二）共青团提升"三力一度"的制度支撑

"三力一度"是共青团工作格局中的重要向度。制度建设为"三力一度"强化顶层设计和执行质效：以制度建设提升引领力确保了共青团作为党的青年组织的政治本色；以制度建设提高组织力助力共青团履行好巩固和扩大青年群众基础的政治责任；以制度建设提升服务力巩固了共青团服务青年的工作生命线；以制度建设提升大局贡献度，使得共青团进一步聚焦围绕中心、服务大局的工作中心。新时代共青团积极建章立制，围绕"三力一度"形成整体施工图，以有效的制度推进有效的实践。

1. 制度建设提升共青团引领力

共青团开展依托重大工程与主题项目，立足线上线下双阵地的思想引领活动，制定并发布多种类型文件，引领广大青年坚定理想信念，补足精神之"钙"。

第一，制度建设推进"主题化""工程化"思想教育活动。如印发《共青团中央关于在全团开展"学党史、强信念、跟党走"学习教育的通知》，在全团开展党史学习教育活动；发布《共青团党史学习教育总结》《共青团党史学习教育常态化长效化工作方案》，为进一步落实党史学习教育总结经验、巩固成效。

第二，制度建设保障重大思想引领工程有目标、有阶段、有秩序地推进。

如发布"青年大学习"行动,"青年讲师团"计划,青年马克思主义者培养工程的实施方案、通知、意见,稳步推进提升青年素养、理论水平的思政教育工程。在把握思想引领线下渠道的基础上,共青团以制度建设激发网络正能量,开拓网络引领新阵地。2015年10月发布《共青团中央关于在全体共青团员中开展争当"中国好网民"活动的通知》,引导全体共青团员坚持不懈弘扬主旋律,努力构建清朗网络空间。在制度指引下,新时代共青团引领力不断增强,通过道路引领、思想引领、价值观引领,带领广大青年深入学习贯彻习近平新时代中国特色社会主义思想,从而建设起一支信仰坚定、理想远大,敢于发声、勇于亮剑的青年队伍。

2. 制度建设提升共青团组织力

共青团的组织力体现于团组织的有效覆盖范围,要求团组织永远活跃在青年所在、所需之处,努力成为联系和服务青年的坚强堡垒。2019年8月,团中央办公厅印发《新时代团的组织力提升三年行动计划(2019—2022)》,通过强基固本工程、素质提升工程、形象塑造工程,增强团的组织力,保障组织力提升的规划、执行、评价全过程目标明确,权责分明。新时代以来团的制度建设不断完善服务青年的组织载体,推进组织力自上而下全方位提升。对于团的领导机关,团中央推动"一专一站两联"工作机制,加强团的全国和地方各级代表大会代表及其委员会成员作用的发挥,密切与基层的联系,实现横向覆盖各领域,纵向联通各层级。对于团的基层组织,团中央先后出台《中国共产主义青年团地方组织选举工作条例》《中国共产主义青年团城市基层组织工作规定(试行)》等文件,不断提升新时代基层团组织的建设制度化、规范化;此外,印发《共青团中央办公厅关于做好"智慧团建"系统组织树建立阶段工作的通知》,进一步拓宽共青团组织力的涵摄范围。对于青年社会组织,团中央组织部印发《深化"青年之家"建设三年行动方案》,明确"青年之家"运行标准、参考路径与目标分解。通过制度建设,共青团组织力日益提升,朝着工作项目化、生存社会化、运行扁平化、干部来源多元化、组织方式多样化、引导动员网络化的方向不断发展。

3. 制度建设提升共青团服务力

共青团始终把服务青年作为工作的出发点和落脚点,并以制度建设为抓手将提升服务力内化为工作自觉。《中长期青年发展规划(2016—2025年)》是新时代下以制度建设提升服务力的重要呈现。该文件将青年发展纳入国民经济和社会发展规划,增强青年政策制定与实施的协同性,保障青年各方权益，加强共青团服务青年的阵地建设。在服务意识的指引下，2020 年 3 月，团中央印发《关于大力推进新时代希望工程事业发展的若干意见》，聚焦助学育人目标，助力脱贫攻坚。2020 年 4 月，团中央印发《关于加强新时代12355 青少年服务台建设的意见》，直接面向青少年提供成长咨询和权益服务。全团每年集中开展"共青团与人大代表、政协委员面对面"活动，代表和维护青少年发展权益、引导青年有序参与政治。一系列的制度建设及时有效地回应了青年发展诉求，向青年提供针对性服务，不断完善具有中国特色的青年发展政策体系和工作机制。

4. 制度建设提升共青团大局贡献度

新时代共青团胸怀"国之大者"，以制度建设响应党和国家重大工作部署，充分激发广大团员青年参与社会主义现代化建设事业的冲劲、干劲、韧劲。团中央印发《2022—2023 年度大学生志愿服务西部计划实施方案》，引导、鼓励高校毕业生投身基层、乡村工作，主动融入国家发展大局；印发《"美丽中国·青春行动"实施方案（2019—2023 年)》，普及习近平总书记生态文明思想，动员青少年投身生态文明的建设实践。围绕经济建设中心，共青团中央印发《关于共青团助力脱贫攻坚战的实施意见》《共青团投身打赢脱贫攻坚战三年行动的意见》，深入推进"脱贫攻坚青春建功行动"，主动融入大扶贫工作格局；印发《关于深入开展乡村青春建功行动的意见》等，服务乡村振兴及乡村青年发展。新冠疫情发生以来，共青团冲锋在前，印发《关于坚持党的领导，全员动员，在防控疫情阻击战中充分发挥共青团生力军和突击队作用的通知》，为坚决打赢疫情防控阻击战贡献力量。共青团在发挥大局贡献度上进行的制度建设，充分展示了作为党的助手与后备军的担当，以及作为引领中国青年思想进步的政治学校的努力。在制度的推动下，青年在国家发展大局中的角色愈发重要，青年组织的大局贡献度日益提升。

总的看，在制度建设护航下，共青团提升"三力一度"基调清晰、方向明朗、任务明确。新时代团组织更具发展活力，在党和国家发展格局与青年群体中的地位进一步稳固，发挥着越来越重要的作用。

（三）全面深化共青团改革的制度逻辑

共青团改革事业的推进离不开合实际、合规律的制度逻辑支撑，而制度化水平也是衡量改革成就的重要标尺。针对各级共青团组织工作主业不聚焦、主线任务不明确、形式主义和教条主义抬头等问题，2016 年 8 月，中共中央

思想政治教育理论与实践

办公厅发布《共青团中央改革方案》，标志着新时代共青团改革全面开启。自改革全面深化以来，共青团坚持"强三性、去四化"的正确道路，推进制度建设常态化、长效化，保障改革稳步推进，并将改革措施逐级贯彻、统筹推进，由建章立制迈向依制而治。

第一，健全共青团领导机制。共青团以规章制度优化团中央领导机构组织设置、人员构成和运行机制，完善代表大会和委员会制度；建立代表大会发言制度，团中央委员会向代表报告工作和听取意见建议制度，团代表走访团员青年制度；完善全委会委员议事建言机制，建立委员重点发言制度、委员提案制度等，提高团中央领导机构的政治性、先进性。在团干部队伍建设方面，共青团完善团中央机关干部选拔、使用、管理和评价机制，从严、择优选拔干部，使团的领导核心真正强起来。

第二，激发基层组织活力。共青团发布《基层团组织规范化建设工作的实施方案》《关于扩大县域共青团基层组织改革试点的指导意见》等有关共青团基层组织的工作条例，以工作机制的规范化建设为重点，激活团的神经末梢，着力把改革措施落实到基层。

第三，密切共青团与青年的联系。共青团建立扁平化工作机制，制定实施了"常态化下沉基层"工作制度，以"8+4""4+1"机制落实团干部直接联系青年制度，实现机关干部常态化下基层，从而更好地凝聚青年、服务大局。以制度建设推进团的改革事业是新形势下共青团自我革新的有效手段，也是推进国家治理体系和治理能力现代化的关键板块之一。新时代共青团以制度建设为着力点，破解发展的思维定式，缓解改革阵痛，推动着共青团面貌常新常变。

（四）共青团全面从严治团的制度依据

从严治团，制度先行。以制度建设为总抓手是切实推进从严治团常态化和规范化的必然要求。共青团十八大审议通过了《中国共产主义青年团章程》修正案，明确把从严治团作为团的建设的六条基本要求之一。共青团十八届六中全会审议通过《新时代全面从严治团实施纲要》，提出建立健全管团治团的基本制度体系的工作目标，从严推进团的政治建设、干部队伍建设、团员队伍建设。

第一，以制度建设从严强化政治建设。旗帜鲜明讲政治是共青团建设与发展的根本遵循。共青团坚持用习近平新时代中国特色社会主义思想武装全团，面向共青团各级领导班子建立健全"第一议题"学习机制，印发《共青团学习宣传贯彻党的十九大精神实施方案》等，及时把学习成果转化为推进改革攻坚、从严治团的具体实践，不断提高各级团干部政治领悟力、政治判断力与政治执行力。同时，共青团坚持依规而治，为提升治理能力、夯实政治根基、防范政治风险打通从严治团最后一公里。

第二，以制度建设拉起不可逾越的纪律红线，从严管理团的干部队伍和团员队伍。2018 年 4 月，共青团中央印发《共青团中央贯彻落实中央八项规定实施细则精神的办法》的通知，坚决强三性、去四化，抓实从严治团。2018 年 7 月，印发《关于提高政治站位 改进工作作风的六条规定》，表明了团中央从严从实、防微杜渐，勇于自我革命、全面从严治团的决心和勇气。共青团内部制度健全，才能实现组织严密、纪律严明、作风严实，团干部和团员的思想行为才能有所约束、有所敬畏，才能建设形象清新的共青团。新时代以来，共青团通过制度建设切实把握从严治团的正确政治方向，团的先进性、纯洁性得到保障，组织力和战斗力得以加强。

三、新时代共青团制度建设的基本原则

新时代推进共青团制度建设是共青团在新形势下应对风险挑战、赢得主动的有力保证，也是将制度优势转化为治理效能的重要环节。新时代共青团制度建设取得成效的重要原因，在于坚持把制度建设放在更加重要的位置，坚持把马克思主义作为指导思想，坚持团章在共青团制度体系中的统领地位，坚持以改革创新精神推进共青团制度建设。四项基本原则从制度建设的定位、理论根基、内在核心和动力源泉，点明了新时代共青团制度建设的内在依据、鲜明本质与实践主题。

（一）坚持把制度建设放在重要位置

以制度建设为共青团建设的基础和保障，是共青团自身建设经验的深刻启示。一方面，共青团制度建设在党的青年工作大局中，把共青团制度建设放在更加重要的位置。党的青年工作的目标任务、职责使命、实践要求，必须通过以团章为核心的宏观制度定调定向，通过政治、思想、组织、作风、纪律等方面的中观制度分解着力，通过各项具体工作的微观制度细化落实，由此方可确保青年工作的道路正确性、规划科学性。另一方面，共青团要发

展、要凝聚青年，必须以制度建设为基础，是任何历史时期的共同原则。新时代进一步突出制度建设是共青团发展的"基本走势"①。总体看，共青团在突出制度建设的地位时，注重发挥制度的工具理性，最大限度发挥规章制度的效用，以制度约束行为、规范程序、稳定秩序，弥补人治中的局限与不足。同时重视制度的价值理性，从严制定、执行制度时始终以青年发展为中心，想青年所想、急青年所急，推行有温度的制度建设。

（二）坚持把马克思主义作为指导思想

马克思主义揭示了人类社会发展的本质和规律，为我们认识世界和改造世界提供了科学的世界观与方法论。作为体现青年根本利益和意志的科学理论，马克思主义历来重视青年在历史发展中的重要作用。对如何认识青年、如何培养青年、如何开展青年工作等问题做出解答，既是马克思主义青年观的重要内容，更是马克思主义指导下党的青年工作的重要任务。

立足于对马克思主义的深刻理解，共青团坚持以马克思主义基本方法开展工作，在制度建设中以历史的、发展的眼光认识青年群体，以辩证的、联系的观点分析青年问题，从而制定出全面系统的制度体系。新时代共青团的制度建设，坚持以马克思主义为指导思想，做到了以下三点。

第一，推进马克思主义指导地位制度化。只有将马克思主义指导地位在制度层面予以确立，才有可能实现理论与实践的结合，使得马克思主义能切实有形地指导青年工作。共青团的十八大把习近平新时代中国特色社会主义思想写入共青团的行动指南，是马克思主义指导地位制度化探索中迈出的重要一步。

第二，推进马克思主义在制度层面的中国化。共青团在坚持马克思主义指导地位时，立足于中国青年工作内生性演变的现实需要，在制度上保障马克思主义对中国青年群体、青年工作实践的指导。新时代共青团的制度建设从行动纲领到各项工作的体制机制、规章制度，都是中国特色社会主义群团发展道路的制度实践，是马克思主义中国化的制度实践。

第三，以制度优势丰富马克思主义。共青团始终旗帜鲜明地坚持和捍卫马克思主义，在实践中不断充实和丰富马克思主义的内涵。《中长期青年发展规划（2016—2025年）》等文件的发布，极大丰富了"人的自由而全面的发

① 胡献忠. 新时代政治语境下的共青团发展图景：深入学习习近平总书记关于青年工作的重要思想 [J]. 中国青年社会科学，2020, 39 (5)：12-19.

展"的马克思主义最高命题在青年工作领域的阐发。

马克思主义是共青团的血脉基因。对于共青团而言,坚持马克思主义为指导思想,有效地保证了共青团制度建设的道路正确性、发展活力性、工作长效性。反过来,共青团在制度建设中坚持马克思主义的指导,不断推动马克思主义与时俱进。

(三)坚持团章在共青团制度体系中的统领地位

在共青团的制度体系中,团章是团内"根本大法",规定了共青团的基本制度。共青团内部规章必须服从于团章,保障团章的贯彻执行,而不能与团章相违背。新时代共青团的制度建设始终以团章为核心,坚持与时俱进修改和完善团章,把握共青团建设的客观规律。团章之所以能够得到团员的一致认同和普遍遵循,在制度体系中占有统领地位,一个重要原因在于团章在正确的周期性修改完善中对共青团建设规律的把握不断深入,对青年群体根本利益的保障水平不断提升。

步入新时代,共青团在习近平新时代中国特色社会主义思想的指导下,根据群团组织和群团工作发展的历史经验和新的客观要求,科学、民主修改团章,实现了团章的创新发展,有利于在新形势下推进依法依章管团治团。同时,共青团坚持以团章为根本依据建章立制,全面提高团的建设制度化、规范化和程序化水平。团章在团的制度体系中具有最高的地位,但自身的高度原则性也注定仅凭团章难以覆盖共青团工作中的所有问题。因此要求共青团围绕团章提出的原则进行制度化构建,使宏观原则体现为具体有形的制度,为全团提供切实可依的行为规范;同时,及时根据形势需要和实践探索情况,给予提炼升华,使其逐步上升为团内制度。在完善团章的基础上,共青团持续学习和贯彻执行团章。团章自身是一部鲜活的团史,学习贯彻团章的水平,直接影响着团员队伍素质的水平,影响着各级团组织的凝聚力和战斗力。各级团组织在深入学习、贯彻执行团章时,既要坚持内容与形式相统一,充分把握团章规范内容的全面性和纲领性,明确团章在团内制度体系中的效力等级和适用规则;又要坚持历史和现实相统一,运用发展、变化的观点审视团内规章,总结其经验,分析其现状,规划其未来。

(四)坚持以改革创新精神推进共青团的制度建设

共青团的制度是自身建设经验的系统总结,具有长期性,是新时代共青团面临的基本背景。新情况、新背景、新问题层出不穷，必然使得原有的制度与青年工作实际有着越来越多的不适应，因而需要客观看待、积极应对，以改革创新释放制度活力。

进入新时代，团内制度建设根据新时代青年一代与伟大历史进程共同成长的时代规律，在《共青团中央改革方案》的指引下，坚持以改革创新精神不断扩大团的制度建设的有效覆盖面，以改革创新为驱动力推进制度建设从局部探索到系统集成。在思想上，以制度保障理论教育与实践活动相结合，充分利用好主题团日、三会两制一课，不断创新思想引领方法、机制、形式。在组织上，努力使团组织避免"四化"倾向，同步探索和创新领导机关与基层组织建设方式和运行机制，提升团组织的活跃度。在纪律层面，改革纪律执行机制和纪律教育机制，既要对照党内执纪的四种形态，抓早抓小，将团的纪律处分规范落到实处，又要把政治纪律、组织纪律、工作纪律、生活纪律、群众纪律和廉洁纪律融入日常的团学活动之中，使广大团员形成遵章守纪的行动自觉。勇于自我革命，是我们党最鲜明的品格与最大优势，也是党领导下共青团的最大优势。新时代共青团改革创新的精神由制度落实为共青团建章立制的动力源泉，未来共青团的制度建设改革创新只能加强，不能削弱，只能改进提高，不能停滞不前。

共青团的制度建设是共青团锐意改革创新，勇于自我革新的行动自觉。进入新时代以来，共青团始终坚持党的领导，牢记初心使命，致力于将共青团密切联系青年的巨大制度优势转化为治理效能，提高了共青团制度的应时性。团的制度建设图谱初具规模，彰显了马克思主义政党青年组织始终坚持党的领导的政治性本色，与时代共同进步的先进性本色，与青年群众始终保持血肉联系的群众性本色。

现代化进程迅速推进，对制度完善程度和时代适应性的要求只会越来越高。共青团要想在新时代紧跟党走在时代前列，没有与时俱进、遵循客观规律的制度建设必然寸步难行。在建团百年的历史时刻，我们一方面要全面总结百年制度建设的成功经验，深刻把握新时代青年运动规律和青年群体特征；另一方面也要意识到现阶段共青团的制度体系距离成熟定型仍有较大的距离。与此同时，制度执行力度与相应监督力度不足等问题，制约着共青团的事业发展和自身建设。现存问题亟待共青团在制度建设中既要在问题导向、需求导向中推进团的制度体系建设，更要注重制度的系统性建构，推动制度层面的"供给侧结构性改革"。同时，不断提升各级团组织、团干部、团员从严执行制度的意识，把严格的标准、严格的措施贯穿于共青团制度建设工作全过程和各方面。只有如此，才能实现新时代共青团的制度建设扎实、平稳推进，才能将共青团建设得更加充满活力，更加坚强有力，团结带领广大青年为实现中华民族伟大复兴中国梦接力奋斗。

新时期共青团制度建设的依据、内容与特点

唐玉秋

摘 要：在社会主义现代化建设新时期，为适应自身体制改革的需要，共青团在党的领导下推动自身制度建设迈向一个规范化、科学化的阶段。共青团的制度在内容、结构、形式上有所变革，主要体现在共青团的思想政治工作树立更明确和具体的规范，各级共青团组织管理与建设设立更科学和系统的机制，共青团干部的选拔、评价、培训构建更为完备的程序，从严治团建立更严密的刚性约束。

关键词：社会主义现代化建设新时期；共青团；制度建设；团内规章

"建设什么样的青年组织、怎样建设青年组织是事关共青团根本的重大问题。"① 作为共青团建设的重要组成部分，制度建设是推进共青团发展的长远之策和根本之策。社会主义现代化建设新时期，制度建设被视为团的自身建设中更带有根本性、全局性、稳定性和长期性的工作。随着社会主义现代化建设的推进，团的制度建设在发展与深化的过程中，开始迈向一个全新的阶段。这一时期，共青团将党的领导作为根本原则，实现自身体制改革作为根本目标，着力推进团的思想、组织、干部、纪律制度在变革与完善的过程中趋于科学化和规范化。这些制度建设的举措为共青团加强管团治团、参与国家体制改革提供着重要保障。"常制不可以待变化"，探究改革开放和社会主义现代化建设新时期团的制度建设的基本规律，汲取其中的历史经验，对于新时代背景下推动共青团的治理体系和治理能力现代化有着重要的时代意义。

基金项目：2021 年度团中央中特中心课题"党领导中国青年运动百年历程与历史经验研究"（21TZTSKC01）；中国青少年研究中心规划课题"中国共青团制度建设的历史经验研究"（20GH15）；中国青少年研究中心规划课题"中国共青团 100 年制度建设的历史与实践研究"（21GH12）的阶段性成果。

作者简介：北京师范大学教育学部硕士研究生。

① 习近平. 在庆祝中国共产主义青年团成立 100 周年大会上的讲话［N］. 人民日报，2022-05-11.

一、新时期共青团制度建设的现实依据

与时俱进，不断创新是共青团加强自身制度建设的重要要求。党的十一届三中全会召开后，党和国家将工作的重心转移到社会主义现代化建设。在此形势下，共青团积极响应党的号召并顺应时代的变化，逐步打开各项工作和建设的新局面，实现了自身制度的改革与发展。

（一）适应改革开放的新形势

改革开放事业的推进与发展为共青团的制度建设创造了契机和条件。党的十一届三中全会确立实行改革开放的政策后，国家、社会、政党的结构处于深刻的变动之中。面对党领导下国家政治、经济体制的深化与改革，共青团努力适应变化的新形势，积极调整制度建设的方向和策略。

改革开放初期，发展生产力、推进"四化建设"是党推动改革开放事业的根本。对此，共青团从制度上明确了以"四化建设"为中心、以培养"四有"新人为工作重心的指导思想。1985 年 11 月，共青团全国代表会议通过的重要决定提出"举改革旗帜，创'四化'大业，做'四有'新人"[①]；20 世纪 90 年代，随着中国经济体制的转轨与变革，共青团既有的体制机制已经难以适应新的形势变化。1991 年颁布的《关于共青团"八五"期间建设、改革、发展的规划要点》，针对当时团的基层组织不够巩固，外部工作环境有待改善等问题，从制度上保障团的建设、改革、发展迈出更大步伐。1993 年，团中央出台的《在建立社会主义经济体制进程中我国青年工作战略发展规划》，力图从制度上建立起适应现代市场发展的社会化、项目化、品牌化的工作模式；在迈入 21 世纪后，党领导的改革开放事业有了进一步的深化和发展，共青团在适应新形势变化的基础上，基本形成了适应现代化发展的工作体制。2003 年，共青团中央颁布的工作战略发展规划，从制度上对共青团的组织、思想、作风等方面的建设工作进行了系统性、创新性的部署。2013 年，为贯彻党的十八届三中全会全面深化改革的精神，共青团决定要团结带领广大团员青年踊跃投身改革，以改革精神推进共青团各项工作和建设。

---

① 中国青年工作年鉴编辑委员会. 中国青年工作年鉴：1986 年 [M]. 北京：中国青年出版社，1987：54.

（二）紧跟执政党建设的新步伐

在迈向社会主义现代化建设的新征程中，执政党的建设为共青团的制度建设提供了重要的引导和参考。为进一步提高党的创造力、凝聚力和战斗力，党中央逐步推进政治体制的改革并加强巩固自身的领导。作为党领导先进青年的群团组织，共青团随着执政党建设的步调完善和发展自身的制度建设。

党中央政治体制的改革带动了共青团的制度改革。在经济体制改革的各项工作全面推进以后，党中央着手于政治体制的改革与调整。党的十三大对政治体制的改革做出了详尽的部署和规划。其中，对于作为党和青年重要桥梁和纽带的共青团提出了"群众团体也要改革组织制度"①的要求。为响应此号召，共青团在 1987 年召开的十一届六中全会上讨论的《关于共青团体制改革的基本设想》中指出："目前讲的团的体制改革是调整和完善团的各种制度，而不是改变团的性质。"②。随后，团中央将这一精神写入共青团十二大工作报告中，并在党的统一部署下推进自身体制改革的探索与实践。在这一过程中，与共青团体制改革相配套的政策与制度随之出台，团员的管理、基层组织的建设、青少年的工作逐步走向规范化。

党中央的加强领导推动了共青团的制度建设工作。为适应 20 世纪 80 年代末 90 年代初国内外形势发生的重大变化，党中央将坚持和巩固党的领导作为自身建设的核心任务。1989 年，中共中央下发的《关于加强和改善党对工会、共青团、妇联工作领导的通知》，对党团关系进行重申和明确，为共青团在党的统一领导下独立自主地、创造性地做好青年工作指明了方向。为贯彻落实《通知》中关于加强基层组织建设的要求，各级团组织逐步建立了团员证管理、团干部的培训和管理等制度。

（三）满足青年发展需求的新变化

进入改革开放和社会主义现代化建设新时期，青年发展需求的变化对共青团的制度建设提出了新的要求。改革开放使中国经济社会发生了巨大的变化，青年主体意识和权益诉求随之加强。在这种形势下，教育青年、带领青年、服务青年成为共青团制度建设的重要目标。

---

① 赵紫阳. 沿着有中国特色的社会主义道路前进：在中国共产党第十三次全国代表大会上的报告［M］. 北京：人民出版社，1987：55.

② 宋德福. 共青团体制改革的思考与实践［M］. 北京：中国青年出版社，2007：144.

为实现对青年的教育，共青团用制度对青年的政治理论教育和实践活动教育进行部署。社会经济结构与青年需求的变化，导致共青团不能仅通过说教和程式活动实现对青年的教育。除了从制度上明确用中国特色社会主义理论教育青年外，共青团还用制度规范了青年的实践活动教育；为引领青少年成才与发展，共青团建立起一套推进自身工作向事业化、项目化、品牌化等方面转变和发展的制度。广大青年渴望在社会主义现代化建设的进程中立业成才，而社会主义现代化建设新局面的开创也需要一大批全面发展的人才。为引导青年实现自身抱负，2004 年 4 月，团中央颁布了《关于实施青年文化行动加强青年文化建设的通知》，指导各级共青团组织积极引领青年文化事业的发展；为赢得新一代青年群体，服务青年成为这一时期共青团制度建设的出发点和落脚点。随着社会主义市场经济的深入发展，青年群体的民主精神、公平理念、自我意识不断增强。为增强自身对青年群体的凝聚力和吸引力，共青团从制度上明确了"服务青年"的工作格局。1992 年，团的十二届五中全会，将"服务青年"作为共青团的一项工作单独提出。2003 年，团的十五届二中全会审议通过的《全面建设小康社会进程中共青团工作战略发展规划》，强调将竭诚服务青年作为全部工作的出发点和落脚点，努力服务青少年成长发展。

二、新时期共青团制度建设的主要内容

变革与完善共青团的各项制度是这一时期共青团推进制度建设的重要举措。在社会主义现代化建设事业推进的过程中，共青团的思想制度、组织制度、干部制度、纪律制度在内容上有着深刻的变革。把握各项制度建设的主要内容是认识这一时期共青团制度建设规律的关键路径。

（一）思想制度是共青团制度的核心内容

思想制度建设紧跟社会主义现代化建设的发展，为共青团的思想政治工作树立明确具体的规范。加强思想制度建设，是共青团制度建设的第一要务，关系到共青团的举旗定向。这一时期，社会中盛行的多种思潮对青年产生着深刻的影响。对此，共青团把坚持对青年进行思想教育和正确引导作为首要任务，用制度为思想政治工作的推进提出了更为具体的规范，包括坚定理想信念，加强理论学习和道德建设，推动宣传教育。

第一，坚定理想信念的制度。共产主义理想和中国特色社会主义的共同理想，是推动共青团在社会主义现代化建设中奋进的思想基础。在党的领导下，共青团将理想写进团内"根本大法"，从制度上维护共青团思想的统一。此时期的团章将"以共产主义精神教育青年"，明确规定为共青团的基本任务，在总则中增写"建设有中国特色社会主义理论"①。在团章的基础上，团中央先后发布《关于进一步深入开展形势、政策、任务教育和革命传统教育的通知》等，加强关于爱国主义、形势政策任务、革命传统等坚定理想信念的教育。

第二，加强理论学习的制度。随着中国特色社会主义理论不断创新与发展，共青团建立起一套规范政治理论学习的制度。团章在修订的过程中逐步明确，团组织和团员应将学习马克思列宁主义、毛泽东思想、中国特色社会主义理论作为基本义务。为进一步部署理论学习工作，共青团于 1990 年后相继发布了一系列意见、通知、决议，分别针对领导人思想或讲话、党的重要会议精神等不同的理论学习活动，对其目标、内容、方式、要求做出更为具体的规定。

第三，加强道德建设的制度。在新的历史条件下，推动青年道德规范要求的制度化成为共青团思想制度建设的重要环节。共青团从制度层面为提高青年道德素质做出全面部署。一是从全局和战略高度出发，颁布《共青团中央关于加强和改进思想政治工作的十点意见》等，对青年思想政治工作的方式和内容做出较为详尽的阐述；二是注重发挥榜样的力量，以制度的形式表彰、树立、学习以张海迪为代表的青年典型，引导青年养成良好道德品质；三是强调实践的作用，发布开展精神文明创建活动的通知和意见，指导青年争做社会主义良好风尚的践行者。

第四，推动宣传教育的制度。作为党领导先进青年的群团组织，加强对青年的宣传与教育是共青团实现思想建团的重要手段。一方面，共青团通过制度拓宽思想教育工作的路径，颁布了一系列推进青年思想教育社会化的制度，以此协调和运用社会各方面力量共同为青年的思想教育服务；另一方面，共青团借助制度建设思想宣传阵地及工具，不仅着眼于全国青少年教育基地等的建设与发展，而且关照共青团内部刊物、新闻、网站等媒介工具的管理和整顿。

_____

① 共青团中央青运史档案馆. 中国共青团历次代表大会概览 ［M］. 北京：中国青年出版社，2012：466，551.

（二）组织制度是共青团存在发展的重要基础

组织制度建设坚持民主集中制的原则，为各级共青团组织的管理与建设设立更科学和系统的机制。组织制度是团组织得以存在并健康发展的重要基础，是共青团制度内容体系的重要基石，让共青团的组织工作有章可循、有规可依。党的十一届三中全会后，为适应社会主义现代化建设的需要，共青团在党的领导下，逐步恢复并发展了民主集中制的组织原则，不断推进团组织有效运行、规范团员和团干部思想及行为，进而形成一套更为系统化和科学化的组织制度体系。

第一，恢复和发展民主集中制。民主集中制是党和国家政治生活的根本制度，也是团的根本组织原则。十年"文革"结束后，共青团深刻总结历史经验教训，逐步明确并发展民主集中制的组织原则。一方面，从团章出发，对民主集中制做出规定和阐释。这一时期的团章围绕团的选举、报告、决议执行等内容，对民主集中制的基本原则进行了明确规定，还从团员权利、团内选举、团的代表大会、全团性工作等方面，对民主集中制进行必要的补充和完善。另一方面，以规章作为保障，将民主集中制落实到团内工作生活的具体规范中，如为保障基层干部选拔工作坚持民主集中制的原则，团中央组织部发布了《关于健全完善基层团干部民主选拔制度的意见》。

第二，完善和推进基层组织制度。作为共青团全部工作和战斗力的基础，基层组织制度的确立与发展是关乎团组织建设的基础和战略工程。为应对改革开放以来基层团组织受到的冲击，共青团逐步推进基层组织建设的制度化。鉴于农村团组织数量庞大但建设薄弱，团中央先后发布关于加强农村团支部建设的意见和通知，规定干部选拔、机构设置、团员发展、工作活动等工作；此外，团中央秉持着"团要管团""党建带团建"等原则，颁布了规范其他各类基层组织建设的纲要、决定、意见等，以此推进基层组织的整体化建设。

第三，规范和加强团员及团干部制度。加强团员和团干部的队伍建设是团组织建设的关键环节，因而建立一套规范团员和团干部的制度规范尤为重要。为加强团员队伍的建设，共青团用制度规范团员发展，针对团员发展应规范标准、严格程序、改善结构、提高质量等问题颁布了一系列意见；还以制度加强团员教育管理，对团员教育管理的任务、内容、方式、程序做出基本规范。此外，团中央组织部还发布了《关于在当前斗争中处理团员退团问题的意见》以规范退团机制。为提高团干部的素质，团中央颁布了规范团干部思想和行为的制度。1982 年，团的十二大在团章中增写了"团的干部"。在此基础上，共青团颁布了一套规范团干部选拔和管理的原则、内容、机制、程序的规章制度。

（三）干部制度是共青团体制改革的重要内容

干部制度建设响应共青团体制改革的需求，为团干部选拔、评价、培训构建完备的程序。干部制度是共青团路线方针的体现，是科学化、规范化、制度化了的经验。深化改革干部制度对加强共青团的干部队伍建设起到了规范、引导和调控作用，是这一时期共青团体制改革的重要内容。在中国社会体制交替与变革的历史进程中，共青团以干部队伍的革命化、年轻化、知识化、专业化为方向，以干部选拔配备、考核评价、培训教育为重点，建立起一套较为完备的干部制度。

第一，调整与改革团干部的选拔配备制度。团干部的选拔与配备是干部制度建设的首要环节，关乎共青团能否建设一支能力突出、结构合理、团结坚强的领导集体。改革开放初期，针对团内系统领导并不健全的问题，共青团颁布了一系列调整与改革团干部选拔与配备的制度。就选拔制度来说，共青团一方面沿着革命化、年轻化、知识化的建设方向，对团干部的选拔条件做出了调整和规范。1982 年，团中央拟定的相关意见提出领导班子"年龄上要按梯形式配备"①；另一方面以增强共青团的战斗力和凝聚力为目标，提高团干部选拔程序中的民主程度。在配备制度方面，团中央针对干部职业化严重影响基层团组织吸纳优秀人才的问题，制定出保障基层团干部配备向兼职化发展的制度。

第二，健全与发展团干部的考核评价制度。建立一套完善的考核评价制度是共青团加强干部队伍管理的必要举措，也是构建一套有效管用、简便易行用人机制的关键步骤。如何通过考评加强干部管理是共青团在社会主义现代化建设形势下亟待解决的问题。对此，共青团颁布《关于加强团干部考核工作的意见》等，建立起一套较为完善的团干部考核评价体系，包括从制度上规定各级团委考核团干部的范围，制定详尽的考核标准与内容，颁布系统清晰的考核办法与要求，形成有效的反馈报告机制。

第三，重视与推进团干部的培训教育制度。完善干部培训教育制度是提高团干部队伍素质的重要途径，也是共青团健全人事制度体系的重要环节。

---

① 共青团中央办公厅．团的文件汇编（1982 年）．共青团中央办公厅，1982：128.

针对团干部任期短、流动快、新手多的问题，共青团着力推进干部教育培训制度，从具体的、微观的、长远的、宏观的角度，为干部教育培训的活动和工作提出意见和规划，主要规范了教育培训的主要内容、运作形式、保障措施等。在内容方面，共青团颁布了加强政治理论教育，开展思想道德教育，加强岗位职务培训，开展专业知识技能培训的干部教育培训制度；在运作形式方面，共青团不仅以制度规范团校、中国青年政治学院的创办与发展，而且用制度确立职务培训、业务培训的工作方针；在保障措施方面，共青团针对培训教育中的师资队伍和教材体系的建设，信息化教学手段的使用，经费的投入使用等问题颁布了一系列制度。

（四）纪律制度是对共青团组织和团员行为的约束

纪律制度建设坚持以团章为基本遵循，为管团治团和从严治团建立严密的刚性约束。纪律制度是共青团各级组织和全体团员必须遵守的行为准则，也是维持共青团秩序和功能的重要保证，更是从严治团的要求。为解决"文革"中遗留下来的纪律松弛的问题，共青团在党的领导下，以团章为基本遵循，逐步严格和改进纪律制度。这一时期，团的纪律制度建设包括：增强纪律意识、明确纪律要求、发挥纪律效力。

第一，增强纪律意识的制度。从制度上增强纪律意识是保证团员严格遵守团纪规范的先决条件，也是实现从严治团的必然要求。改革开放初期，共青团处在国家和社会的深刻变革之中，增强纪律意识成为共青团亟待推进的重要任务。为此，共青团从团内根本大法出发，为团员、团干部画出一条清晰的界线。"教育团员和团干部严格遵守团的纪律"，是该时期团章总则中的重要内容。为进一步严明团的纪律，团章在修订的过程中针对团员和团干部应遵守的纪律做出规定，如团的十一大通过的团章将"自行脱团行为"修订为连续 6 个月"不交纳团费、不过团的组织生活"或"不做团组织分配的工作"[①]；此外，团章中增写的"团的干部"一节，对团干部应遵循的纪律做出了具体规定。

第二，明确纪律要求的制度。从制度上明确纪律要求是推进团的各项纪律执行的重要保障，也是加强管团治团的关键举措。这一时期，共青团除了重视和加强政治纪律、组织纪律、工作纪律的建设以外，也逐步关注并推进

---

① 共青团中央青运史档案馆．中国共青团历次代表大会概览 [M]．北京：中国青年出版社，2012：470.

廉洁纪律、群众纪律的建设。该时期，共青团在党的领导下，相继发布了一些关于廉洁纪律的制度。如1989年，团中央书记处认真学习了党中央有关领导干部廉洁要求的文件后，做出的《共青团中央关于加强廉政建设的决定》，对团干部应遵守的廉洁纪律做出具体的规定。在党的领导下，团中央发布文件对共青团的群众纪律提出要求，如1990年发布的《关于进一步密切联系群众做好代表和维护青少年权益工作的意见》，涉及共青团在开展群众工作时需要注意的纪律。

第三，发挥纪律效力的制度。制定一套发挥纪律效力的制度有助于约束团员的行为和维护团纪的严肃性，是加强共青团纪律制度建设与发展的关键环节。这一时期，共青团以团章为根本遵循，以规章为必要保障，建立起一套强力有效的纪律制度。作为共青团的根本大法，团章对于不执行决议、违反团章的团员，依据不同的情节，处理方式可分为批评帮助和纪律处分两种。此外，一些规章制度针对团员在一些特殊事件中的违纪行为做出了严肃处理，如团中央发布的《关于对共青团员修炼"法轮大法"等问题的若干处理意见》对团员的处理方式做出明确规定。

三、新时期共青团制度建设的基本特点

社会主义现代化建设新时期，共青团的制度建设迈出了坚定步伐并取得了显著成就。这一时期的制度建设主要体现在把坚持党的领导作为根本原则，将适应团的体制改革为目标、以规范化和科学化为基本方向三个特点。

（一）坚持党的领导作为制度建设的根本原则

作为党的助手和后备军，旗帜鲜明地坚持党的领导是共青团的根本任务。将坚持党的领导作为根本原则，不仅有助于保证团内制度体系的健全，也有利于共青团在改革开放的新形势下加强自身建设。围绕根本原则，共青团将党的理论和路线方针政策贯彻落实到制度建设的全过程，致力于建立一套内容完备、结构合理、类别丰富的制度体系。

建立一套内容完备的制度是该时期共青团在党的领导下推进制度建设的关键举措，也是构建一套完善的制度体系的必要条件。一套内容完备的制度对团的任务、建设和工作做出具体的规范。第一，作为党的助手和后备军，共青团在团章中明确自身任务是以经济建设为中心开展工作，组织和带领团

员青年为实现党的任务建功立业；第二，共青团以党的建设为指向标，逐步将自身建设纳入党的建设的总体规划中，进而形成一系列规范自身组织、思想、纪律、干部建设的制度；第三，作为党开展青年工作的重要力量，这一时期的共青团在拓展自身工作领域时，始终保持着"党有号召、团有行动"的优良传统，形成了一套规范组织、宣传、青工、青农、学校、少年儿童、统战等工作的制度。

在党的领导下逐步建立起一套结构合理的制度，是此时期共青团推动自身制度建设趋于规范化、科学化的必由之路。一套结构合理的制度是由共青团的根本制度、具体制度、规章制度构成的具有一定序列的统一体。具体而言，共青团以党的制度为引领，对共青团的制度进行修订和调整。此时期颁布的七部团章始终坚持依据党章的变化进行修订（见表1）。此外，共青团依据党的指示精神制定了一系列团内规章。如1994年，在党颁布了《中共中央关于加强党的建设的几个重大问题的决定》后，共青团颁布《共青团中央关于加强团的建设若干问题的决定》对团的建设进行规划和部署。

表1　1982年至2008年党章与团章修订内容对照

党章		团章	
修订时间	修订内容	修订时间	修订内容
1982年 9月6日 党的十二大	重新列入"党和共产主义青年团的关系"一章，明确规定共青团"是党的助手和后备军"	1982年 12月24日 团的十一大	重新写入了"后备军"的说法，并将"推荐优秀团员作党的发展对象"工作正式写入团章
1987年 11月1日 党的十三大	增写发展党内民主、发挥党的基层组织的作用	1988年 5月8日 团的十二大	规范团代会代表和委员会产生的选举程序，修改和充实了团的基层组织设置和基层团委任期
1992年 10月18日 党的十四大	将建设中国特色社会主义的理论和党的基本路线写入党章并贯穿党章全文	1993年 5月10日 团的十三大	在总则中明确用中国特色社会主义理论武装全团，提出共青团围绕改革开放和经济建设开展工作
1997年 9月18日 党的十五大	在总则中提出将邓小平理论作为行动指南	1998年 6月25日 团的十四大	在总则中明确将邓小平理论作为行动指南

续表

党章		团章	
修订时间	修订内容	修订时间	修订内容
2002 年 11 月 14 日 党的十六大	将"三个代表"重要思想确立为党必须长期坚持的指导思想，提出共青团是广大青年在实践中学习中国特色社会主义和共产主义的学校	2003 年 7 月 26 日 团的十五大	提出"三个代表"重要思想作为全团的指导思想，在共青团的性质中增写"在实践中学习中国特色社会主义"
2007 年 10 月 21 日 党的十七大	将科学发展观、中国特色社会主义道路、理论体系等马克思主义中国化的最新成果写入党章	2008 年 6 月 13 日 团的十五大	将深入贯彻落实科学发展观纳入团的指导思想

以党的领导为根本，建立一套类别丰富的制度是健全此时期团的制度体系的重要环节。一套类别丰富的制度旨在实现团的各项建设制度化，涵盖了思想制度、组织制度、干部制度、纪律制度等。2002 年 5 月，江泽民在共青团成立 80 周年纪念大会上明确提出："要坚持党建带团建，把团的建设纳入党的建设总体规划之中。"① 在此项精神的指示下，共青团颁布的《全面建设小康社会进程中共青团工作战略发展规划》，提出共青团的基层建设要将共青团的思想、组织、干部、纪律等方面的建设纳入党的建设总体规划之中。此后，在党的领导下，共青团的各类制度得到了进一步的规范。

（二）将适应共青团体制改革作为制度建设的主要目标

建立一套改革特色鲜明的制度是此时期共青团制度建设的重要特点，也是共青团参与国家体制改革的必然之举。20 世纪 80 年代末 90 年代初，共青团依据社会主义现代化建设的新形势，积极探索体制改革。为保证体制改革工作稳步推进，共青团建立起一套健全内部机制、优化外部环境的制度。总体看，这套制度具有鲜明的改革特色，主要包括：调整组织结构，完善社会职能，改善工作体系。

---

① 王振川. 中国改革开放新时期年鉴：2003 年 ［M］. 北京：中国民主法制出版社，2015：618.

作为共青团体制改革的重要内容，改革组织制度对于增强团组织的服务力、凝聚力、战斗力，提升团组织贡献度具有关键性的作用。为贯彻落实共青团十二大提出的任务，共青团对自身组织结构的改革与调整进行研究与部署，包括用制度改革团员管理的方式，推进基层组织的建设。在团员管理方面，1988 年，团中央颁布了首部具体阐释团员证管理条例，对团员管理的相关组织制度进行了改革。在基层组织建设方面，针对基层团组织固有的形式和章法难以应对新的形势和问题，共青团颁布了一系列适应政治和经济体制改革的基层组织制度，如《中国共产主义青年团基层建设纲要》，试图推进基层工作整体化、制度化。

作为共青团体制改革的关键内容，完善社会职能的制度有助于密切共青团与青年群众的关系。在共青团十二大上，代表和维护青少年权益首次被列为团的一项重要社会职能。为更好地发挥这一职能，共青团建立了一系列制度。一是对服务青年做出要求。2003 年，团的十五大把"竭诚服务青年作为团的一切工作的出发点和落脚点"写入团章①；二是为助力青少年发展做出规范。针对青少年的不同需求，共青团搭建起一套服务青少年就业创业、满足青少年精神文化需求的制度体系；三是为维护青年的合法权益制定章法。共青团不仅致力于开展维护青少年的立法工作，还建立了一套推进青少年普法、维权教育活动的制度。

作为共青团体制改革的核心内容，改善共青团工作体系的制度有助于增强团组织的生机与活力。共青团的工作体系是共青团活动方式、各项事业、工作环境的总和，争取和运用社会资源是共青团完善工作体系的重要举措。就活动方式的改进来说，共青团从制度层面创新性地组织动员全社会力量，维护青少年权益和服务青少年。如共青团先后颁布了一系列通知和意见推进"希望工程"落实；在团属事业的发展方面，为解决团内经费不足、缺乏理论指导等问题，共青团建立团办实体和事业单位，并颁布一系列规范其建设与发展的制度；在工作环境的优化方面，团的制度建设不仅关注内部机制的改革，还着眼外部工作环境的优化。团中央颁布的《关于贯彻落实〈中共中央关于加强和改善党对工会、共青团、妇联工作领导的通知〉的意见》为自身创造了良好的外部工作条件。

---

① 共青团中央青运史档案馆．中国共青团历次代表大会概览［M］．北京：中国青年出版社，2012：647.

（三） 以规范化和科学化作为制度建设的基本方向

科学化和规范化是这一时期共青团推进制度建设的重要方向，也是提高团的各项建设的根本保障。随着这一时期世情、国情、党情的发展变化，共青团逐渐认识到制度发展的基本规律，也逐步意识到制度建设的重要性。于是，共青团将制度建设摆在极为重要的位置，发展与创新制度的体系和内容，开始建立一套规范化、科学化的制度。

共青团坚持把制度建设摆在重要的位置，与共青团工作建设结合起来。邓小平在分析新中国成立以来的历史经验基础上指出"组织制度、工作制度方面的问题更重要"①。在邓小平理论的指导下，从制度上解决问题成为这一时期党和国家政治体制建设的重要内容和突出特点。制度建团也因此成为此时期共青团工作建设的必然选择。为建立一套系统、严密的民主选举法规和工作规范，共青团颁布了一系列民主选举制度。而且，随着共青团的建设开始纳入党的建设总体规划，各地共青团组织逐步建立健全联席会议制度、工作考核制度和团建工作情况通报制度等。

共青团始终致力于构建以团章为核心的制度体系。团章在共青团的制度体系中具有最高的地位，是引领团内制度建设的根本依据和重要准绳。一方面，这一时期团中央先后发布的七部团章对共青团制度建设的指导思想做出规定。十四大、十五大、十六大修订的团章分别将邓小平理论、"三个代表"重要思想、科学发展观作为全团开展制度建设的行动指南。另一方面，该时期的团章规定了共青团制度建设的基本框架。团章中增加的"团的干部""团员证""团的经费"等章节，分别对于团的思想、组织、纪律等项建设的基本原则进行了规定，进而引领共青团的思想制度、组织制度、纪律制度的建设。

共青团适时对团的制度内容进行创新，增强共青团制度的适应性。这一时期，随着经济市场化改革的推进和经济社会的转型，中国社会结构发生了广泛而深刻的变化，呈现出多元性和复杂性。特别是迈入 21 世纪后，市场化、网络化、全球化的叠加效应对青少年群体产生巨大的冲击。对此，共青团对自身制度进行了调整和创新。如《军队共青团工作条例》的颁发是经济社会结构和青年群体分布变化下组织创新的产物，有助于推进全军和武警部队共青团工作的科学化、制度化、规范化。

社会主义现代化建设的新时期，共青团的制度建设在改革的历史进程中

① 邓小平. 邓小平文选：第 2 卷 [M]. 北京：人民出版社，1994：333.

发挥着管团治团的关键作用，也有助于共青团在社会主义现代化建设中带领青年投身党和国家事业中。在新的历史方位下，回溯和总结改革开放以来共青团制度建设的一般规律和内在逻辑，对共青团推进自身治理体系和治理能力现代化非常重要。

社会主义革命和建设时期共青团制度建设的特点与经验（1949—1978）

白　鸽

摘　要：在社会主义革命和建设时期，共青团自觉加强对于制度建设的重视程度，首次形成团的制度建设体系框架，进一步丰富民主集中制的组织原则，深化推进社会主义思想教育，推动干部队伍年轻化建设，组织纪律性与目的性得到进一步彰显。这一时期团的制度建设延续了建团以来一贯的政治道路，始终坚持党的领导，坚持为党育人，并基于此推进团的各项工作与重点任务，为共青团的长远发展打下基础，为新时代团的制度建设提供历史经验。

关键词：共青团；社会主义革命和建设时期；制度建设；团内规章

习近平总书记在庆祝中国共产主义青年团成立 100 周年大会上指出："坚定不移跟党走，为党和人民奋斗，是共青团的初心使命。"在社会主义革命和建设时期，共青团"积极参与中华民族有史以来最为广泛而深刻的社会变革"①，制度建设是实现共青团自身建设的重中之重。1949 年，新中国的建立标志着中国由新民主主义革命阶段转向社会主义革命和建设阶段。在这一时期，共青团作为党的助手，亟须应时而变，建立更为完善全面、符合社会主义革命和建设需要的制度体系。因此，共青团在这一时期自觉加强对于制度建设的重视程度，初步形成团的制度建设体系框架，在组织制度、思想制度、干部制度、纪律制度上有了进一步的探索与发展，积累了宝贵经验。整体看，这一时期的制度建设有效地发挥了共青团带领青年群体投身于社会主义建设的积极作用，为后来团的制度持续发展夯筑了良好基础。回顾团的百年历史，

基金项目：2021 年度团中央中特中心课题"党领导中国青年运动百年历程与历史经验研究"（21TZTSKC01）；中国青少年研究中心规划课题"中国共青团制度建设的历史经验研究"（20GH15）；中国青少年研究中心规划课题"中国共青团 100 年制度建设的历史与实践研究"（21GH12）的阶段性成果。

作者简介：北京师范大学教育学部硕士研究生。

① 习近平. 在庆祝中国共产主义青年团成立 100 周年大会上的讲话［N］. 人民日报，2022-05-11.

可以看清楚为什么能够成功、弄明白未来怎样才能继续成功，因此在建团百年之际，推进对于团的制度建设研究，有必要对既有制度体系框架进行回顾与检视，明晰制度建设的历史意蕴所在，把握制度建设的发展特点，并从中汲取总结建团百年中制度建设的历史经验。

一、共青团制度建设的历史意蕴

"制度文明的确立巩固和发展演化，体现着国家政治社会领域积极成果的产出情况与政治社会体系的完善程度。"①。共青团自身经历了百年的艰辛探索，积累了丰富的实践资源与思想资源，为团内制度建设提供了坚实的前期基础，只有把团的制度建设的历史梳理完善，把经验总结全面，才能够让今时今日的团内制度建设进一步有效推进，在改革进程中方能更从容、更坚定、更有底气。在不同的历史时期，共青团的制度建设涵养着各具特色的制度实践与历史意蕴。

第一，从坚持党的领导视角出发，团的制度建设是共青团做好党的助手和后备军的必然选择，是坚持党的领导的重要体现。社会主义革命和建设时期，中国共产党面临的主要历史任务是巩固政权，逐步实现社会主义工业化，发扬人民民主，这一时期党的制度建设的工作重心在于全面确立社会主义制度以及全面建设社会主义。为此，共青团在这一时期的制度建设重点同样聚焦于动员青年群体投身全面建设社会主义的大潮之中，始终坚持党的领导，始终坚持为党育人，可见制度建设是实现团的功能定位的关键抓手。

第二，从共青团的自身建设出发，制度建设是共青团实现自身从严治团的有力支撑。在社会主义革命和建设初期，团的制度建设处于萌芽发展阶段，伴随着新中国的成立和社会主义发展需求，团员人数激增，为有效提升共青团内部治理能力，团内制度建设成为团自身建设的关键所在。在历史视野下探讨分析团的制度建设的经验，一方面能够从特定历史时段的视角认识共青团制度建设的总体特点；另一方面为共青团自身制度建设服务于社会主义制度体系与国家治理体系和治理能力现代化提供新的思考契机，将历史经验的继承与鲜活经验的创新统一起来，对于团的自身制度建设具有重要作用。

第三，从青年视角出发，团的制度建设始终以青年为本，团结青年、服

---

① 马雪松，冯修青．中国共产党制度建设的百年探索：历史视野、主要经验及治理效能［J］．云南社会科学，2021（1）：1-8，186.

务青年，发挥做好青年引路人的作用。在社会主义革命和建设时期，国家百废待兴，党面临的主要任务是推进社会主义建设。共青团作为党的助手和后备军，将制度建设作为推进青年涌入社会主义建设大潮的有力途径，积极动员青年支持并参与社会主义建设，如开展增产节约、垦荒造林等活动，让青年到祖国最需要的地方去。思想制度建设也成为提升青年思想政治意识的重要方式。共青团引领青年进行系统的思想政治教育，通过劳动教育以及共产主义教育等形式，培植青年社会主义新道德，大幅提升青年群体政治水平与思想高度。

二、共青团制度建设的特点

（一）形成较全面的制度体系框架

推进共青团的制度体系建设是实现团的制度建设长远发展的必要之举。新中国成立后，萌芽于战争时期的团的制度建设呈现出零散化、稳定性弱、系统性差的特征，原有的、为适应战时之需而建立的制度难以适应新中国社会主义建设的发展需要。因而，向体系化、科学化发展被提上团的自身制度建设日程，以制度建设的分类、形式、内容三方面为主，类别较为全面，形式趋于稳定，内容进一步细化，初步形成了团的制度建设框架。

1. 制度分类

团的制度建设框架在类别上较为全面，主要围绕思想制度、组织制度、干部制度以及纪律制度展开。在思想制度建设上，这一时期主要以毛泽东思想为核心，以共产主义的培育为目标，具体表现为在团的九大上将毛泽东思想写入团章等；在组织制度建设上，共青团一如既往地保持对于组织制度建设的高度重视，颁布一系列章程、规定完善团的组织建设；在干部制度建设上，加强了对干部的教育、管理、培训、选拔等制度，为社会主义改造和社会主义建设的顺利进行培养了坚实的骨干力量，进一步发展与完善了团的干部制度；在纪律制度建设上，原有的纪律制度建设多作为团章的一节出现，或多伴随对团内某一问题的纠偏而出现，而这一时期首次单独规定了团的纪律处分工作办法，纪律建设成为重头戏之一。整体看，以上制度内容框架奠定了团的制度建设体系化发展的雏形，成为后续团的制度建设发展演变的原点与出发点。

2. 制度形式

制度形式趋于稳定，主要以条例、规定为主，其中规定居多。在新民主主义革命时期，共青团的制度建设多以零散的决议案为主，主要覆盖面仅为个别问题，缺乏普遍性与持续性。相较而言，社会主义革命与建设时期共青团的制度建设多以具有稳定性、持续性的规定为主，如聚焦于组织工作的《青年团中央委员会关于团管理办法的规定》《共青团中央组织部关于转移团员组织关系的规定》等，如聚焦于纪律制度方面的《青年团中央关于处理受刑事处分的青年团员的团籍问题的规定》等，进一步深化了团的制度建设的规范性，成为这一时期团内规章制度建设的重要组成部分。

3. 制度内容

在内容上涵盖程度进一步深入细化，主要划分为组织工作、宣传工作、青年工人工作（以下简称"青工工作"）、青年农民工作（以下简称"青农工作"）、学校工作、少年儿童工作、统一战线和国际联络工作、军事体育工作等制度建设领域。在组织工作上，明确运用规章制度规范团的组织构成及团干部、团员管理，如《中共中央颁布关于团干部的几项规定》；在宣传工作上，进一步以制度形式规范团内学习党的方针路线的具体举措，如颁布《关于加强共青团党的宣传教育工作的决定》，明确共青团的宣传工作重心；在青工、青农工作上，将青年工人、青年农民的行为准则和工作内容进一步以制度形式进行细化；在少年儿童工作领域上，颁布《中共少年先锋队队章》等，以制度明确少年儿童和少先队的奖惩措施及教育举措。这一时期为后续共青团的整体制度建设构建了初步的内容分工框架。

总的来看，这一时期共青团的制度建设首次形成了体系框架，形成了以思想、组织、干部、纪律为主要内容，以规定为主要形式，以组织工作、宣传工作、青工工作、青农工作等为主要工作领域的框架体系。一方面，制度体系框架的建立是共青团更好地适应与满足新时期的发展需要的关键所在，推动了共青团自身更好地发挥社会主义建设生力军和突击队的职能作用；另一方面，这一时期团的制度体系的建立，为推进共青团的制度建设向科学化、规范化发展提供了框架依循与内容参考。

（二）组织制度是共青团发展的重要基础

组织制度是实现共青团长期性、根本性、稳定性发展的重要基础，在共青团的自身建设中具有不可替代的重要作用。在新中国成立之后，为满足社会主义革命和建设之需，共青团进一步丰富民主集中制原则的基本内容，深入推进共青团的基层组织建设规范化、制度化发展。

1. 丰富民主集中制原则的基本内容

民主集中制是党和国家的根本制度，是团组织增强战斗力和保证永不变质的决定性条件之一。1953 年颁布的《新民主主义青年团章程》中，对民主集中制原则进行了详细说明，强调团内要有充分的民主生活，将批评与自我批评作为改进工作的有力武器；其后在 1957 年团的三大上，进一步对共青团内部民主的具体内涵做了进一步拓展，首次提出共青团的各级组织实行集体领导和个人负责相结合的制度；在团的九大上，重视充分发扬民主，首次提出要保障团员的民主权利，发挥团员的积极性和创造性，并对团员的权利义务进行了补充。民主集中制原则在内容上的充实，进一步推动共青团的组织生活走向更为健全、更为活跃、更为完善的道路。

2. 推进基层团组织规范化、制度化建设

基层组织是共青团的基础，是共青团的工作和活动的基本单位。伴随着共青团员人数与基层团组织的增多（见图 1），越来越多的团员管理工作离不开基层团组织的制度要求与约束，为此，共青团一方面在团章中不断细化与完善对于基层团组织的制度规定，致力于将基层团组织建成政治上先进、组织上健全、密切联系群众的坚强堡垒，将基层团组织建设与社会主义教育运动和党的中心工作相结合，健全和加强支部领导，整顿和壮大团的组织，开展创造"四好"团支部活动等。另一方面提高对基层团组织建设，尤其是农村基层组织建设的重视程度，面向农村、面向农村青年，围绕加强农村共青团的建设问题进行讨论，以制度形式推动设立六级共青团委办支部等。可见，这一时期基层团组织的建设走向制度化、规范化的发展阶段。

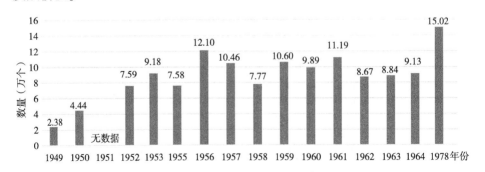

图 1　1949—1978 年共青团基层团委数量变化

总的说，这一时期共青团的组织制度在继承的基础上进一步细化发展，以实现社会主义革命和建设的发展目标为行动起点，以丰富民主集中制原则的基本内容为核心依托，以推进基层团组织规范化、制度化建设为发展目标，不断完善和深化团的组织制度，进一步保障了在新中国成立初期组织建设的稳定性与持续性，为共青团的发展提供组织活力，奠定了组织制度建设的基础。

（三）思想制度建设是共青团发展的根本

思想制度建设是共青团持续发展的根本所在，是推进共青团各项建设有序开展的基础和前提。为实现政权巩固、经济恢复，进行社会主义革命和建设，对共青团的思想建设提出了新要求。基于此，共青团通过制度手段，巩固和推进共青团的思想建设。首次以制度形式确立马克思列宁主义、毛泽东思想的指导地位，有力推进社会主义宣传教育，重视加强青年的革命性，为这一时期共青团制度建设提供重要的思想引领。

1. 确立马克思列宁主义、毛泽东思想的指导地位

马克思列宁主义是无产阶级的革命科学，毛泽东思想是进行革命和社会主义建设的行动指针。1964 年，在九大团章的总则部分有了重要修改，把以马克思列宁主义、毛泽东思想为指导思想正式明确写入团章中；其后，在团的九届三中全会上通过《关于在全国青年中更好地开展学习毛主席著作运动的决议》，明确指出突出政治是青年工作的根本，毛泽东思想是共青团持续发展的重要思想武器，并颁布一系列关于组织广大青年学习马克思列宁主义、学习毛泽东著作的相关决定，强调用毛泽东思想武装自身。

2. 以制度形式推进社会主义思想教育

1950 年，共青团中央颁布《关于加强共青团的宣传教育工作的决定》，要求各级团委健全宣传部门机构，开展系统的团员教育，加强通讯报道工作等，增进社会主义发展意识，提升团员共产主义的思想水平。1960 年，中国国民经济由大发展转入调整时期，为更好完成国民经济调整任务，提出各级团组织必须在广大青年中进行深入细致的思想政治工作的要求，以教育青年紧紧团结在党的周围，坚定地巩固和发展社会主义制度优越性为思想工作核心。在宣传教育方面，以推进社会主义思想教育，推动完成社会主义革命和建设为思想制度建设的重点。

3. 以制度形式加强青年革命性

伴随土地改革的基本完成和国民经济的迅速发展，中国进入社会主义过渡时期，在团的三大上，提出要提高青年的政治觉悟，在青年中间进行革命传统教育。在团的九大上，彼时正值国际革命浪潮蓬勃发展，胡耀邦同志指出，共青团要"为我国青年革命化而斗争"，致力于将团员培养成为名副其实的革命战士。大会对团章进行修订，明确提出关于团员六项义务的规定，要求团员时刻保持革命警惕，积极履行保卫祖国的义务，强调要引导青年在阶级斗争、生产斗争和科学实验三大革命运动中锻炼成长，积极参与社会主义教育运动。

总的来说，这一时期思想制度建设体现出鲜明的时代特性，以革命和建设为主线，首次将马列主义、毛泽东思想写入团章，为共青团的发展建设提供思想引领。同时，注重社会主义宣传教育工作的推进，着力提升青年社会主义和共产主义的思想意识水平，运用制度加强青年革命性，为新时期中国的社会主义革命与建设注入活力。这一时期的思想制度建设，为共青团自身的发展提供了思想引领，奠定了坚实的思想基石。

（四）干部制度是提升共青团战斗力的关键

干部制度是提升共青团战斗力的关键所在，是这一时期团的制度建设的重要环节。伴随新中国的成立以及干部队伍的壮大，为更好保证干部队伍的纯洁性，提高干部队伍的战斗力，需要在制度层面完善对于干部的培养教育与审查纠偏。这一时期，团干部培育方式呈现多样化特征，以制度确立团干部培养标准，推进团干部的专业性发展；同时重视针对团干部的整风纠偏问题，加强团干部队伍的先进性，并以制度形式推动团干部队伍年轻化建设。

1. 完善培养教育制度

着力完善团干部培养教育制度，明确团干部培育标准。培养教育团干部是提升团干部素质不可或缺的重要方式。一方面，共青团通过在全国各地开办团校，训练大批专职干部，有计划地对基层团干部进行轮流培训，并要求各级团干部深入基层，在工作中对基层团干部予以帮助指导。另一方面，明确团干部培育标准，重视团干部的专业素质提升。在新民主主义青年团的一大上明确提出，要培养忠实于党和人民事业的、朝气勃勃的优秀干部，为团干部的培育提供明确的发展标准。与此同时，为更好满足团干部所在部门分布的广泛性需要，首次提出在干部培育上注重专业性培养，强调必须注意培养适合于各种不同部门中进行工作的干部，通晓自己所在部门的业务。可见，在团干部培训教育上既兼顾培育方式多样化，同时注重团干部发展标准的明确化，为团干部培育提供有力制度支撑。

2. 运用制度开展针对干部问题的整风纠偏

提高共青团干部的政治素养，纯洁共青团干部队伍，对于改进共青团工作具有决定意义。彼时共青团内存在团干部脱离群众、主观片面、思想作风不纯等问题，为了解决这一问题，主要从两方面展开工作：一方面，以制度形式将深入基层确立为团干部的必要工作。在团的三大上，以制度要求团干部深入基层，主动同党密切联系，减少共青团内的官僚主义、宗派主义和主观主义的问题。另一方面，积极开展整风运动和反右派斗争。1957年，中共中央批转关于整顿和加强共青团干部队伍的请示报告，要求各级党委积极指导各级团组织进行整风运动和反右派斗争，提出把干部下放劳动作为制度坚持下来，培养实事求是、艰苦朴素、密切联系群众的作风；同时，组织进行严格的批判和必要的思想斗争，加强干部的党性锻炼，克服个人主义和自由主义，端正思想作风，贯彻群众路线，共青团的干部队伍必须贯彻"前线""后方"两不误的方针。1960年，共青团颁布关于贯彻中央关于反对官僚主义的指示的通知，认真开展一系列反贪污、反浪费、反官僚主义的整风运动，更好地适应"大跃进"时期的发展需要。

3. 以制度推动团干部队伍年轻化建设

干部年轻化是共青团密切联系广大青年群众，不断加强团的建设，使共青团的工作更好地适应青年特点的必要条件。在团的九大通过的《中国共产主义青年团章程》中，采取大胆选拔、加强培养、保留骨干、以资熟手的方针，以革命精神打破保守思想和习惯势力，使共青团的建设更加符合新形势、新任务的需要。一方面，严格要求年轻干部在政治上站稳无产阶级立场，加强思想意识修养；另一方面，在工作上要放手使用年轻干部，让年轻干部独立负责，增长领导工作才能，同时督促其深入基层，练好群众工作的基本功。可见，培养提拔优秀的年轻干部，是党和革命事业的需要，也是国家蓬勃兴旺的表现。这一时期以制度为有力的工作推进点，一大批优秀年轻干部走上了重要岗位，增进了团干部队伍的活力与生命力。

（五）纪律制度建设向科学化发展

纪律制度具有根本性、长期性、发展性的特征，是永葆团的先进性，增强团的创造力、凝聚力和战斗力的治本之策。在社会主义革命和建设时期，面对形势的复杂性与任务的艰巨性，共青团加强纪律制度建设刻不容缓，纪律建设被摆在了团的制度建设的突出位置。因此，共青团需要用纪律戒尺衡量、规范、约束各级团组织、团干部、团员的行为，纪律制度建设成为团内制度建设中的重要一环。这一时期共青团的纪律制度向科学化发展，组织纪律性以及纪律目的性得到进一步彰显。

1. 增强共青团的组织纪律性

增强共青团的组织纪律性成为制度建设的重要抓手。组织纪律是规范和处理共青团各级组织之间、团组织和团员之间，以及团员和团员之间关系的重要行为准则，是维护团结统一、保持团的战斗力的基本条件。这一时期以制度督促团员强化组织纪律意识，要求各级团组织、团干部、团员严格遵守组织制度和程序，按照组织原则和纪律程序办事，自觉接受团组织安排和纪律约束。1951 年，共青团第一部纪律处分条例正式出台。1953 年在团的二大上，为了克服民主生活中存在包办一切等问题，明确提出要增强团的组织性和纪律性，要求所有基层团组织定期召开全体团员大会，开展批评与自我批评，自上而下地把团内民主生活健全起来，贯彻落实共青团的组织纪律。1958 年，共青团中央颁布《关于对整风整训中处理犯有各种错误的团员的规定》，以具有稳定性的制度形式将纪律处分具体化、明确化，为共青团的组织纪律发展提供了制度雏形。

2. 明确共青团的纪律执行目的

对于纪律的执行目的有了更为深入的理解，强调在保障共青团员权利的前提下，以严肃团纪、教育团员和青年为纪律执行的主要目的。1957 年，在团的三大上，取消了对于团组织的处分规定和对团员的劝告处分，并强调处分并非目的，而是对于犯错误团员进行教育的手段，严肃认真纠正错误，同时保护其对革命事业的积极性不受伤害，对其进步予以肯定和欢迎。1964 年，在团的九大上对团章进行再次修订，在纪律处分上规定"应当吸收被处分者参加会议，认真听取他们的意见"，上级团组织对于团员的申诉，"应当及时审查处理"，强调面对需给予纪律处分的团员，秉持严肃慎重的精神处理，既要坚持原则，不得姑息迁就，又要弄清性质，核对事实，恰如其分。时任共青团中央第一书记的胡克实，在团的九大报告中明确指出"执行共青团的纪律的目的也是为了教育，而不是惩办"①。可见，对于共青团纪律的认识进一步加深，正确认识到纪律处分的执行目的。

总的看，这一时期的纪律制度为执行团的路线、方针、政策和决议，维

---

① 胡献忠. 中国共青团历次全国代表大会概览［M］. 北京：中国青年出版社，2012：370.

护共青团的团结统一，巩固共青团同青年群众的密切联系，提高共青团的战斗力提供了重要的纪律保证。这一时期为共青团的制度建设积累了宝贵的经验教训。

三、共青团制度建设的经验总结

综观社会主义革命和建设时期，共青团的制度建设整体上沿着正确方向在曲折中发展与前行，制度建设主要呈现三个特点。

第一，始终坚持党的领导，是共青团制度建设发展的立身之本与主线所在。共青团自诞生之日起，就"以党的旗帜为旗帜，以党的意志为意志，以党的使命为使命"①，始终坚持党的领导是共青团区别于其他青年组织的根本特质和鲜明优势。在社会主义革命和建设时期，共青团的制度建设同样围绕着坚持党的领导的主线开展，切实做到党有号召，团有行动。一方面，共青团一直以制度形式积极落实党的精神与意志，多次颁布关于认真学习和贯彻党的重要会议决议的相关制度。在党的精神引领下，共青团积极动员青年群体投身于社会主义建设之中。

第二，团的制度建设向体系化、科学化方向发展，首次形成共青团制度建设的体系框架，在组织、思想、干部、纪律建设上以制度为根本依循，由初步探索逐步走向系统化建设发展。新中国成立之后，在重建国家秩序的过程中，形成了以党为核心的国家权力组织体系，党以制度为依托建立了一整套系统化的管理体系。在此基础上，共青团为更好发挥党的助手与后备军的作用，自身制度体系建设同样向系统化、科学化的方向发展。一方面，团的制度建设坚持向体系化发展，在民主革命时期，共青团虽有制度颁布，但多呈现零散性、短暂性、应急性的特点，系统性建设不足。新中国建立之后，共青团制度建设的鲜明特征之一，即是初步形成制度体系框架，并在共青团的制度建设发展中一直被延续与完善。另一方面，共青团的制度坚持向科学化发展，其中的鲜明体现包括：始终坚持以修订团章和健全民主集中制为基本主线，团章是共青团建设的根本依循，其他团内规章制度均需依此而定，团的历次代表大会都会对团章进行适时修订，应时而变，积极维护以团章为核心的制度体系。

第三，共青团的制度建设始终坚持为党育人，与共青团的各项工作和重

---

① 习近平. 在庆祝中国共产主义青年团成立 100 周年大会上的讲话［N］. 人民日报，2022-05-11.

点任务相呼应，与国家及社会发展保持高度密切的联系。在社会主义革命和建设时期，党所面临的主要任务是实现从新民主主义到社会主义的转变，进行社会主义革命，推进社会主义建设，为实现中华民族伟大复兴奠定根本政治前提和制度基础。因而，一方面共青团的思想制度建设聚焦于共产主义教育，如以制度形式确立马克思列宁主义、毛泽东思想的指导地位；以毛泽东思想为核心，以共产主义的培育为目标，如将毛泽东思想写入团章等，加强团的宣传教育，以制度形式推进社会主义思想教育，将为党育人落在实处。另一方面，共青团积极参与社会主义革命和建设时期的社会变革活动，如积极组建青年垦荒队、青年扫盲队、青年突击队等，引领青年群体投身于社会主义的伟大实践之中，与世情、国情、党情保持着高度密切的联系。

总的说，在社会主义革命和建设时期，共青团的制度建设在探索过程中不断发展与完善，坚持党的领导与为党育人贯穿共青团的发展始终，首次形成了共青团百年来制度建设发展的体系框架，系统性不断加强。共青团的制度建设为巩固新中国政权，实现经济社会的恢复发展，探索社会主义建设道理提供了坚实的制度保障，也为改革开放新时期共青团的制度制定与发展夯筑了坚实基础。对制度建设的历史经验进行总结，有助于推进共青团的建设与发展，新时代共青团的建设应继续坚持共青团制度建设的规范化、科学化，更好地发挥共青团作为党的助手与后备军的积极作用，更好地发挥共青团内制度建设的时代价值。

苏俄"新经济政策"与马克思主义俄国化

崔 玲

摘 要：十月革命胜利后，"社会主义"从理论变成了千百万人的实践。为了应对国内外战争的危机，苏俄实行了"战时共产主义"，由于这个政策完全脱离了苏俄的国情，导致了严重的后果，从而也成为马克思主义俄国化的契机。将马克思主义基本原理同苏俄具体实际结合起来的"新经济政策"解决了"战时共产主义"带来的困境，取得了很大的成功。列宁围绕"新经济政策"进行了一系列理论创新，找到了经济文化落后国家过渡到社会主义社会的途径和方法，极大丰富和发展了马克思主义，也对马克思主义中国化进程产生了深远影响。

关键词："战时共产主义"；"新经济政策"；马克思主义俄国化

一、马克思主义的生命力在于社会实践

马克思主义强大的生命力在于根植于社会实践、指导实践并在实践中丰富和发展。马克思主义以辩证唯物主义和历史唯物主义的世界观和方法论揭示了人类社会的发展规律，是人们认识世界、改造世界的科学真理。马克思主义来源于社会实践，马克思、恩格斯对既往人类历史的各个阶段进行了细致的考察，掌握了大量的实证材料，通过从具体到抽象再到具体的研究方法，从无数个特殊性案例中提炼出具有一般性的规律，从而为人类历史发展的前景和社会进阶指明了方向。

苏联和中国都是在马克思主义指导下建立起来的极具影响力的社会主义大国，苏联和中国又都没有经历完整的资本主义发展阶段，直接从落后的小农经济过渡到社会主义社会。苏中的特殊性发展道路怎么在实践中开展推进，在马克思主义的著作里找不到现成的答案，所以，把马克思主义本土化，即把马克思主义基本原理同本国具体实际相结合以解决革命、建设和改革不同

作者简介：首都经济贸易大学马克思主义学院副教授。

历史时期的实际问题，成为两个社会主义大国必须要面对的现实。

恩格斯说过："马克思的整个世界观不是教义，而是方法。它提供的不是现成的教条，而是进一步研究的出发点和供这种研究使用的方法。"① 马克思主义为苏联和中国这样的国家指明了通向理想社会的方向，而具体的道路则需要结合本国的国情在不断的实践中探索。同时，马克思主义也在这些国家的实践中不断丰富和发展，在实践中体现其科学性，也在实践中保持生机和活力。

二、新经济政策是马克思主义俄国化的成功之举

（一）十月革命的胜利是马克思主义俄国化的开端

新经济政策的主要制定者和实施者列宁，在中学时代就接触到了马克思主义，在后来的学习和斗争过程中，列宁意识到必须把马克思主义同俄国实际情况相结合，但由于理论水平和实际斗争经验的局限，十月革命前的列宁没有实现这个目标，而是重复马克思主义的社会主义理论，并且沿着马克思主义关于社会主义的基本观点的思路，规划未来的苏维埃俄国的经济形态。列宁在这个时期的经济思想主要集中在三个方面：一是社会主义所有制。列宁认为，社会主义社会必须消灭资本主义私有制，实行生产资料的社会化，即建立社会主义公有制。这是社会主义的实质和其实现的先决条件。二是社会主义的经济运行要实行集中统一的计划经济，消灭商品生产和商品交换，因为商品经济是和资本主义联系在一起的。三是社会主义的分配制度。列宁认为，在社会主义社会，劳动成果应该由全体劳动者共同享有，而不是为某部分人谋私利。

与此同时，列宁在思考俄国走向社会主义道路的特殊性，毕竟俄国的国情不同于西方国家。对此他在《政论家札记》中说道："我们并不苛求马克思或马克思主义者知道走向社会主义的道路上的一切具体情况，这是痴想。我们只知道这条道路的方向，我们只知道引导走这条道路的是什么样的阶级力量；至于在实践中具体如何走，那只能在千百万人开始行动以后由千百万人的经验来表明。"②

① 马克思，恩格斯. 马克思恩格斯选集：第4卷［M］. 北京：人民出版社，2012：664.
② 列宁. 列宁全集：第32卷［M］. 北京：人民出版社，1990：111.

　　这说明列宁已经清楚认识到马克思主义俄国化的必要性，必须把马克思主义同俄国具体实际相结合，探索一条通向社会主义的道路。十月革命胜利之初，列宁开始为俄国的社会主义勾勒蓝图，此时他的认识还局限于马克思、恩格斯当初的一般设想上，马克思主义俄国化还需要一段时间进行探索。比如，列宁提出在全国范围内用社会主义方式组织生产；用有计划有组织的分配彻底代替贸易；全体居民要加入消费合作社，等等。列宁非常重视消费合作社或称为消费公社的建立，因为这个组织有可能成为苏维埃社会主义共和国的基层组织。他对此设想：全体居民都组织在消费公社里，公社统一调整生产与消费，有权征收所得税，给无产者无息贷款，实行普遍的劳动义务制，禁止一切私人买卖。而当时俄国的国情是"小农经济的汪洋大海"，生产力水平非常落后，物质产品十分匮乏，消费公社的设想显然超出了社会主义范围，更不用说当时小农经济盛行的落后的俄国，根本不具备建立消费公社的物质基础和条件，探索俄国建设社会主义的具体途径任重道远。

　　尽管这个时期列宁对俄国过渡到社会主义社会的设想还没有同俄国具体实际相结合，但十月革命的胜利使无产阶级掌握了政权，社会主义理论开始成为千百万人的实践。

　　（二）"战时共产主义"是马克思主义俄国化的契机

　　"战时共产主义"的实施以及后期带来的严重后果是"新经济政策"提出的重要背景，从而成为马克思主义俄国化的契机。从1918年到1921年，苏俄实施了"战时共产主义"，以应对国际严峻的形势和国内经济困难与政治危机。"战时共产主义"的核心内容包括：国家对粮食和一切主要商品实行垄断，即余粮收集制，为此加速在农村建立共耕社、农业公社，加快农业集体化的速度；在城镇加速剥夺资产阶级以实现工业国有化，直到1920年11月国内战争基本结束，工业国有化仍在继续；取消自由贸易和商品生产，产品交由国营或合作社的分配网点供应给全体居民，货币的作用范围急剧缩小，工资也实物化了；实行平均主义的分配制度。

　　"战时共产主义"的实施有主客观两方面的原因，客观因素是1918年夏季14个国家武装干涉新兴的苏维埃政权，苏俄重新卷入战争之中，加上俄国主要的粮食产区基本都处于外国武装干涉者和白匪的控制之下，造成了严重的饥荒。粮食成为社会主义斗争的中心环节，保证红军和城镇居民的生存是首要任务，国家把粮食等重要物资统一起来有助于渡过难关。主观因素是列宁当时对社会主义的认识还有一定的局限性，比如，认为社会主义只能建立在生产资料公有制，尤其是国家对全部生产资料的垄断之上；建立社会主义经济要消灭商品生产、商品交换和货币流通；社会主义生产管理体制应当是由国家领导的高度集中统一的管理模式。

"战时共产主义"实行的前期虽然有助于苏俄摆脱战争和灾荒造成的经济崩溃，但这个政策也显示了列宁领导的布尔什维克党缺乏实践经验，忽略了俄国的具体国情，是一次完全按照传统理论模式把落后的俄国过渡到社会主义的实验。这与马克思主义俄国化的精神实质相去甚远，所以随着"战时共产主义"的延续，越来越多的问题和矛盾暴露出来，几乎断送了十月革命的胜利果实。

在"战时共产主义"实施的后期，加上1920年苏俄遭受了严重的自然灾害，导致1921年初苏俄的工业产值大幅度减少，钢铁、煤炭、石油等重要能源的产量不足十月革命前的一半，轻工业产量不足15%，交通瘫痪，农业陷入困境，播种面积和产量剧烈缩减，人民所需的生活必需品奇缺，工农群众不满的情绪一触即发。农民无法完成余粮缴纳任务，因为连种子都被征收了。由于工业尤其轻工业减产严重，苏维埃政府没有任何物资可以同农民交换，农民几乎是无偿交出了全部余粮，农民已经不能接受"战时共产主义"政策了，在一些地区出现了农民暴动。1921年2—3月，发生了喀琅施塔得事件，就是反对这个政策的情绪在士兵中的反映。严重的社会危机促使列宁和布尔什维克领导集体必须重新思考苏俄过渡到社会主义的途径。

（三）"新经济政策"标志着马克思主义俄国化的成功

"新经济政策"标志着马克思主义同苏俄具体实际相结合并取得了成功，是马克思主义俄国化的关键一步。

1. 根据农村现实确定正确道路

列宁对农村问题进行了深入细致的调查研究，充分了解和把握苏俄的国情，为"新经济政策"的制定创造了实践基础。

"战时共产主义"导致严重后果的原因在于没有考虑到苏俄的国情，脱离了社会实践基础。面对严峻的形势和危机，列宁表现出马克思主义者实事求是的精神，他亲自深入调查研究苏俄农村和农民的实际情况，一封一封仔细审阅农村基层干部和农民的来信，接见他们的代表，听取他们的意见。

在广泛调查研究的基础上，列宁开始突破以往对社会主义认知的条条框框的限制，根据苏俄农村的现实情况寻找一条通往社会主义社会的正确道路。

2. "新经济政策"与"战时共产主义"的区别

"战时共产主义"的核心内容是余粮收集制，"新经济政策"的核心内容是粮食税制，粮食税制的内容主要是农民向国家缴纳实物税，税额比粮食收集制征收的少；农民可以自己全权处理纳税后剩余的一切粮食、原料和饲料，可以交换工业品、手工业品和农产品以改善生活；农民可以与国家自由进行实物交换，等等。

1921 年 3 月，苏俄通过了"新经济政策"的一系列法令，主要包括：实行粮食税制；实行商品生产和货币交换，扩大商品流转和城乡经济交流；国家帮助私人小工业、小商品生产合作社恢复和发展；充分发挥国家资本主义的作用，对内发展合作制，对外实行租让制。

在"新经济政策"实施的过程中，农民自由进行实物交换的限制很快被突破，货币重新参与进来，商品交换变成了商品买卖，随着"新经济政策"的进一步发展，从 1921 年末商品交换转向了商品货币流通和商业自由。

"新经济政策"与"战时共产主义"具有极大的差异，按照列宁的说法，"新经济政策"是由"战时共产主义"的"向后退却"，表面看，"新经济政策"展现的生产关系不及"战时共产主义"展现的先进，正如列宁在"新经济政策"实施一年多以后，对"新经济政策"的内容做了一个全面的概括：无产阶级掌握了土地、大工业和大农场等国家经济命脉；通过粮食税制使农民获得了经营自由；允许部分中、小资本主义企业存在，同时发展国家资本主义以便把私人资本纳入国家管理之下。

实际上，这种"退却"才是领会到了马克思主义的精髓，是对马克思主义世界观和方法论的践行。在俄国小农经济和小商品经济基础上，建立社会主义制度必须要经历一个相对漫长的过程，需要借助商品经济和资本主义生产关系发展生产力，而不是超越生产力发展水平教条地套用马克思主义基本理论。

3. "新经济政策"的成功推动了马克思主义俄国化

苏俄在实施"新经济政策"后，经济逐步恢复和发展，农业播种面积和产量都大幅度增加，农民生活得到了很大的改善，社会主义的物质基础增强。"新经济政策"的成功是马克思主义俄国化的成果，结合"战时共产主义"失败的经验，这个时期列宁的思想得到了极大的发展。

首先，落后的俄国不能从小农经济直接过渡到社会主义，必须要经历中间的途径、方法和手段，才能使资本主义以前的各种关系过渡到社会主义，而"新经济政策"就是向社会主义过渡的一种办法。对此列宁说："农民明白，我们是为工人夺取政权的，我们的目标是通过这个政权建立社会主义制度。所以对我们最重要的是为社会主义经济做好经济准备，我们不能用直接的方法来进行这种准备工作，我们不得不用迂回的方法来做到这一点。"① 所以，经济过于落后的苏俄要过渡到社会主义必须保留和利用商品生产和商品交换，发展商品经济。

其次，以当时生产力水平低下的苏俄过渡到以工业化大生产为基础的社会主义社会除了在农村实行贸易自由，在城镇也可以允许中、小私人资本主义企业存在，对城市资本主义的发展不要害怕，要很好地加以利用，实行严格的监督与管理。借助资本主义的生产关系发展生产力是列宁对如何过渡到社会主义社会的重要见解，他甚至还特别强调要利用好外国资本和同西方国家建立贸易关系，认为在苏俄这样一个破产农民占人口绝大多数，经济遭受空前破坏的国家里，如果没有资本的帮助是无法保持无产阶级政权的。

最后，列宁提出了通过"国家资本主义"中间环节过渡到社会主义社会。国家资本主义出现在无产阶级专政的国家里，得到国家的认可并接受国家的监督，受到苏维埃国家的限制，有利于工人阶级，是能够把私人资本主义逐步改造为社会主义的一种形式。苏俄可以通过"租让制"的国家资本主义形式，利用外国资本发展生产力，可以在较短时间里获得更多产品。

"合作社"是国家资本主义的另一种形式，它的基础是手工的，部分甚至是宗法制的小生产，通过"合作社"组织，使苏俄现有的小生产向社会主义的大生产过渡。

此外，列宁结合苏俄的国情特别强调迅速恢复搞活俄国经济，活跃工业和农业的流转是当务之急，即使用私人资本主义的办法也是可以的。

列宁思想的转变使他真正掌握了马克思主义俄国化的本领，苏俄向社会主义社会的顺利过渡，以及如何巩固和发展社会主义就是马克思主义俄国化深入展开的过程。正是由于"新经济政策"的成功，使列宁重新认识合作社问题，坚定了通过合作社使苏俄走向社会主义的信心。在无产阶级掌握政权的俄国，合作社是一种集体性质的企业，具有引导小生产者向社会主义新制度过渡的重大意义。这是列宁根据俄国国情做出的正确选择，列宁强调，发展合作社组织，引导广大城乡小生产走合作化道路也需要做大量的"文化"

---

① 列宁. 列宁全集：第 43 卷 [M]. 北京：人民出版社，1990：283.

组织工作，想要在短期内实现合作化是不现实的，需要一个历史时期。

综上所述，列宁通过制定和实施"新经济政策"，不仅找到了苏俄过渡到社会主义社会的途径和方法，还依据俄国国情对这个过程的长期性进行了预判，说明经过"新经济政策"的实践，列宁对如何建设社会主义问题的看法更加切合实际了。在列宁的有生之年，开启并推动了马克思主义俄国化的进程，奠定了苏联成为社会主义强国的基础。

三、"新经济政策"发展了马克思主义

"新经济政策"在马克思主义俄国化的进程中发展了马克思主义，对马克思主义中国化产生了深远影响。

（一）"新经济政策"的实践创新发展了马克思主义

"新经济政策"的成功是马克思主义基本原理同苏俄具体实际相结合的光辉典范。

首先，突破了马克思主义关于进入社会主义社会的传统认知，既社会主义是建立在生产力高度发达的基础上，回答了苏俄这样经济落后并且没有经历完整的资本主义发展阶段的国家能不能过渡到社会主义，通过什么样的途径和方法过渡到社会主义的问题。列宁通过"新经济政策"的实践，找到了经济文化落后国家进入社会主义社会和建设社会主义的途径和方法，由此对马克思主义进行了一系列理论创新，如前所述，这些理论创新包括：利用资本主义发展社会主义，提出国家资本主义是过渡到社会主义社会的必经阶段，租让制和合作制是两种不同形式的国家资本主义，通过租让制使资本主义大生产过渡到社会主义大生产，通过合作制使小生产过渡到社会主义大生产；利用商品货币关系，通过发展商品经济发展社会主义经济；解决工人和农民的关系问题以巩固工农联盟为基础的无产阶级政权；社会主义经济的运行模式以及宏观经济管理，等等。这些理论创新极大丰富和发展了马克思主义。

其次，"新经济政策"的成功，使马克思主义实践性的理论品格凸显出来。"新经济政策"是苏俄过渡到社会主义的"过渡阶梯和中间环节"，它的实施有助于发展社会生产力，实现经济增长，从而为社会主义制度在苏俄落地生根奠定物质基础。马克思主义来源于社会实践并且要指导社会实践，实践性是马克思主义的理论品格，苏俄作为人类历史上第一个社会主义国家，

补上了马克思主义到实践中去的重要环节。"新经济政策"的成功是马克思主义指导社会实践的胜利，证明了马克思主义所揭示的人类社会发展一般规律的正确性，同时也印证了恩格斯所说的马克思主义为人类提供的是方法而非教义。

（二）"新经济政策"的成功为马克思主义中国化提供了宝贵经验

中国和俄国都属于经济文化落后的国家，苏俄的成功经验对中国影响巨大，毛泽东领导的中国共产党从建立之初就认识到马克思主义中国化的重要性，充分了解中国国情，把中国的具体实际同马克思主义基本原理结合起来，使中国共产党在斗争中不断发展壮大，并且把民众团结起来拧成一股绳，战胜了异常强大的敌人，实现了民族的解放和国家的独立。

"新经济政策"对中国最直接的影响就是新中国成立后如何过渡到社会主义社会，因为有苏俄宝贵的经验可以借鉴，新中国在非常短的时间里顺利完成了从新民主主义社会到社会主义社会的过渡，少走了弯路，以极小的代价实现了预期目标。比如，对资本主义工商业的社会主义改造采取了从低级到高级的国家资本主义的过渡形式，使资本家主动配合社会主义改造，不仅没有对生产力的发展造成破坏，还促进了生产力的发展。国家资本主义就是列宁在"新经济政策"实施过程中总结出来的过渡到社会主义社会的中间环节。

列宁围绕"新经济政策"展开的一系列理论创新，还为中国的改革开放提供了很多思路，比如，发展商品经济、利用资本主义发展生产力，包括鼓励引导支持非公有制经济的发展，引进外资兴办企业，等等。

苏俄"新经济政策"是马克思主义理论创新的重要源头，也是马克思主义与本国具体实际相结合的成功典范，其深远意义还有待于进一步挖掘，以指导中国社会主义建设取得最终的胜利。

"提升国家文化软实力和中华文化影响力"论述的科学内涵

李厚羿

摘　要：文化建设一直是中国共产党领导中华民族实现伟大复兴进程中的重要组成部分，也是国家治理中的核心内容之一。党的二十大报告延续、创新和发展了习近平新时代中国特色社会主义思想，在第八部分"推进文化自信自强、铸就社会主义文化新辉煌"中明确提出"不断提升国家文化软实力和中华文化影响力"的要求。这是未来国家文化发展的基本遵循，也是将文化作为国家实力提升和战略部署措施的具体体现之一。

关键词：文化软实力；中华文化影响力；文化建设；二十大报告；经济政治发展

"软实力"概念源自美国哈佛大学教授约瑟夫·奈，他认为，"软实力"是一个国家依靠其在政治价值观、文化和外交上的吸引力来影响他国偏好的能力。中国先贤在数千年前就阐发了"软实力"的核心思想。比如，孔子的"修文德以来之"，孟子的"仁者无敌"思想，等等。国家综合实力通常是指一个国家所具有的能够有效维护和保障自身权利和权益的各种力量的总和，体现了一个国家生存与发展的基础，通常包括经济总量、军事力量等硬实力，同时还应包括基于文化而产生的凝聚力、生命力、吸引力和影响力。在治国理政水平日益发展进步的今天，各个国家都在硬实力的基础上不断挖掘软实力的作用与价值。

进入新时代，以习近平同志为核心的党中央将提高文化软实力作为文化强国战略的关键内容，认为文化软实力关系两个一百年奋斗目标和中华民族伟大复兴中国梦的实现，这种新的认识进一步开拓了中国共产党把握文化建设规律的新视野。习近平多次论及提高国家文化软实力的意义。2013 年 12 月 30 日，党的十八届中央政治局第十二次集体学习中，习近平专门以"建设社

　　基金项目：2022 年北京市社科基金"数字技术变革中的马克思主义精神生产理论创新研究"（22ZXC009）的阶段性成果。

　　作者简介：首都经济贸易大学马克思主义学院副教授。

会主义文化强国提高国家文化软实力"为主题发表了重要讲话，充分显示了新一届党中央对于文化软实力建设的重视，越来越认识到文化在国内及国际扮演的重要角色。会上，相关的文化研究专家就文化软实力提升、文化强国建设做了讲解和汇报。习近平在主持学习时就提升文化软实力重要性以及如何提升的问题谈了自己的看法，"提高国家文化软实力，不仅关系到我国在世界文化格局中的定位，而且关系到我国国际地位和国际影响力，关系到'两个一百年'奋斗目标和中华民族伟大复兴的中国梦的实现"①。2014年3月，习近平参加十二届全国人大二次会议贵州代表团审议政府工作报告时说："体现一个国家综合实力最核心的、最高层的，还是文化软实力，这事关一个民族精气神的凝聚。我们要坚持道路自信、理论自信、制度自信，最根本的还有一个文化自信。"②

党的二十大为新时代中国的发展做出了安排部署，为中国的未来发展指明了新的发展方向，此次会议将文化软实力提升纳入"推进文化自信自强，铸就社会主义文化新辉煌"阶段，在这个阶段，文化软实力建设要上升到一个新水平，即"坚守中华文化立场，提炼展示中华文明的精神标识和文化精髓""巩固全党全国各族人民团结奋斗的共同思想基础""增强实现中华民族伟大复兴的精神力量"的层面。这表明了文化软实力已经成为考察国家发展实力的重要方面，逐渐引起了党和国家的高度关注和重视，并且已经被纳入国家发展战略的体系之中。可以说，党的二十大报告是对新时代中国特色社会主义发展道路10年来的总结，同时也是对未来一段时期国家文化发展的展望，是我们在文化建设中的基本遵循。

一、文化软实力与国家的内在凝聚力和生命力

一个国家或民族在世界上的影响力既取决于它的硬实力，更取决于它的软实力。与"硬实力"相比，文化"软实力"应该是一种完全意义上的柔性力量，以文化资源为基础，吸引受众主动接受和主动分享，体现自身的影响力和吸引力。历史经验表明，一个国家的繁荣昌盛不仅要靠硬实力支撑，更要注重发展软实力，只有硬实力和软实力相得益彰，相互促进，才能使该国

① 习近平. 习近平谈治国理政 [M]. 北京：外文出版社，2014：160.
② 贵州代表团认真学习习近平总书记参加贵州代表团审议时的重要讲话精神 [N]. 贵州日报，2014-03-08.

的综合实力获得显著的提高。目前，中国 GDP 总量已经上升到全球第二位，但文化影响力与经济地位之间仍存在一定差距，文化对经济发展的支撑作用需要进一步加强。文化之所以是软实力，就在于它自身起作用的方式与经济、政治不同，是作用于人心的、持久的、恒长的、渗透性的因素，这是文化软实力的本质特征。随着中国的不断崛起，国际社会难免会有人不愿意看到中国强大，各种责难之声不绝于耳，加之受西方文化中心主义观念以及意识形态的影响，某些国外媒介传播的关于中国文化信息不仅停留于一鳞半爪，而且往往带有严重偏见。这导致国外受众不能充分认识和理解中国。在这种复杂的形势下，习近平强调提高国家文化软实力，是一项"形于中"而"发于外"的重大战略任务，我们既要深化文化体制改革，推动文化事业和文化产业发展，更好构筑中国精神、中国价值、中国力量，夯实国家文化软实力的根基，也要不忘本来、吸收外来、面向未来，着眼扩大中华文化影响，推进国际传播能力建设，讲好中国故事，向世界展现真实、立体、全面的中国。在这里，"形于中"指的是构成内在强大的文化力量，"发于外"指的是对外发挥重要的文化影响力。

习近平在《文化是灵魂》一文中指出："文化的力量，或者我们称之为构成综合竞争力的文化软实力，总是润物细无声地融入经济力量，政治力量，社会力量之中，成为经济发展的助推器，政治文明的导航灯，社会和谐的粘合剂。"① 文化能够渗透经济政治的发展中，形成重要的辅助力量，例如，在经济发展过程中，产业结构转型很大程度上是给传统产业增加了文化要素，同时文化产业的发展也是经济发展的重要增长点，政治发展同样也离不开文化因素的注入，这主要体现在政治价值的塑造、培育和传播等方面，从而使得文化能够助力政治发展。文化还具有强大的社会整合能力，聚人心、凝共识、合意志，文化发展能够作用于人心，形成良好的社会心态，从而能够使社会有效运转。文化也成为当代国家治理中的重要组成部分。改革开放以来，我们一直注重以经济建设为中心，2010 年经济总量已经居于世界第二，取得了巨大的成就。然而，今后经济增长要继续保持高速，就要进行"文化转型"，即更加注重经济的文化属性、服务属性和品牌属性，不仅要赚产品的钱，而且还要赚各种附加值的钱。总之，面对新时代，我们要努力为提高中国文化软实力进行战略布局，力争尽快构建与我国经济社会发展水平相适应，与我国深厚的文化底蕴和丰富的文化资源相适应的文化软实力。

---

① 习近平. 之江新语 [M]. 杭州：浙江人民出版社，2013：149.

"形于中"，是提升中国发展的内在凝聚力和生命力，主要包括深化文化体制改革和弘扬中国精神两个方面。对于文化体制改革而言，主要是为人民提供丰富的精神食粮，推动文化繁荣发展，动力在改革，出路在改革。要把握深化文化体制改革，为人民提供丰富的精神食粮，推动文化体制机制创新，完善文化管理体制，形成有利于创新创造的文化发展环境，调动全社会参与文化发展改革的积极性、主动性、创造性。新时代文化体制改革是中国从文化大国向文化强国迈进的重要途径，是中国实现国家文化治理能力现代化的关键一环。党的十八大以来，以40年改革开放的实践为基础，在"摸着石头过河"的探索中，全面深化改革的思想逐渐孕育形成，从国家建设层面对文化体制改革进行顶层设计的规划。伴随着我国主要矛盾的转化，国际局势的瞬息万变，伴随着新的机遇与挑战，中国特色社会主义文化体制改革进入发展的新时代。文化的短板影响着人民的幸福指数，社会的健康发展，党领导的凝聚力，国家的国际影响力。主要矛盾的转化决定着事物的发展方向，同样决定着文化体制改革发展的新方向，要求进行新时代文化体制改革的顶层设计。

2013年，中共中央成立全面深化改革领导小组，成立了包括文化体制改革小组在内的6个专项小组，从而开启了文化深改的具体工作。2014年，深改小组通过了《深化文化体制改革实施方案》，标志着文化体制改革进入全面实施阶段。《方案》中提出了"紧紧围绕建设社会主义核心价值体系及文化强国战略""激发全民族文化创造活力""巩固马克思主义的指导地位、巩固我们的共同思想基础""促进文化事业全面繁荣、文化产业快速发展、优秀传统文化的传承与弘扬""坚持文化发展必须以社会效益第一、社会效益与经济效益相结合等。文化体制改革的最终目的，促进中国特色社会主义文化制度成熟定型，为创造精品、培育人才营造良好的环境，不断满足人民追求美好生活精神文化需求"等，十分清晰具体的文化战略目标和战略要求。

新时代以来，文化建设已经被纳入治国理政的方略之中，是五位一体的重要部分，提升到与经济政治相互促进的"硬实力"和"软实力"相辅相成的战略地位。以各个国家的文化发展为例，美国的经济强大背后有着强大的文化体系，文化体系背后又有着强大的文化输出系统，伴随着美国的霸权体系，向全世界输出文化价值观，不仅在经济上实现统领，站在产业链的顶端，赚全世界的钱，同时还将文化价值观传播到全世界，让全世界的民众在经济上受制于美国，在政治文化观念等方面也逐步信服和认同美国。这是一种非常强大的综合势力，文化的强大保证美国位居在世界顶端。英国作为老牌资本主义国家，虽然世界地位和影响力已经不复当年，但是，近年来英国大力发展文化创意产业，制定国际化的文化、时尚标准，使得英国文化价值、时尚价值都具有全世界的影响，助力英国经济的复苏。日本经济在 30 多年前就是世界第二，但是多年来经济长期停滞，已经被中国超过。然而，日本为全世界贡献了最多的文化价值，可以说全世界都受日本文化的影响，文化产业成为日本经济的重要支柱产业，在未来，日本的文化产业是实现经济复苏的重要引爆点和兴奋点。韩国的流行文化输出能力在世界上也首屈一指，韩国文化产业成为重要的经济增长点。韩国元素也开始具有越来越大的国际影响力，为韩国成为具有世界影响力的世界大国做出了重要的贡献。中国具有悠久的历史和丰富的文化资源，随着中国经济的发展，文化资源的开发，文化产业的发展，将会是新一轮经济增长的重要爆点，同时也是中国国家发展、走向世界、增强国际影响力的重要途径。

二、文化软实力与国家的外在吸引力与影响力

文化体制是文化软实力发展的基础。新时代中国特色社会主义的文化体制改革体现出一些新思路：第一，协调好文化的意识形态属性与商品属性的关系。社会主义的文化发展不是直接追求经济效益的商业活动，而是旨在最终满足人民的精神文化需要，为国家发展提供强大精神力量。党中央明确提出加快构建把社会效益放在首位、社会效益和经济效益相统一的体制机制，形成有利于创新创造的文化发展环境的改革目标，在尊重市场经济规律的前提下，寻找社会效益与经济效益的最佳结合点，并利用市场机制不断实现文化系统的再生产、消费和传播。第二，协调好文化事业和文化产业的关系。事业和产业辩证统一，前者由政府主导、财政支持，主要目标是保障人民基本文化权益；后者则由市场主导、企业自营，主要目标是满足人民群众多样性的精神文化需求，两者要互为促进，共同发展。第三，协调文化传承与文化创新的关系。文化传承是继承中华优秀传统文化，延续中国优秀文化精神，而文化创新则需要扬弃传统文化中不适宜现代社会发展趋势的成分，并紧跟时代进行创造性转化，做到不忘本来、吸收外来、开辟未来，对国外优秀文化成果兼收并蓄，从而创造出更加具有包容性、创新性、价值性的中国特色社会主义文化，同时创新也包括创新生产经营机制，完善文化经济政策，运

用云计算、人工智能、物联网等科技成果，培育新型文化业态等前沿内容。

要加大中国的文化输出能力，展示好中国形象，说好中国故事。美国和日本是世界上具有强大文化输出能力的国家，展现了非常丰富的国家价值观念，对于构建大国实力是十分有力的。没有文化价值的输出，没有全世界的价值认同和认可，是不可能成为大国和强国的。当前中国已经成为世界工厂，农业和工业产能已经位居世界前列，今后的工作可以转向文化领域的发展方面。要发展文化，推动文化的世界影响力，首先要构建繁荣的文化市场，让市场有效配置资源，加大资本对文化领域的投入，形成完整立体的文化产业链，文化的发展繁荣是以无数家文化企业的发展壮大为基础和前提的，当前我国的文化企业力量较小，走出国门的能力不强，腾讯、爱奇艺、哔哩哔哩这些网络公司是未来的希望企业，也是文化创造的重要平台，国家要大力扶持这类企业"造船出海"，提升国家影响力，拓宽国际市场。在对外进行文宣时，我们要按照中央的整体基调，既要弘扬中国精神，也要注意弱化意识形态分歧，习近平特别强调了"全人类共同价值"，这是不论国家、民族、制度的差异，全人类共同拥有、共同认同的价值观念，值得积极推动和倡导。在党中央的领导下，国家的文化发展有着更加清晰的目标和方向，通过文化发展加强国家的外在吸引力和影响力，就是要发展一大批优秀的文化企业，创作一大批优质的文化作品，获得一大批国外受众的欢迎，形成持续稳定性的文化影响力。最值得重点投入的是影视产业，这种文化产品能够很好地发挥重要作用，影响人心。事实证明，文化强大了才是真正的国家强大，韩国电影《寄生虫》获得奥斯卡奖，证明了韩国政府推动文化发展的努力和决心，香港电影《无间道》被美国购买版权，翻拍成美式电影也获得了奥斯卡奖，证明了好的题材确实能够获得全世界范围内的认可。我们应推出更多的具有全人类共同价值的影视作品走向世界，融入国际主流社会中。

弘扬中国精神是文化发展的核心主题，中国精神不仅体现在工业、农业之中，也体现在各行各业劳动者的劳动之中，要通过文化载体提炼和传播出来。文化发展除了文化产业的发展之外，还要有强大的公共文化服务体系。对于中国精神的弘扬而言，既要通过市场的力量，更要通过党和政府的力量，通过公共文化服务体系体现出来。例如，党和政府主导修建的各类展览馆、文史馆、方志观、博物馆，各类主题纪念馆和缅怀馆，都是需要财政投入的大项目，前期的基础设施建设需要很多钱，但是一旦形成了固定的场所体系，就能产生非常好的效果。近年来，国家推动的爱国主义教育基地，历史教育基地，社会主义核心价值基地，以及红色教育基地，等等，都是体现中国精神的最好的载体，当前随着数字化技术的发展，这些基地能够实现更新升级，用数字化、多媒体的形式实现中国精神的传播。

习近平强调只有大力弘扬伟大创造精神、伟大奋斗精神、伟大团结精神、伟大梦想精神，才能让凝心聚力的兴国之魂、强国之魂融入现代化建设的全过程，才能更加朝气蓬勃地迈向未来、谱写伟大复兴的精彩乐章，才能为中国发展和人类文明提供强大的精神动力，才能让中华民族更加自信、更加昂扬地屹立于世界民族之林。中华民族是一个勤劳、勇敢、智慧的民族，是一个有理想、有抱负、有作为的民族，也是一个十分注重精神世界的修炼和砥砺的民族。这些精神的弘扬和传播很大程度上都要依赖于党对媒体的绝对领导。习近平多次强调党媒必须姓党，必须绝对忠诚，我们党要坚守住文化信息生产、发行、传播的主阵地，占领舆论的新高地，占领新媒体的开阔地，真正实现党和人民的血肉联系，实现将文化权利真正落实到人民的手中。

伟大的实践孕育了伟大的精神，中华民族在几千年的历史长河中繁衍生息、自强不已、辛勤劳作、发明创造，始终革故鼎新、开拓进取，始终团结一心、同舟共济，始终心怀梦想、不懈追求，在中华大地上创造了辉煌的文明成就。中国精神的塑造与弘扬是文化软实力建设的核心，也是国家文化发展战略的基本所在，伟大的创造精神是不断除旧立新、克服弊疾的精神，伟大的奋斗精神是攻坚克难、顽强拼搏的精神，伟大的团结精神是众志成城、万众一心的精神，伟大的梦想精神是敢于立志、心怀高远的精神。精神是抽象的，但是要通过具体的方式体现出来，各类的文艺形式要积极展现中华民族的伟大精神，要通过各种各样的方式和途径体现出中国精神。中国精神是重要且关键的思想纽带和情感维系，只有在文化建设的各个方面充分体现这种精神，才能为中国发展和人类文明进步提供强大精神动力。

三、从文化软实力到中华文化影响力

文化软实力的"形于外"主题，主要体现在传播中国价值、凝聚中国力量、努力提高国际话语权等方面。中国具有丰富的文化资源，独特的文化价值和魅力，但我们在"文化走出去"方面仍存在诸多困难，例如，我国的文化产业水平还达不到价值输出的地步，整个对外文化贸易占比还比较低，同时，我国的现代传播体系建设也相对滞后，虽然一些重点媒体已经具备了打造国际一流媒体的良好基础和条件，但与国际大型传媒集团相比，我国重点媒体在制播能力、传播能力、新媒体发展能力等方面还有明显的差距，国际舆论影响力、国际事务话语权还相对较弱。此外，国家对现代传播技巧的掌握还有待进一步加强。利用现代传播技巧，就是要通过深入研究国外受众心理特点和接受习惯，运用国外受众听得懂、易接受的方式和语言，增强信息内容的吸引力和影响力。在做好当前文化建设工作时，一定要有紧迫感和危机感。文化领域的斗争一直存在，弘扬全人类共同价值是文化走出去的智慧方案，但是我们一定不能松懈对意识形态斗争的警惕，要发展更多的国际友军，要旗帜鲜明地与在文化领域中搞破坏、搞颠覆、搞颜色革命的势力做坚决的斗争。

当前中西方价值观念存在着非常大的分歧，中国一贯主张的是搁置分歧，共同发展。以美国为首的西方国家在很多方面通过文化和意识形态的途径攻击中国，试图遏制中国的发展与崛起，不断将中国置于国际孤立的地位，以达到限制打压的政治目的。在意识形态外攻的斗争中，中国一直努力打造的是"走自己的道路，提供自己的方案"，"各美其美、美美与共"的模式，一方面，积极塑造中国形象，体现中国作用，展现中国价值；另一方面，积极承担国际责任，重情重义，努力倡导"人类命运共同体"的世界治理理念。在日益复杂的国际形势中，中国价值的塑造与传播，对于中国屹立于世界民族之林，让世界更加认识、了解和尊重中国有着极其重要的作用，也是文化软实力建设的紧迫任务。中国价值是重要的精神力量，既不是来自国家政治机器的强制推动，也不是法治系统的硬性规定，而来自精神和灵魂深处的循循善诱，这种虚实相间、习焉不察的精神力量正是承载着精神追求和价值准则的文化软实力的重要表现。中国价值是政治信念、价值认同和情感归属的有机统一，是民族和国家共同的思想基础，对内能够让民众凝心聚力、众志成城，对外则最大范围地寻求国际认同和支持。值得注意的是，在传播中国价值的过程中，应该保持高度的自信，要有底气和骨气。科学社会主义经由马克思创立以来，就是一种旨在寻求现代化发展以及扬弃资本主义弊疾的科学理论，中国特色社会主义是被实践证明了的正确理论，是马克思主义和中国具体实际相结合的社会发展真理，不论是在法理上还是学理上都要优于资本主义，是关乎未来理想的社会发展理念，虽然当前国际处于社会主义运动的低潮，但是这种理念彰显着真理的光辉。

凝聚中国力量，就是用文化纽带聚集全国各族人民大团结，以及与港澳同胞、台湾同胞、海外侨胞大团结的力量。中国人民敢闯敢试、敢为人先，积极性、主动性、创造性空前高涨，充分显示了14亿人民作为国家主人和真正英雄推动历史前进的强大力量。为了提升国家文化软实力，展示负责任的大国形象，要用中国语言、中国文化和中国智慧打造具有中国特色的国际问题解决方案，通过提出具有丰富中国文化内涵的"中国方案"，展现五千年中华文明智慧成果，切实解决国际争端和国际问题，吸引国际目光，引起国际关注，提升国际社会对于中国方案的认可，提升对于中国方案背后蕴藏的中国文化、中国智慧的认同，展示我国的文化软实力。随着我国经济高速发展、综合国力不断增强，国家对文化的联系纽带作用和思想引领作用的需求越强，国家就越需要凝心聚力，民心统一。当前，从全球格局上看，中华民族在实现伟大复兴的征程上还面临着很多现实的问题，香港问题、台湾问题、宗教问题就涉及这些方面，我们不可否认在国家认同、政治认同和民族认同等方面仍然有很多工作要做，所以文化建设作为五大建设之一，就必须承担起重要的凝心聚力的功能和使命。

在方法层面，习近平特别指出："提高国家文化软实力，要努力提高国际话语权，加强国际传播能力建设，精心构建对外话语体系，发挥好新兴媒体的作用，增强对外话语的创造力、感召力、公信力，讲好中国故事，传播好中国声音，阐释好中国特色。"[①] 面对当前复杂的国际国内形势，文化软实力提升要积极利用新媒体，占领网络舆论高地。我们知道，当前海外包括中国台湾地区有很多恶意中伤中国、抹黑中国的反动势力存在，要提升中华文化影响力就要善于和敢于与这些反动势力做斗争，在海外传播真实的中国，并且驳斥错误言论和思潮。在利用新媒体方面，自媒体是最重要的阵地，思想政治工作要覆盖到这个领域，话语传播要利用这种技术。要从长视频向短视频，从专业媒体向自媒体，从读文向读图转变。要积极地在海外媒体上展现中国形象，说好中国故事，例如，李子柒的视频在 YouTube 网站上获得了海外关注，她的视频没有意识形态的特意铺陈，而是展现中国美丽的自然风光和恬静的乡村生活，通过李子柒展示的勤劳的干农活的形象，体现了中国传统观念中的勤劳、善良、孝顺等美德，取得了极好的效果。在与反动势力做斗争方面，要清醒地认识到，敌对势力一直存在，他们有极强的舆论能力和煽动水平，造谣生事、颠倒是非是他们的惯常伎俩。作为职业的意识形态工作者，要明白敌对势力的常用宣发手法，要懂得社会心理学和新闻传播学原

---

① 习近平．习近平谈治国理政［M］．北京：外文出版社，2014：162．

理，懂得用各种技巧驳斥这些错误言论，维护中国的海外形象。同时，我们要积极主动地让国际社会更多地了解我们，让正确的声音先入为主，使负面舆论和奇谈怪论无立足之地。只有通过不断推进我国的国际传播能力建设，才能正确地回答国际社会关于"中国为什么能""中国共产党为什么能"的问题，才能有力地驳斥"中国威胁论""中国崩溃论"等错误论调，才能真正增强我国文化产生的凝聚力、生命力、吸引力和影响力，进而提高我国的国际地位和国际影响力。从这个意义上说，提高文化软实力与提高我国的国际地位和国际影响力密切相关。

《共产党宣言》对新时代青年党员的启示

崔晓玲

摘　要：站在新的历史方位上，党和国家为新时代青年党员的成长成才构筑了更为广阔的平台，《共产党宣言》仍是鼓舞和激励青年党员奋发向上的精神食粮，特别是教育引导青年党员要加强理论学习、深入社会实践及发扬《共产党宣言》中蕴含的主要精神。这对于在新时期培养合格的青年党员，为中国特色社会主义现代化建设事业培养合格接班人具有非常重要的理论和实践价值。

关键词：共产党宣言；新时代；青年党员；启示

一、《共产党宣言》的主要精神和现实价值

《共产党宣言》（以下简称"《宣言》"）是马克思主义的一部重要文献，它的问世标志着科学社会主义的诞生。批判精神、革命精神、自由精神是《宣言》中蕴含的主要精神，对于新时代青年党员的成长成才具有重要的现实价值。

（一）批判精神

《宣言》被学术界广泛推崇为隐含充分批判精神的代表性文献，其中对于马克思、恩格斯所倡导的批判精神进行了深刻描述，准确把握了批判精神的深切科学内涵。即马克思、恩格斯对于与无产阶级和人类解放的社会存在因素始终保持系统分析和理性反思的态度，并且将其应用于辩证思考与实践改革所需的意志、品格、追求。需要指出的是，由于马克思、恩格斯生活的时期正处于欧洲社会拨乱诡谲的大变革时代，决定了他们所倡导的批判精神蕴含着非常强烈的批判性特征。可以说他们的思想每一次发生改变都与批判息

基金项目：2022年北京市社科基金"数字技术变革中的马克思主义精神生产理论创新研究"（22ZXC009）的阶段性成果。

作者简介：首都经济贸易大学马克思主义学院副教授。

息相关，换言之，马克思主义的形成过程就是一部不断展开批判、不断传播批判精神的历史。

马克思主义理论从发展初期就明确提出要以批判精神对待过往理论和残酷的社会现实，这也是其能够称之为科学理论的主要原因。马克思、恩格斯在《宣言》中对于资产阶级专制制度的丑陋特点进行了直接批判，进一步指出了资产阶级专制制度唯利是图的丑恶嘴脸①。通过对资产阶级丑恶嘴脸的揭露与批判，在揭示无产阶级受到资产阶级压迫剥削的本质原因的基础上，进一步为无产阶级及其政党开展一系列改革与斗争提供了重要的指导。马克思、恩格斯还对当时社会盛行的攻击共产党人的各种观点，以及当时流行的各种社会主义派别进行了批判，彰显了共产党的批判精神。对于新时代青年党员来说，这种批判精神极具启发价值，如何运用马克思的批判理论进行理论反思和批判，如何突出马克思主义理论的批判维度，是一个值得我们思考的问题。

（二）革命精神

《宣言》是一部蕴含着丰富的无产阶级政党自我净化、自我完善、自我革新、自我提高的思想源泉的代表性著作，充满了革命的精神。马克思、恩格斯在《宣言》中对共产党的基本性质、立场以及活动纲领进行了明确阐述，指出共产党就是代表无产阶级的利益，探求人类解放的道路，强调："过往的所有社会运动都是基于少数人利益所开展的，而无产阶级运动则是为绝大部分公民谋求自身利益而开展的独立社会运动。"② 上述运动的终极目标是为了实现一个人人平等自由、不再存在阶级压迫的共产主义社会。因此，作为领导力量的无产阶级需要坚定不移地贯彻革命精神，坚持以社会革命推翻腐朽的旧社会，真正实现社会制度的颠覆与改变，进一步为社会主义制度下社会生产力的发展提供强有力的制度保障，不断通过改革的方法协调完善各方面的关系和制度，以此作为所有公民自身全面发展与和谐共处的基本条件。

当前，我国正处于一个大有可为的历史机遇期，我们党要勇于进行自我革命，敢于斗争，发扬彻底的革命精神。以马克思主义理论为指导是中国共产党领导的中国革命实践能够取得成功的重要思想保障，也是在社会主义建设时期能够取得令全球惊叹伟大成就的重要思想保障。所以，革命精神对于

---

① 马克思，恩格斯．马克思恩格斯选集：第1卷［M］．北京：人民出版社，2012.

② 马克思，恩格斯．马克思恩格斯文集：第2卷［M］．北京：人民出版社，2009：42.

新时代青年党员具有极其重要的教育价值。

(三) 自由精神

《宣言》作为一部充满自由精神的代表性文献，将人类理想的社会状态概括为共产主义社会——"代替阶级与阶级之间矛盾广泛存在的旧社会的，将是一个人人得以自由发展的联合体"①。这是马克思关于未来联合体思想的本质特征，同时也是马克思关于未来社会主义的根本旨趣。

马克思、恩格斯对自由发展进行了更为准确的界定，即将其视为人类解放事业的基本价值以及相应学说的核心价值目标②。人类社会发展的一个重要方向就是追求自由，但是纵观过往人类社会变革的历史进程，不难发现，自由往往只是少部分人的。例如，资本主义社会的自由通常只是资本家的自由，大多数工人很难拥有自由，甚至连最基本的自由权利都难以获得社会制度的支持和保护。在《宣言》中，马克思、恩格斯对于上述资产阶级的丑陋嘴脸进行了揭露和批判，同时对共产主义社会自由的真实性进行了大胆畅想，马克思、恩格斯也是以此为基础提出了他们对于社会自由的呼吁和展望，鼓励全世界无产阶级的同志联合起来推翻那个"吃人"的剥削社会③。一步一步进入人人生而自由平等的共产主义。

《宣言》对于以往社会形态的多元化表现形式，尤其是资本主义社会形态的不自由属性进行了全方位的揭露，进一步对未来共产主义自由社会的各种形式和理想状态进行了展望，同时还给出了明确的实践指导。换言之，马克思主义就是一种追求社会自由的理论，同时也是能够实现社会完全自由的政治纲领和实践指导思想④。综上，始终坚定不移的以马克思主义为实践的指导思想，既是历史和现实融合所产生的必然结果，也是中国特色社会主义建设事业的根本遵循。

二、青年党员的特点以及初心使命的培养

新时代青年党员出生于和平年代，在他们成长的过程中，亲身感受了中

---

① 马克思，恩格斯．马克思恩格斯选集：第 1 卷 [M]．北京：人民出版社，2012.
② 杨振闻．《共产党宣言》中的价值哲学 [J]．求索，2018 (3)：36-44.
③ 马克思，恩格斯．马克思恩格斯选集：第 1 卷 [M]．北京：人民出版社，2012.
④ 唐世纲．《共产党宣言》的基本精神及其对高校大学生主流意识形态认同教育的启示 [J]．玉林师范学院学报，2022，43 (1)：131-135.

国所发生的深刻变化。青年党员在党的队伍中是一支有朝气的、有爱国主义情怀和民族自豪感的，能够主动担责的特殊群体，是未来党的事业的中坚力量。但在思想认识、理论修养等党性修养方面，仍然与我党所从事的社会主义建设需求存在一定差距，政治和社会问题的认知依旧缺乏定力，极易受到西方敌对势力的唆使，造成对社会生活的破坏。

党从成立之日起，就把青年看作是未来和希望，特别是新时代以来，习近平站在党的事业后继有人、薪火相传的战略高度，格外关心关注青年的成长发展，青年发展的政策条件、项目载体和要素环境不断完善，青年发展水平处在历史上最好时期。

2012 年 11 月，习近平第一次提出"精神之钙"这个词，也就是将共产党人精神层面的理想与信念具象化为共产党人精神的"钙"。正是因为有了矢志不渝为共产主义事业而奋斗终生的理想信念，我们的党才会在 102 年的历程中取得了无数的辉煌成就，带领着全国各族人民走上了复兴之路。理想信念更是我们新时代青年党员精神上的"钙"，要树立坚定的理想信念，将个人梦与国家梦结合起来，结合自身情况，确立自己的人生目标并为之不懈奋斗。

党的二十大报告提出的"青年强，则国家强"的内涵是："当代中国青年群体正处于社会主义建设事业的黄金时期，拥有无比宽广的发展舞台和无比光明的发展前景"，对广大青年提出了"立志做有理想、敢担当、能吃苦、肯奋斗的新时代好青年"的重要要求。这反映出中国共产党对于青年群体的关注与热切期盼，同时也为青年群体的发展提供了重要的方向指引。新时期中国青年与中国特色社会主义发展新时代同向前进，前途光明，党的二十大擘画的宏图盛景，既属于国家和民族，也属于当今青年一代，是青年成长进步，建功立业的大好际遇，更是青年传承历史，开拓未来的神圣责任。现阶段国内正进入社会主义建设的新时期和新时代，面对新形势、新环境、新任务，作为年轻一代的青年共产党员势必需要在思想上做好一切准备，坚持吃苦耐劳的传统精神，时刻为响应祖国号召而做好准备，以雏鹰初飞的果断，乳虎啸谷的豪气，迎难而上，奉献自我，书写青春。

三、《宣言》对青年党员初心使命培养的启示

（一）加强理论学习

随着社会的发展，时代的进步，《宣言》在我国的社会主义建设中仍占有

不可替代的地位，《宣言》里所阐明的基本原理和基本精神并没有过时，而是更值得推敲与钻研的。学好用好《宣言》等经典著作，领悟其内涵，掌握其基本原理，才能掌握基本方法，才能更加自觉主动地学习马克思列宁主义等先进思想。习近平同志就学习贯彻《共产党宣言》对全党提出了明确指示，"读马克思主义经典，悟马克思主义原理"①，应该成为全体党员的一种基本生活习惯以及终身精神追求。理论学习是为了实践，学习过程中要掌握实践的方法，也可以通过学以致用检验理论，而只有掌握理论才能够将理论运用于实践当中，所以学习的过程中要深入持久，要带着问题学，要结合实际情况学。可以通过精读熟读来了解其内涵，也可以通过学深悟透掌握其中的方法，始终坚持将理论与实践相结合才能不断提高自身的理论素养，才能更好地开展工作。把学习马克思列宁主义作为生活中的一部分，用先进的思想涵养正气，用先进的方法解决问题，用科学的原理改造世界。

青年党员必须要自觉加强党的理论学习，切实增强"四个自信"，强化"四个意识"，坚定信念，强化共产党员对于党的主人翁心态，发挥好先锋模范带头作用；同时将所学习的理论知识真正内化为自身行动指南和精神支持，强化政治素养的"内功"修炼，真正做到内化于心，外化于行②。在社会中积极为中国特色社会主义建设添砖加瓦，贡献自己的力量。

（二）深入社会实践

坚定不移地贯彻党中央提出的立德树人伟大号召的有效方式是积极参与实践。从实践历史看，以习近平同志为核心的党中央对于青年一代的全面发展非常关注，高等院校对于青年大学生群体的教育问题，应该解放思想，积极帮助大学生利用参观访问、社会实习等形式开阔视野，帮助他们从真切的社会实践活动中掌握更多理论知识，并且能够将所学知识应用于社会实践。要积极构建党员先进性能够得以发挥的开放性平台，诸如示范服务岗、文明岗等，为青年党员营造一种良好的自我实现氛围。

中国共产党第十八次全国代表大会顺利召开以后，党中央国务院出台了一系列政策，积极鼓励大学生群体参加"三下乡"、"四进社区"、大学生村干部等社会实践，一方面有助于大学生群体将课堂上学习到的理论知识与实践相结合；另一方面可以在参与社会实践过程中体验民情，进一步加强对中

① 习近平．在纪念马克思诞辰 200 周年大会上的讲话［M］．北京：人民出版社，2018：26．
② 宋志青．牢记初心使命，做好新时代青年党员［J］．世纪桥，2019，344（6）：6-7，16．

国实际国情的认识和理解，使得大学生能够在参与实践过程中提升自我认知水平，在充分接触社会的过程中激发自身参与社会主义建设的使命感和责任感，帮助其构建正确的社会主义理想信念，将个人自身发展与国家民族发展相统一，为实现中国特色社会主义伟大理想而奋斗，积极参与民族复兴的各项事业中，让个人在其中得到全方位的锻炼和发展。

（三）不断发扬《宣言》主要精神

习近平在庆祝中国共产党成立 100 周年大会上指出："未来属于青年，希望寄予青年……新时代的中国青年要以实现中华民族伟大复兴为己任，增强做中国人的志气、骨气、底气，不负时代，不负韶华，不负党和人民的殷切期望。"①

不断发扬《宣言》中蕴含的主要精神，对新时期青年共产党员应该坚定不移地落实不忘初心，做志气更坚、骨气更硬、底气更足的青年先锋具有十分现实的意义。

要不断发扬批判精神，让新时代青年党员以更为全面的视角看待中国特色社会主义建设事业，同时进一步明确马克思主义在指导我国社会主义建设事业方面的重要作用和不可替代性。首先需要利用批判的眼光看待各种不良社会风潮、非马克思主义的局限性，进一步体现马克思主义的科学性和指导作用，从而让青年党员深刻理解并认可以马克思主义为指导的社会主义意识形态。其次让青年党员认识到批评和自我批评的重要性，以"良药"和"武器"作喻，强调批评和自我批评"是一剂良药，是对同志、对自己的真正爱护"②，在总结和反思中更好地提升自己、帮助别人。

青年党员是中国共产党的重要人才基础，也是实现"两个一百年"奋斗目标和中华民族伟大复兴的有力保障，是进行伟大斗争，建设伟大工程，推进伟大事业，实现伟大梦想源源不断的青春力量。青年党员要坚持自我革命，理论联系实际，不断总结经验，努力成为有用之才、栋梁之材。

要不断发扬自由精神，陈寅恪提出"独立之精神，自由之思想"，时至今日已经发展为我国知识分子的一种广泛共识。新时代青年党员要有自由的意志和独立的精神，应该始终坚持马克思主义科学信仰不改变，中国特色社会

---

① 习近平. 在庆祝中国共产党成立 100 周年大会上的讲话 [M]. 北京：人民出版社，2021.

② 习近平关于党的群众路线教育实践活动论述摘编 [M]. 北京：党建读物出版社，中央文献出版社，2014.

主义信念不丢失，实现民族复兴的信心不动摇。青年党员要做到不忘初心、牢记使命，强化自身理想信念，从实际行动上践行共产主义理想，真正做一名合格的社会主义建设者。

否定之否定规律给我们的启示可以概括为：道路虽然布满荆棘，但是依旧拥有非常光明的前景。新时代青年党员在追梦途中要认清现实，尊重客观规律，要认识到人生理想和共产主义理想的实现需要保持足够的定力，但是由于其曲折性，又使得我们必须做好规划，按照规定的目标逐步完成，这样才能实现更为远大的共产主义目标。在积极为社会主义事业而奋斗的同时，青年共产党员需要对上述发展规律更为重视，一方面需要坚定不移地坚持马克思主义，坚定中国特色社会主义建设的自信心，然后将其落实到具体实践当中，使自己真正成长为精神力量强大、理论功底扎实的新时代青年党员。

马克思"真正共同体"思想：
理论基础、核心要义与当代价值

秦燕燕

摘　要：马克思"真正共同体"思想以西方传统政治哲学共同体思想、黑格尔国家主义共同体思想及空想社会主义蓝图为理论基石；其核心要义包含生产力的高度发展与世界各地的普遍交往、人的自由全面发展以及"自由人的联合体"的实现三个方面。现阶段，马克思"真正共同体"思想的当代价值既体现在中国多种所有制经济对资本逻辑的扬弃和超越，也体现在中国共产党带领全体人民实现共同富裕的践言践行，以及中国推动世界各国人民共建"人类命运共同体"的不懈追求和努力。

关键词：真正共同体；人类命运共同体；人的自由全面发展

在马克思的思想视域中，被视为其新世界观奠基理论的"真正共同体"，是马克思思想体系和话语体系的重要理论支撑，是未来人类生存的新社会形态的哲学表达。它的建构与实现不仅是哲学问题，也是现实政治、经济、社会在生产力与生产关系矛盾作用下的发展问题。从世界历史的演进历程看，这一思想被一再证明是科学的理论、人民的理论、实践的理论，既是那个时代的精华，又是整个人类精神的精华。面对世界百年未有之大变局，"世界怎么了、我们怎么办？"这是当前困扰世界各国发展和人类进步的重大时代课题。若要对人类共同面临的时代性课题做出科学的回答，就必须回到马克思共同体思想的历史初语境，准确揭示这一思想的生发基础，深入厘清这一思想的核心要义，以此反思当前问题并从中汲取历史营养和时代启迪，唯有此，才能真正促进当下对"人类发展"核心问题的深入理解。

基金项目：国家社科基金一般项目"中国共产党青年观研究"（17BKS080）阶段性成果；首都师范大学马克思主义学院研究生科研创新项目"习近平新时代中国特色社会主义思想与中华文化的融通机制"阶段性成果。
作者简介：首都师范大学马克思主义学院硕士研究生。

一、马克思 "真正共同体" 思想的理论基础

马克思 "真正共同体" 思想并非一出场就达到了马克思主义的理论高度。马克思对 "共同体" 概念的使用及理论的逐步完善，是建立在对前人思想的继承以及对以资本主义国家为代表的 "虚幻共同体" 的批判过程中的，经过了西方传统政治哲学的启发，黑格尔国家主义共同体思想的完善，以及空想社会主义蓝图未来构想的历史时序演进历程。

（一）西方传统政治哲学启发了马克思 "真正共同体" 思想的产生

古希腊时期，西方哲人的共同体思想始于对 "万物自同" 的宇宙整体认识，他们追求哲学意义上的 "至善"，政治制度建设上的 "共善"。囿于 "自然法" 在自然状态中约束力的匮乏，为满足每个人的生存需求，必须将人聚集起来形成城邦或国家，由此也逐步形成以城邦为组织形式的最早共同体思想。苏格拉底最早提出了人与城邦是契约关系，主张通过城邦的公共领域制定社会契约来维护和规定个人的自由与权力、责任与义务；认为城邦高于个人，人人都是城邦的 "仆人"。柏拉图受苏格拉底共产城邦思想的影响，主张实行共产制度，消灭家庭和私有财产；提出由追求知识和美德的 "哲学王" 执政城邦共同体，认为城邦可分为统治者、卫国者和生产者三个等级，三个等级之间各司其职，然而 "他对于这一共同体如何实现并未做详细说明"①。亚里士多德认为，城邦共同体的价值在于引导一切成员追求 "至善"，他在《政治学》中提出共同体建构的前提，即 "最崇高、最权威，并且包含了一切其他共同体的共同体，所追求的一定是至善。这种共同体就是所谓的城邦或政治共同体"②。他主张这一最高共同体以个人联合的形式，自由、自主、平等地组建、参与和治理共同体，并将 "城邦共同体" 作为以实现 "最高的善业" 为终极目的的共同体。但城邦中共同体有属于个体和集体的私德和公德，私人财产和集体财产，不可避免地形成整个共同的生活环境，并且由之而来的个体与共同体矛盾问题甚至由此导致的分化等问题，构成了马克思思考个体如何在保持 "独立性" 的同时，与他者 "共在" 这一个体和共同体的矛盾问题。

---

① 柏拉图. 理想国 [M]. 黄颖, 译. 北京：中国华侨出版社, 2012：44.
② 亚里士多德. 政治学 [M]. 颜一、秦典华, 译. 北京：中国人民大学出版社, 2003：37.

随着社会生产力的不断发展，"人"被发现后，契约共同体理论成为当时重要的思想之一。卢梭作为这一思想的集大成者，强调分工和私有制导致人的"自然状态"下原始共有关系的破裂。为了保障共同体成员的权益，他主张"主权在民"，即人民之间通过签订契约以组建利益共同体。共同体代表着人民的"公意"，共同体的意志即为人民的意志。值得注意的是，卢梭虽指出私有制是造成人与人之间不平等的起源，但他不主张废除私有制，而是寄希望于以财产均化的方式防止财富过度集中。

由于受当时生产力水平的限制，无论是城邦共同体还是契约共同体，都只是形式上的、抽象的共同体，个人消融于共同体中。比如，虽然卢梭在肯定共同体的整体性基础上关注个人的权利和自由，但他认为"个人权益也只能在'契约共同体'内才能得到实现"①，即要"把'我'转移到共同体中去，以便使各个人不再把自己看作一个独立的人，而只看作共同体的一部分"②。个人权利的平等让渡是契约共同体成立的前提之一。这两种共同体理论虽然体现了对于构建"共同体"政治制度的渴求，但在现实中他们无法将社会经济、制度与人的权利实现耦合，无法处理好个体与共同体的抵牾。这为之后马克思以"社会的人类"为立足点围绕如何把人的私利倾向于公共的善结合起来，亦即推动"个体"与"共同体"关系的问题向现代哲学迈进，留下了可突破的历史空间。

（二）国家主义共同体思想完善了马克思"真正共同体"思想的内容要义

黑格尔国家主义是在德意志社会发展的客观要求下建立起来的一种带有普鲁士特色的政治观。黑格尔认为，国家作为绝对精神的派生体，是"绝对自在自为的理性东西"③，其根基不是个人意志，而表现为以普遍意志为基础的、以绝对理性为核心的"社会"。与此同时，他还指出"国家是伦理理念的现实"④，也就是说，"个人本身只有成为国家成员才具有客观性、真理性和伦理性"⑤。从这一思想逻辑可以看出，一个人要实现真正的自由，必须要有一个国家公民的身份。公民的个人利益与国家利益紧密相关，服从国家意志是公民天生的本质，而且国家意志是不能被任何个体改变的。关于国家与市

---

① 卢梭. 社会契约论［M］. 何兆武，译. 北京：商务印书馆，1963：19-21.

② 卢梭. 爱弥儿：上［M］. 李平沤，译. 北京：商务印书馆，1978，10.

③ 黑格尔. 法哲学原理［M］. 范扬，张企泰，译. 北京：商务印书馆，1961：253.

④ 黑格尔. 法哲学原理［M］. 范扬，张企泰，译. 北京：商务印书馆，1961：256.

⑤ 黑格尔. 法哲学原理［M］. 范扬，张企泰，译. 北京：商务印书馆，1961：195.

民社会的逻辑关系，黑格尔分析道："在现实中国家本身倒是最初的东西，在国家内部家庭才发展为市民社会而且也是国家的理念本身才划分自身为两个环节的。"① 换言之，无国家即不存在市民社会，市民社会的发展趋向由国家的属性决定。

《莱茵报》时期之前，黑格尔关于国家是代表伦理理性的共同体、个人在国家这一共同体中获得解放、市民社会与国家相分离等观点，得到了马克思的认可。但在资本主义社会，国家是将统治者的特殊利益上升为普遍利益，具有欺骗性。克罗茨纳赫时期，马克思在对大量历史实证材料系统研究后写下《黑格尔法哲学批判》，并将市民社会视为国家的基础和前提。他在《德意志意识形态》中进一步指出："这种从先验理论出发所构建的'国家共同体'思想，无法正确把握'国家'与'市民社会'的实质含义和现实关系。应从物质基础和人本学出发，颠倒黑格尔国家决定市民社会的观点。"② 由此可以看出，黑格尔国家主义共同体思想为马克思"真正共同体"思想的完善提供了理论基础和依据。

（三）空想社会主义蓝图深化了马克思"真正共同体"思想的形成

在工业化浪潮下，资本主义社会资本与劳动的矛盾逐渐凸显和加深。这一时期以欧文、圣西门和傅立叶等为代表的空想社会主义者主张建立一个消灭阶级压迫、剥削，消除资本主义私有制及其弊端的理想社会，并试图勾勒出未来理想社会的基本蓝图。

圣西门是空想社会主义的创始者，提出了人人劳动、废除特权、妇女有选举权等朴素的社会主义原则，希望通过发展实业实现无产阶级地位的平等，进而实现其政治解放和每个人的自由发展。傅立叶则构想了理想中的"法郎吉"制度，即由众多单独的合作社构成和谐共同体。在这一共同体中，劳动不再是维持生计的手段，阶级差异、贫富分化等也将不复存在，每个个体都能够自由发展。欧文希望建立一个取缔私有财产和阶级压迫，劳动者回归自由自觉劳动生活的共同体——"新和谐公社"，具体践行共产主义的伟大构想。他将这一构想付诸实践，在"新和谐公社"中，人们平等劳动，劳动结果按需分配。欧文在对未来共同体社会构建时，彻底否定了私有财产。原因在于若要消除占有大部分生产资料的资本家和处于被剥削地位的无产者之间

---

① 黑格尔. 法哲学原理 [M]. 范扬，张企泰，译. 北京：商务印书馆，1961：173.
② 马克思，恩格斯. 德意志意识形态：节选本 [M]. 北京：人民出版社，2018：17.

的矛盾，唯有将生产资料彻底公有化。但这一脱离物质基础的构想和实践注定以失败告终。

在马克思看来，囿于时代的局限，空想主义者们或具有浪漫色彩的"法郎吉"，或幻想制造和谐社会的空想社会主义学说，都不可避免地存在两大理论缺陷。一是对物质生产在社会进步中的重要意义不甚了解。为此，马克思表明共产主义绝不是对不发达的、普遍贫困的平均状态的复归。二是对私有制理解片面，尽管空想主义者们也批判私有制，但却流于简单粗暴的绝对平均主义。为了克服这一缺陷，马克思提出从私有财产的普遍化上升到私有财产的积极扬弃的思想。因此，从一定意义上可以说，"马克思是启蒙思想的儿子，一生都致力于把乌托邦的理想转变为唯物主义的科学"①。

二、马克思"真正共同体"思想的核心要义

作为未来理想的社会形态，实现以"真正共同体"为存在样态的共产主义社会是马克思一生的价值追求。马克思从真正共同体的立意出发，以生产力的高度发展和世界各地的普遍交往为前提和基础，扬弃资本主义虚假共同体，克服国家和市民社会的分裂结构和资本逻辑的利己性质，以人类社会进步和人的自由全面发展为价值诉求，消解国家产生的条件，真正实现了人的共同体本质——"自由人联合体"。

（一）实现前提是生产力的高度发展和世界各地的普遍交往

"各民族之间的相互关系取决于每一个民族的生产力、分工和内部交往的发展程度。这个原理是公认的。然而不仅一个民族与其他民族的关系，而且这个民族本身的整个内部结构也取决于自己的生产以及自己内部和外部的交往的发展程度。"② 不论是从世界市场形成过程看，还是反观人类社会发展的进程，其基础均在于生产发展和交往扩大。在自然经济条件下，人类因血缘和地缘形成了"自然共同体"。但随着生产工具的改进和交换的需要，商品生产和商品交换逐步产生，继而"人的依赖纽带、血统差别、教养差别等等事

---

① 戴维·哈维. 后现代的状况 [M]. 阎嘉，译. 北京：商务印书馆，2003：23.
② 马克思，恩格斯. 马克思恩格斯文集：第1卷 [M]. 北京：人民出版社，2009：520.

实上都被打破了，被粉碎了（一切人身纽带至少都表现为人的关系）"①。"虚幻共同体"（典型代表——国家）在社会发展的过程中成为压迫被剥削阶级的"新的桎梏"。借助资本的力量，共同体不仅在现实中被异化了，而且也破坏了人们在共同体中实现自由的美好期待。为此，马克思认为要把"资本主义虚假共同体"中以追求"物"的人，发展成以追求"人"的自由全面发展为目的的"自由人联合体"，而这一过程必须经过生产力的发展和世界历史造成的普遍交往。只有生产力高度发达、世界各地普遍交往，才能促使人从异己力量中解脱出来，现实的人才能获得劳动的解放和人的解放，个人的自由解放和全面发展才能在共同体中实现。

"真正的共同体"以"现实的人"发挥能动性推动生产力的发展和生产方式变革力的提升为历史前提。在未来的共同体中，"每个个体既是个体性的存在，又是以类的方式来存在；个体的对象化的活动即是自己本质力量的自我确证"②。只有现实中的个人认识到自身固有的力量是社会力量，并把这种力量组织起来不再将其以政治力量同自身分离时，人的解放才能完成。在个体与共同体的相互作用下，生产发展和世界的交往才能推着世界朝着更高层次的方向迈进。马克思关于人类社会生活共同体发展的理想和实现条件的阐述，深刻揭示了人类社会未来发展的基本趋向。

（二）核心目标是实现"自由人的联合体"

马克思真正共同体思想集中体现了不同历史阶段随着所有制形式的更迭所表现的共同体样态——自然共同体、资本主义虚假共同体以及未来所要构建的自由人联合体。这一思想所要解答的核心目标是人类何以创造一个"自由人联合体"，并以此为发展旨归最终实现人的自由全面发展的问题。在马克思的视域中，"自由人的联合体"是对未来社会的本质概括，未来建成的共产主义社会将是自由全面发展的个人组成的共同体社会，每个人的自由发展是一切人的自由发展的条件。"真正的共同体"与"自由人联合体"在社会形态上是完全一致的。

在"虚幻共同体"中，人囿于分工和阶级利益，个人发展长期被异己力量压制和异化，是真正阻碍他们实现自由发展的桎梏。而"真正共同体"的构建通过人支配物确保本质力量的实现，即"人以一种全面的方式……

---

① 马克思，恩格斯. 马克思恩格斯文集：第 8 卷 [M]. 北京：人民出版社，2009：58.
② 黄其洪. 时间与实践：一种生存论的元实践学导论 [M]. 北京：人民出版社，2016：240.

作为一个完整的人，占有自己的全面的本质"①。换言之，未来的真正共同体在生产资料公有制的基础上，能够保障每个人的合理需求。在个体与共同体关系上，人可以实现从"个人服从国家"到"每个人的自由发展是一切人的自由发展的条件"的转变；在存在样态上，人可以实现从"国家共同体"到"自由人的联合体"的转变；在现实主体上，人可以实现从"政治公民"到"现实个人"的转变。真正共同体的属人本质要求人必须打破虚幻的共同体、虚假的共同体、政治的共同体，切断资本的分裂逻辑，使人的类生活和个体生活达到统一。马克思所理解的真正的共同体是消解异化、回归人的本质建构"自由人联合体"的运动。当"各尽所能，按需分配"的制度产生时，以人自由全面发展为目标的"自由人联合体"将最终形成。

(三) 价值旨归是人的自由全面发展

以每个人的自由个性和全面发展为特征的真实意义上的共同体，是马克思共同体最真实意义上的主要内涵。马克思在《德意志意识形态》中提出"有个性的个人"的共同体存在的理念，与《共产党宣言》中所说的"每个人的自由发展"与"一切人的自由发展"，以及在《资本论》中所期冀的人的"自由个性"的发展的辩证关系在逻辑上首尾呼应。"自由个性"发展阶段的后资本主义时期的共同体内涵，是"个人"与共同体实现了重新的和谐结合，并在这种共同体中个人实现了全面而自由的发展。

回到历史场域可以看到，"人的依赖"（自然共同体）、"物的依赖"（虚幻共同体）、"人的自由全面发展"（真正共同体）是人类社会形态必经的三个历史阶段。而"虚幻共同体"将个人困囿于阶级利益的约束与物的支配之中，使人的本质发生异化。马克思认为，人可以通过对自我异化的扬弃而实现对人的本质的真正占有。在憧憬未来图景时，马克思勾勒出"代替那存在着阶级和阶级对立的资产阶级旧社会，将是这样一个联合体，在那里，每个人的自由发展是一切人的自由发展的条件"②。亦即在真正共同体社会中，社会分工被消灭，人摆脱了限制个性发展的异己力量，人的个性和人格将"不受阻碍的发展"。在这里，"个人的存在摆脱了对人和物的双重依赖，超越了

---

① 马克思. 1844 年经济学哲学手稿 [M]. 北京：人民出版社，2000：85.
② 马克思，恩格斯. 马克思恩格斯文集：第 2 卷 [M]. 北京：人民出版社，2009：53.

'定在'的自由，走向了'能在'的自由，成为独立的、有个性的个人"①。因而，在"真正共同体"阶段，人类的社会形式将以每个个体的自由全面发展为基本原则。但也要注意到，"只有在共同体中，个人才能获得全面发展其才能的手段，也就是说，只有在共同体中才可能有个人自由"②。马克思由此得出"人的本质是人的真正共同体"③ 这一重要论断，并强调每个人的解放是社会本身解放的前提和基础。

三、马克思 "真正共同体" 思想的当代价值

直面时代发展和现实问题是马克思共同体思想演进的重要动力，也是挖掘和研究马克思共同体思想的关键指向。世界百年未有之大变局下，世界格局处在加快演变的历史性进程中，在这一进程中世界发展和人的发展同等遭遇时代难题。新时代、新征程上的中国也毫不例外。如何从马克思"真正共同体"思想中汲取理论经验，如何推进时代演变下矛盾问题的解决，如何将这一思想引向实践范式、彰显时代价值，是我们当下阐释马克思"真正共同体"思想的意义所在。

（一）多种所有制经济实现中国对资本逻辑的扬弃和超越

资本自历史出场以来，一直被视为"支配一切的经济权利"。以西方资本主义国家为代表的"虚幻共同体"，通过资本集中破坏了世界市场，通过压迫劳动者获取了最大剩余价值。资本越丰富，劳动者越贫穷。马克思意识到这种资本逻辑的虚假性，从商品二重性的视角剖析出劳动二重性，认为以资本主义国家为代表的"虚幻共同体"，其生产关系是一种物化了的人与人的社会关系。与此同时，马克思还深刻揭示了资产阶级资本积累的罪恶历史，撕开了剩余价值被产出及实现过程的神秘面纱。自此，马克思前所未有地破解了资本"存在的秘密"。党的二十大报告也指出，要毫不动摇巩固和发展公有制经济，毫不动摇鼓励、支持、引导非公有制经济发展，充分发挥市场在资源配置中的决定性作用。这充分表明我们党在批判

---

① 陈曙光. 人类命运共同体与 "真正的共同体" 关系再辨 [J]. 马克思主义与现实，2022 (1)：33-40，203.

② 马克思，恩格斯. 马克思恩格斯选集：第 1 卷 [M]. 北京：人民出版社，1995：571.

③ 马克思，恩格斯. 马克思恩格斯全集：第 3 卷 [M]. 北京：人民出版社，2002：394.

地驾驭和利用资本的历史进步基础上，打破了单一的所有制经济制度，构建了系统的经济制度体系，在经济体制上实现了对资本逻辑的扬弃与超越。

随着全球化程度不断加深，当代资本在嬗变的过程中不断滋生自我否定和自我扬弃的因素。这种扬弃通过人的主观能动性活动尤其是革命性的实践真正得以实现。中国共产党通过科学把握马克思"真正共同体"思想的历史溯源和核心要义，在中国特有国情下不断完善社会主义制度，持续向着促进人的自由全面发展的目标迈进，走出了一条以"以人民为中心"超越"以资本为中心"的中国式现代化道路。这条区别于西方资本主义的中国道路，始终以实现全体人民的共同富裕为目标，在承认和利用资本的同时使得资本逻辑服务于人的发展逻辑，并最终实现扬弃和超越。

（二）带领全体人民共同富裕成为中国更加突出的发展主题

在"真正共同体"社会中，"生产将以所有的人富裕为目的"①。使全体人民实现共同富裕不仅是"真正共同体"思想的内在要求，也是马克思主义者及其政党的基本诉求和阶段目标，要通过"实现好、维护好、发展好最广大人民根本利益"的实际举措扎实推进共同富裕。

根据社会矛盾运动规律，马克思将未来共产主义的实现分为初级阶段和高级阶段两个历史时期。列宁则根据苏联的实践及自身思考，将两个阶段命名为"社会主义"和"共产主义"。改革开放以来，中国全部实践的主题是中国特色社会主义。邓小平将马克思主义理论与中国国情相结合，以苏为鉴，强调："社会主义最大的优越性就是共同富裕，这是体现社会主义本质的一个东西。"② 中国特色社会主义进入新时代，习近平进一步指出："共同富裕是全体人民共同富裕"③，不是部分地区、部分特定群体、部分阶层的少数人，不是少数人富裕的贫富两极分化，也不是搞平均主义的"均富"，而是通过共建实现改革发展成果全体人民共享。

"治国之道，富民为始。"富裕、富足的生活一直是人们所向往的一种理想生活状态。党的十八大以来，中国共产党以不断实现人民对美好生活的向往引领"共同富裕"目标的兑现，以"精准扶贫"的新路径，使中国

① 马克思，恩格斯．马克思恩格斯文集：第8卷［M］．北京：人民出版社，2009：200.
② 邓小平．邓小平文选：第3卷［M］．北京：人民出版社，1993：364.
③ 习近平．扎实推动共同富裕［J］．理论导报，2021（10）：1.

在"两个百年"交织的关键节点实现了摆脱贫困、消除贫困的愿景。尽管当前我们已经实现全面建成小康社会的阶段性任务，但是离实现全体人民共同富裕还有很长的路要走。特别是党的二十大提出了中国式现代化是全体人民共同富裕的现代化的政治任务，因此，在新时代、新征程上，需要全国人民共同努力，共同奋斗，久久为功，在全方位高质量发展中实现共同富裕。

（三）"人类命运共同体"是构建国际关系新秩序的中国智慧和中国方案

随着经济全球化的深入发展，世界各国紧密相连，共同交往之下的相互依存度显著提升；同时人类面对的全球性、世界性问题层出不穷，整个世界日渐成为一个"一荣俱荣、一损俱损"的命运共同体。再加上从现阶段的社会生产力发展水平看，人类真正达到共同体的未来样态还有很长一段路要走，"随着国际力量对比消长变化和全球性挑战日益增多，加强全球治理、推动全球治理体系变革是大势所趋"①。因此，在世界百年未有之大变局下，"当前世界之变、时代之变、历史之变正以前所未有的方式展开。世界又一次站在历史的十字路口，何去何从取决于各国人民的抉择"②。推动构建"人类命运共同体"是中国倡导的构建国际关系新秩序、共同应对全球发展挑战、谋求人类"美美与共"的新方案。中国历来认为，各国应携手共同应对、共同解决全球性问题和挑战。世界各国要本着"和而不同""求同存异""聚同化异"的原则，推进国家间差异互补合作，以实现"美美与共"的"和"的目标。

马克思"真正共同体"的核心要旨是要建构一个真正实现人的全面解放和自由发展的美好共同体。马克思"真正共同体"思想为人类命运共同体提供了有益启示的同时，又反过来深化和拓展了马克思共同体思想的属人本质、发展本质，从而更加彰显了人类命运共同体特有的时代价值。马克思"真正共同体"思想本旨在于，推动人类从"虚幻共同体"的阶级对立走向真正共同体的自由；从等级、压迫、剥削等不公平不合理的阶级对立中解放出来。我们所要构建的持久和平、普遍安全、共同繁荣、开放包容、清洁美丽的世界，承认了每个人自由发展的权利，并为此提供了"共

---

① 习近平. 习近平谈治国理政：第2卷 [M]. 北京：外文出版社，2017：448.
② 习近平. 高举中国特色社会主义伟大旗帜　为全面建设社会主义现代化国家而团结奋斗：在中国共产党第二十次代表大会上的报告 [M]. 北京：人民出版社，2022：60.

同体"生存与发展的条件。这是符合当前阶段社会历史发展进而实现自由人的联合体的必经阶段。作为负责任大国，中国更要在国际舞台上坚持共商共建共享原则，主动发声，积极参与全球治理，在经济全球化中不当旁观者、跟随者，做建设者、引领者，努力为构建全球经济秩序贡献中国智慧和力量。

新时代非公企业党建引领产业发展刍议

——以北京大兴区文化产业园区为例

李厚羿

摘　要：本文以北京市大兴区文化产业园区为例，分析非公企业党建的要求和内容，如强化党建意识，完善党建机制，建立工作体系，找准工作特色，等等，通过调研得出当前非公有制企业普遍存在的问题，如企业党员理论水平提高，党员干部的工作能力加强，党建与企业经营之间的关系理顺，等等，从而针对问题提出相应解决方案和未来发展趋势，如深化体制机制改革，打造特色品牌，提升引领水平，等等。

关键词：非公企业；党建；大兴；文化产业园区；引领

非公企业是非公有制企业的简称，又称非公有制经济组织、新经济组织，是指归中国内地公民私人所有或归外商、港澳台所有的经济成分占主导或相对主导地位的企业，包括私营企业、外商投资企业、港澳台商投资企业、股份合作企业、民营科技企业、混合所有制经济组织等非国有集体独资的经济组织。改革开放40多年来，我国非公有制经济迅猛发展，成为社会主义市场经济的主力军。随着非公企业从业人员人数不断增加，越来越多优秀的人才投身其中，从而使整个社会的经济、政治、文化等领域发生巨大的变化。当前党的建设不仅要重视国有企业、机关事业单位，也要重视非公企业。在市场经济越来越活跃的今天，如果不做好非公企业的党建工作，党的社会基础必然会削弱，党的执政基础必然无法有效巩固，党的群众基础必然无法有效树牢。

一、理解非公企业党建的意义和价值

党的十九大报告指出，"党的基层组织是确保党的路线方针政策部署贯彻

作者简介：首都经济贸易大学马克思主义学院副教授。

注：本文参考北京市大兴区各文化产业园区的党建汇报材料，在此基础上汇集整理而成，对基层党组织工作者表示感谢。

落实的基础……注重从产业工人、青年农民、高知识群体中和在非公有制经济组织、社会组织中发展党员"①。非公企业党建能够巩固党的执政地位，加强党的基层组织建设，严格落实党中央全面从严治党工作的部署要求，牢牢把握正确政治方向，防止偏离航向和错误思想渗入，是夺取新时代中国特色社会主义伟大胜利，实现中华民族伟大复兴的重要保障。党组织要实现与企业发展的同向同行，要发挥组织优势、政治优势、人才优势，发挥群众优势，以此引领企业生产经营工作，成为企业发展的促进者，企业文化建设的组织者，劳资关系的协调者。非公企业是以营利为目的的经济组织，党的建设要体现在与企业营利同向同行，通过党建促进企业发展，让企业主切身感受到党组织带来的经济效益，同时也要加强对企业主个人情感和思想的教育，引导其自觉贯彻党的各项路线和方针，在经济利益和社会效益之间达到平衡。非公企业的党建能够有效关心和维护企业职工利益，党的群众路线决定了企业职工是党建的重要依靠对象，紧密团结和依靠职工群众，督促企业资产所有者和经营者严格遵守相关法律法规，切实保障职工权益是党建的重要意义所在。

与此同时，企业职工遵守纪律与党的思想教育也是相辅相成的，企业职工能够通过党建学习加强自身各方面能力，最终维护企业健康发展。非公企业党组织能够联系广大青年、妇女以及其他职工，加强对工、青、妇等群团组织的领导，构建党的领导工作新格局。同时也能让企业职工在党的领导下献言献策，共同促进非公企业的健康发展。非公基层党组织作为战斗堡垒，能够加大发展党员力度，不断壮大党的力量。能够通过党的建设加强企业人力资源建设和提高内部管理决策水平。

非公企业的上级党组织，能够进一步有效联系各企业基层党组织，做好规范化管理，使得企业不再是自发性、松散性的管理。非公企业和国有企业有着明显不同的特性，很难沿用公有制企业党建工作的方式和方法，但也是党建最具实效，最能够做出创新特色工作的广阔领域。党的工作重心在基层，执政基础在基层，活力源泉也在基层。做好党组织覆盖和党的工作覆盖是党建的重要工作，以此塑造积极向上的企业精神，确保企业诚信合法经营，组织带领党员和职工群众围绕企业发展创先争优，发挥党组织战斗堡垒和党员先锋模范作用，促进企业生产经营。

---

① 习近平. 决胜全面建成小康社会夺取新时代中国特色社会主义伟大胜利：在中国共产党第十九次全国代表大会上的报告［M］. 北京：人民出版社，2017.

二、大兴区非公文化企业党建的要求和内容

（一）强化党建意识

大兴区内各文化产业园区要加强党建工作的力度，广大党员进一步树牢党建引领意识。各园区坚持以新时代党建理论为指导，突出党的引领作用，聚焦主责企业，切实加强组织领导，狠抓工作落实，各园区积极将党建工作作为支持园区有效管理，引导园区健康发展，带动产业资源合理聚集的重要力量。为了落实党的各项方针政策，各园区积极把基地聚集的非公企业从业人员、流动党员纳入基地党组织建设和教育体系中，接受锻炼和洗礼。提供教育、学习、实践、交流等服务，包括党员活动日、基地党组织生活会、民主评议、领导讲话精神学习分享会、政策解读会等，让更多的优秀民营经济人士加入中国共产党，加入党的思想学习传播团队之中。党员通过开展学习教育，党性不断提升，在生活中能够自觉发挥表率作用，成为所在部门的骨干，主动承担急难险重任务，始终冲在第一线。广大员工也纷纷感受到党组织的凝聚力，自觉向党员干部学习。

（二）完善党建机制

大兴区各园区要坚持全面从严治党主体责任落实，不断夯实组织基础，强化党建引领中心工作保障机制，积极探索党建引领文化产业发展机制创新。北京印刷学院文化创意产业园积极建设非公企业党建工委，做好非公企业党员服务与管理工作，强化政治引领作用，为园区、企业搭建了优势互补、资源共享平台，提高了园区企业党员群体的凝聚力和向心力，营造了活跃的文化氛围。北京城乡文化科技园为精准提升服务和治理水平，党支部组织工会和客服开展客户拜访、反馈回访，不断优化服务内容、个性服务。以企业和住户满意为准绳，主动上门了解诉求，解决未诉先办事项。积极与园区内企业、地区党组织、周边社区深度融合发展，发挥各自优势，依托共驻共建资源力量，以文化活动、红色教育、商业餐饮等为载体，引入体验型文化娱乐消费模式，打造多元文化消费新场景，园区影响力、渗透力不断得以提升。

（三）建立工作体系

大兴区各文化产业园区要进一步将党建引领工作落地化、规范化、制度

化，积极探索符合自身发展特点且建立行之有效的工作体系。华商园区以基层党支部建设为工作抓手，以支委班子为龙头，建机制、搭平台、汇资源，服务创优，成立专项小组，逐项落实企业的需求。在服务的基础上，支部提出创建"六促共画同心圆"党建品牌。一促服务能效提高，党员联系企业，家访听需求；二促企业互联建企业台账，打通信息屏障；三促扩大党建影响，携手企业开展参观、教育学习等活动；四促融入经开区发展，与经开区优秀支部交流共建，协同发展；五促增强企业归属感，党员入企入楼，快速响应企业问题；六促营商环境提升，积极开展产业活动，对环境升级改造。通过创党建品牌，把党建与业务相结合，调动党员的积极性、主动性和创造性，赢得企业的信任和肯定。星光视听产业基地构筑"凝心"家园，建立流动党员的精神家园，规范化党员学习教育，开展固定且多样的党员活动。

（四）找准工作特色

各文化产业园区都在找寻自身特色和优势资源，让党建工作更加具有针对性，更加具有成效。格雷集团针对早期入园的创业者，积极搭建具有共享办公、人才交流、技术分享、市场拓展、项目对接等一站式服务的创新创业孵化平台，以此为基础的党建工作旨在整合党员资源，积极解决楼宇内企业党组织关系转移困难，无法参加党组织生活的问题；积极整合服务资源，在楼宇内设置工商、法律、税务服务专员，打造跟踪式、一站式企业服务，实现园区内服务资源与党建资源共建共享。开展企业知识服务计划，进行财税、法律、金融、人力等相关内容的讲座，解决企业的痛点和难点；积极整合群团资源，确定"资源共享、共同合作、抱团服务"的党建思路，共享楼宇图书馆等硬件设施，共同开展职工茶艺角等群团活动，实现党与群众的密切联系；积极整合平台资源，开启"沙龙"系列活动，为企业家搭建线下沟通平台，建立行业及跨行业生态圈，实现楼宇内企业的部分业务内循环。积极整合需求资源，推出了服务百科小程序，提供服务项目，为企业解决经营发展的各类问题。

三、大兴文化产业园区非公企业党建现状和问题

（一）企业党员理论水平有待提高

园区内非公企业党员对党的理论学习还不够，企业员工的入党积极性不

够高。基层党支部开展党员学习活动多以党小组会、党员大会的形式进行。党建工作的思想基础脆弱、观念淡薄，认识上还有误区，大部分基层党员流动性较强，存在打工思想，只要有工资，不需要学习其他的东西，对党政方针政策抱着无所谓的态度，学习走形式、走过场，非常功利，学习停留在痕迹学习的层面上。党员学习领学人对党的理论知识了解有限，很难给党员讲深、讲透、讲明白。在学习内容方面，针对文化企业业务实际开展的理论学习、政策学习和专业知识学习较少，学习内容覆盖面较窄，缺少针对性，学习的形式大于内容。从学习形式看，有针对性的组织活动和积极参与度都不高，党员学习多是完成任务，缺少对学习的引导和激励，支部整体学习氛围不够浓厚、缺少活力。

（二）党员干部的工作能力有待进一步加强

文化园区的基层党支部在基层党建阵地建设方面的基础比较薄弱。有的基层党支部受客观条件制约，活动面积较小，缺少建设党建阵地的硬件条件，也无处放置党建活动相关设施。有的基层党支部党务工作者均为兼职，在党建业务能力水平上有待提高，对于党支部规范化建设的流程和要求了解不够，需增加既懂业务又懂党务的干部，党务工作开展不够规范，党建工作与业务工作有机融合找不到合适的结合点。一些基层党支部已经能够认真落实"三会一课"、主题党日、民主评议等组织生活制度，但是在组织学习、民主评议等工作上，依然存在敷衍完成、被动应付的现象。大量的小微文化企业限于规模、经济实力、党员职工人数、社会影响等因素，无论是经营者还是相关部门都没有引起足够的重视，导致这些企业普遍没有建立基层党组织，没有开展有效的党建活动。

（三）党建与企业经营的关系需要进一步理顺

文化园区的党建工作与业务工作同步开展有待强化，基层党小组存在一定程度就"党建"做"党建"的现象，没有真正把党建工作融入日常生产工作的各方面，在党建工作引领业务工作有机结合方面做得不够，党小组的党建活动多是完成"规定动作"，缺少"自选动作"，还没有充分发挥党员先锋岗、党员示范岗，以及党建品牌建设在推进生产方面的重要作用，在打造特色、树立品牌、结合数字化、发挥优势、找准发力点方面需要进一步加强。党组织在非公企业中没有制度化的安排，也没有准确的定位。大部分流动党员没有归属感，党组织关系安排不明确，长期不参加党组织活动，党员作用发挥有限。党建工作人员抱着一股热情，没有过多的时间和精力，更没有制度保障落实各项工作。非公企业中各部门协调配合不强，很多是靠经营管理者的思想觉悟，而不是制度保障。工作经费主要来自企业本身，所以党建工作开展有时捉襟见肘。

四、大兴文化产业园区非公企业党建的未来发展

（一）深化体制机制改革

今后工作中要进一步完善党建工作的体制机制。宣传贯彻党的路线方针政策，团结凝聚职工群众，维护各方合法权益。要抓住"关键少数"，加强党员特别是党支部书记的培养教育，提高党支部书记的政治站位，发挥好"头雁作用"，带领党员增强"四个意识"，理解"两个确立"，做到"两个维护"，提升党支部书记开展政治工作的能力。严肃党内组织生活，完善组织设置，健全工作制度，推进学习型党组织建设，坚持党的组织生活，做好发展党员和教育、管理、监督、服务工作。基层党支部要严守政治规矩和政治纪律，特别是要落实好党支部各项组织生活制度，把落实组织生活制度作为提升基层党支部规范化建设的重要抓手，做到内容不缺项，程序不走样，时间不减少，构建团结紧张、严肃活泼的组织活动方式，提高党支部在企业发展中的影响力。

（二）打造特色品牌

各企业要实事求是、因地制宜地建设党支部活动阵地、网络阵地，通过创特色、建亮点、挖潜力，充分发挥党建阵地的作用，让党旗在活动阵地高高飘扬，做到"党员有归属，活动有平台"，逐步形成强大的支部凝聚力，建设先进企业文化。坚持用社会主义核心价值体系引领企业文化建设，组织带领党员和职工群众围绕企业发展创先争优，促进生产经营。丰富党员学习形式，实现特色化、品牌化、常态化的党建新格局，通过党员培训、专题教育、参观学习、座谈交流等形式，增强党员学习的丰富性和吸引力。积极探索岗位教育，有意识地将党员放到市场开拓、技术研发、生产一线等，条件艰苦、困难较多的岗位上去锻炼。要积极选树和培育先进典型；要深入一线了解情

况，发掘在急难险重任务中表现突出的先进典型，把典型立起来。

（三）提升引领水平

切实提高党建引领水平，通过党支部培训、主题教育等形式，把支部打造成为坚强的战斗堡垒。文化企业要做到抓基层、打基础，积极推进全面从严治党向基层延伸，激活党组织"神经末梢"，引导全体党员"不忘初心、牢记使命"。加强和改进思想政治工作，密切联系群众，注重人文关怀和心理疏导，主动关心、热忱服务党员和职工群众，帮助解决实际困难，把广大职工群众团结在党组织周围。既要抓政治引领，找准关键点和着力点，推动各项党建工作落到实处，又要抓经济服务，带动文化产业创新发展。要团结和组织企业内流动党员，勇于创新、顾全大局、心存理想、心念群众。要发挥文化企业的宣传能力，用媒体讲中国故事，用创新传中国精神。通过党建推动行业健康发展，构筑积极昂扬的文化生态，文化产业园区要利用好平台、培育好企业、孵化好项目、创作好作品。

构建新时代高校融媒体建设五维路径

李娟婷

摘　要：高校校园媒体是思想引领、舆论引导和文化育人的重要阵地，理应紧跟时代要求，加快打造媒体融合建设。在学习贯彻党的二十大精神，全党开展学习贯彻习近平新时代中国特色社会主义思想主题教育之际，北京市属高校要抓住重大历史机遇，结合自身优势，走出校园融媒体发展的新路径："融"字当先，构建理念、平台、资源、队伍和内容五维平台，实现传统媒体与新媒体互促共进。

关键词：高校；立德树人；校园媒体；媒体融合；路径

一、新时代高校融媒体建设的必要性和紧迫性

（一）高校融媒体建设是落实习近平新闻宣传思想的重要举措

2014年8月18日，习近平在主持召开中央全面深化改革领导小组第四次会议时强调，要推动传统媒体和新媒体融合发展，着力打造一批形态多样、手段先进、具有竞争力的新型主流媒体，形成立体多样、融合发展的现代传播体系①。2016年2月19日，习近平在党的新闻舆论工作座谈会上指出，融合发展的关键在于融为一体、合二为一，尽快从相"加"阶段迈向相"融"阶段②。2019年3月，习近平在《加快推动媒体融合发展　构建全媒体传播格局》中强调，推动媒体融合发展、建设全媒体成为当前一项紧迫课题。习近平关于媒体融合发展的系列重要讲话，为校园融媒体发展指明了前进方向。

作者简介：首都经济贸易大学党委宣传部副部长。

① 共同为改革想招一起为改革发力　群策群力把各项工作抓到位［N］．人民日报，2014-08-19．

② 中共中央文献研究室．习近平总书记重要讲话文章选编［M］．北京：中央文献出版社、党建读物出版社，2016：429，419．

（二）高校融媒体建设是落实立德树人根本任务的有力途径

高校作为新时期意识形态、多元文化和社会思潮冲突的前沿阵地，决定了校园媒体的特殊重要性。现今，随着移动互联网和媒介环境的不断升级，融媒体成为热门的话题，校园媒体也成为开展新闻宣传思想工作的重要阵地，对加强大学生思想引领、价值观树立、文化氛围塑造等发挥着重要作用。推动校园融媒体建设，构建起立体化、全覆盖、交互性和即时性的新闻传播格局，占领新媒体舆论阵地，真正实现思政教育入眼、入耳、入脑、入心，是落实高校立德树人根本任务的有力途径。

（三）高校融媒体建设是实现校园媒体健康发展的有效方法

随着中央"媒体融合"发展战略的提出，许多主流社会媒体和大型传媒机构率先进行探索和变革，掀起了"媒体融合"的热潮。而当前，各高校开通了新媒体平台，初步形成了学校、学院和职能部门、科研机构、学生组织和个人的新媒体矩阵，新媒体遍地开花但各自为政与传统媒体的执着坚守但日渐式微的格局已经形成。学生是校园媒体的主要使用者和受益者，很显然，传统媒体已无法满足学生成长的多样化需求，加快推进校园媒体融合，实现校园媒体自我变革和健康发展迫在眉睫。

二、高校融媒体建设的现状和困境

基于本研究，笔者对北京市属高校相关新闻人员进行了问卷调查，涵盖高校专职新闻宣传人员、学生记者队伍和在校大学生代表。共发放问卷300份，收回287份。

（一）校园媒体融合理念欠缺

虽然各高校都在积极探索校园融媒体建设，但受多年传统媒体管理理念、运营模式等固化思维影响，加上没有社会媒体的竞争和生存压力，对"融媒体"的内涵没有深刻理解，缺乏融媒体建设的紧迫感和使命感，认识存在片面化，缺乏有效举措。如：做校报电子版，认为这种简单的相加、嫁接或者新媒体平台数量增加就实现了媒体融合。

（二）媒体平台管理缺乏统筹整合

在回答"您认为影响校园媒体宣传成效的因素有哪些？"的问题时，认为"媒体平台分散，缺乏统筹整合"的师生占 46.91%。

高校已经形成传统媒体与新媒体并存的局面，特别是新媒体的发展势头迅猛，学校各归口部门纷纷建立自己的新媒体平台，一个高校的新媒体平台少则几十个，多则数百个，很多高校没有建立完整、统一的新媒体管理机制，平台分而治之，缺乏联动性和协同性，导致新闻传播效果大打折扣。

（三）媒体资源共享效率低下

许多高校虽然名义上成立"融媒体中心"，但传统媒体和新媒体仍旧独立运行，互不相通，人才队伍、平台运行和资源配置不能协同作战，存在信息沟通壁垒。同时，高校普遍缺乏整体的运作方案和实质性举措，技术和资金支持不到位，没有建立媒体资源共享库和新闻"策采编审发"流程管理系统，导致信息资源、技术设备和人力资源无法实现共享，出现大量重复工作，效率低，效果差。

（四）新媒体人才培养力度不足

高校新闻宣传队伍主要由专兼职教师和大量在校学生组成，人员多是非科班出身，专业素养较低，导致产出内容实效性不强，与实际工作脱钩。此外，受多种因素的影响，高校中这支队伍的人才匮乏，存在缺编少员、思维老化、梯队断档等问题，缺乏竞争意识、创新意识和互联网思维，技术水平良莠不齐。

三、构建高校融媒体建设五维路径

媒体融合重在"融"字，北京市属高校地处首都，北京生源学生占到60%左右，群体特点呈现出信息来源广博、认知判断独立、情感需求不同等分众化、个性化的特征。因此，市属高校要把握新媒体发展的机遇和挑战，搭建五维平台，探索出一条区别于社会媒体和部属高校的融合发展特色路径，提升传播效果。

（一）深化校园媒体融合认识

理念更新是媒体融合发展的关键。高校新闻宣传管理者和工作队伍要以新认识、新思维看待媒体融合发展。一要强化互联网思维和移动优先战略，充分认识高校媒体融合发展的重要性和紧迫性，准确把握媒体融合发展的规律特点，主动学习、借鉴和使用新媒体技术。二要树立"师生至上"理念，准确把握师生的需求和心理，强调师生感受和体验。

调查结果显示，66.05%的师生认为，高校新媒体宣传具有"生动活泼、思想活跃、开放、互动性强"的优势。可见，让师生从被动接收者转为主动生产者和参与者，增加有效互动，调动师生开展新闻宣传的积极性，增加用户黏度和忠诚度能够深度推动校园媒体建设，也能有效满足师生的期待。

（二）构建1+S+X校园媒体矩阵

平台协同是媒体融合发展的基础。将校级新媒体平台进行统一管理，协调校院两级官方媒体以及部分有影响的媒体在平台入驻，按照"谁主办、谁负责，谁审批、谁监督"的原则，加强新媒体的运用管理，构建1+S+X的校园媒体矩阵。设置三级管理机制，一级平台即校报、新闻网、两微一抖等由学校党委宣传部门直接运营管理；二级平台即教学单位、机关教辅单位、科研和监督机构主办的新媒体平台等；三级平台由各级学生社团组织注册运用。学校实时监测各媒体新闻发布的热词及线索，及时统计各媒体文章发布热度，根据WCI，BCI相关指数对矩阵中媒体影响力进行排序，整合全校新闻力量，壮大主流媒体声音。

（三）推进信息资源整合与共享

资源共享是媒体融合发展的重点。对思维活跃、网络"原住民"数量庞大的北京市属高校而言，要充分发挥校园媒体在思想宣传工作和意识形态工作中的重要作用，就必须牢固树立协同治理理念，深入推进资源整合与共享，实现资源配置向互联网汇集、向移动端倾斜，打破信息交流和资源共享壁垒。

高校可成立融媒体指挥中心，尽可能加强技术支持和资金投入倾斜，建立集数据存储、检索、线索报送、互动等于一体的资源共享平台和集学习、服务和娱乐于一体的信息传播平台，完善内容生产的"策采编审发"，形成"一次采集、多元生成、多端发布"的融媒体生产传播格局。

（四）构建学校"融媒体联盟"

队伍打造是媒体融合发展的保障。高校要抓好新闻宣传的专职队伍、各单位兼职宣传员和大学生通讯员三支队伍，建立上下联动、校内外协同、多元参与的"融媒体联盟"。

调查中发现，36.42%的师生认为，"现在的校园新媒体宣传，不够熟悉青年人的网络表达习惯"。因此，首先，配齐配强宣传专职队伍，将熟悉新媒体特点、掌握新技术的人充实到队伍中来。其次，组建各单位通讯员队伍和学生记者站，落实新闻宣传定点联络制度，深入青年人中，熟练掌握他们的网络表达习惯。再次，做强学生通讯社，完善管理机制和晋级通道，打造一支具备互联网思维、业务过硬的学生媒体团队，传达青年人的需求和声音，传播正能量。最后，建立人才培养长效机制，调动资源成立新闻人才培养实践实训基地，增强脚力、眼力、脑力和笔力，加快向新媒体转型。

（五）提高媒介新闻产品质量

内容建设是媒体融合发展的根本。高校要以内容建设为中心，以媒介为依托，不断创新形式手段，打造有思想、有深度、有高度、有温度的新闻精品。一是以学校发展和师生需求为中心，加强新闻选题整合策划，用贴近师生的话语体系讲好校园故事。二是深挖学校新闻资源，积极尝试整合文字、图片、动画、音视频、H5，直播等媒介形式。调查中，55.56%的被调查对象认为，当前校园媒体"宣传手段和方式较为单一"。在回答"您希望高校公众号宣传多以何种方式呈现"时，排名前三的分别是视频动画、微课堂和竞赛。可见，打造分众化、差异化、立体化、可视性、交互性、即时性的精品，是内容输出的新方向。三是围绕立德树人，以小切口、小落点讲好师生故事，做到信息"传得开"又"回得来"，提升思政教育亲和力。四是以重大活动、主题教育如全党开展学习贯彻习近平新时代中国特色社会主义思想主题教育为契机，开展大练兵、深融合，促进大提升。

"大思政课"视域下高校思政课质量提升研究

成林萍

摘　要：思政课是落实立德树人根本任务的关键课程，是传播马克思主义理论、培养中国特色社会主义建设者和接班人的重要渠道。坚持以"大思政课"为高校思政课教学改革的重要方向和着力点，突破原有思维定式，以协同、联动、整合，着力破解新时代高校思政课质量提升问题。

关键词："大思政课"；思政课；质量提升

2021年全国"两会"期间，习近平提出善用"大思政课"的重要论断，为新时代思政课建设提供了根本遵循。2022年7月，教育部等十部门印发《全面推进"大思政课"建设的工作方案》，旨在以"大思政课"建设为抓手，持续推动思政课和思想政治教育高质量发展。作为落实立德树人根本任务的关键课程，高校思政课承担了理论育人和实践育人相统一的"大思政课"育人任务。知识传授是基础，能力培养是重点，立德树人是归宿。如何回应新时代发展诉求、发挥"关键课程"重要作用，是新时代思政课建设亟待破解的首要问题。

一、"大思政课"的本质要义和核心任务

思政课是弘扬和传播马克思主义理论的重要途径，是巩固和加强马克思主义在意识形态领域指导地位的重要渠道，"是一门塑造世界观、人生观、价值观的大课程"①。"大思政课"的历史方位是新时代，基本性质是思政课，是大使命、大格局、大目标，是一体化领导、专业化运行、协同化育人的理

　　基金项目：2023年北京高等教育本科教学改革创新项目《"大思政课"视域下高校思政课"五微一体"实践教学改革研究》阶段性成果

　　作者简介：首都经济贸易大学马克思主义学院副院长、副教授。

　　① 秦宣.善用"大思政课"培育时代新人［N］.人民日报，2021-08-02（12）.

念和体制机制。树立"大思政课"观，是新时代推动思政课高质量发展的新方向，也是必然要求，是由思政课的高质量发展决定的。"大思政课"首要目标在于面向中华民族伟大复兴和百年未有之大变局，融会贯通并把握落实好习近平对思政课建设的系列重要论述，更好地落实立德树人根本任务。"大思政课"的要义在于思政小课堂与社会大课堂相结合，紧扣时代脉搏，用鲜活的社会实践和社会现实满足学生对思政课的期待与需求，提升吸引力；用现实的力量把党的创新理论讲透彻，增强引导力。要从大视野、大历史、大体系三维视角构建思政课新形态，实践育人是新时代高校"大思政课"的题中之义。

高校思政课不仅是知识传授的课程，更是全面贯彻党的教育方针、落实立德树人根本任务的关键课程。思政课是政治课，本质上也是以理服人的课。要达到思想教育"入脑入心"的根本目的，就要通过学理分析开展政治引导，在引发受教育者的思想共鸣中实现育人功能。"讲道理"彰显了思政课的本质要求和核心使命。推动新时代思政课的高质量发展是一个系统工程，必须用系统性思维方法谋划和落实。

二、"大思政课"视域下思政课现存的主要问题

学术界根据"'大思政课'我们要善用之"的要求，对"大思政课"的本质属性、核心任务、使命功能等，进行了一定程度的深入研究，对此视域下存在的问题也展开了初步的探讨。新时代以来，高校思政课面临着中国特色社会主义伟大事业中亟待解释、解读、解决的无数理论和实践难题。首先，思政课的使命在于铸魂育人，而作为"灌输对象"的学生对思政课有先入为主的排斥，对思政课的理性认同高于情感认同，在一定程度上降低了对思政课的接受度；其次，当今世界进入加速演变期，国际环境日趋错综复杂。多元的社会思潮影响了青年学生对主流意识形态的认知、认同和践行；再次，思政课教学过多使用娱乐元素，思想性和知识的系统性被庸俗化和碎片化，根据一本教材"以不变应万变"，给予学生的只是一些抽象的概念，教学内容过于经验化和表面化，缺少深刻的学理性，课堂仍以直接传授马克思主义的抽象概念和现成结论为主，遮蔽了问题意识；最后，青年教师在开始的时候，对于教材的理解，教学过程的把握，都不是很理想，对教学工作的实质缺乏全方位的准确认知。面对各高校普遍存在的"非升即走"的压力，青年教师

更容易把大部分精力投入在科研上，不得不压缩在教学上的付出，阻碍了青年教师教学能力的提升与培养。

具体表现为：一是理论体系没能有机地转化为教学体系和认同体系，政理阐释空泛流于表层化，缺乏对内容本身内在关联和前后衔接的深度思考，学理分析不透比较泛化，学理支撑不足；教师教学和学生发展需求的契合度不足，对学生所处的现实社会生活、对中国特色社会主义事业的发展等现实问题观照不够，缺少亲和力；二是"大思政课"理念下协同育人机制不够深入，思政课程主渠道作用未充分发挥，借助新媒体创新课堂教学呈现方式流于浅显化，思政育人平台单一，对伟大的时代、鲜活的实践、生动的现实所蕴含的丰富育人元素挖掘不够，思政小课堂和社会大课堂的育人合力不足，"大思政课"协同育人机制不够深入，学校课堂教学的有效性仍存在较大的提升空间。

三、"大思政课"视域下思政课的改革路径

习近平强调："当前形势下，办好思政课，要放在世界百年未有之大变局、党和国家事业发展全局中来看待，要从坚持和发展中国特色社会主义、建设社会主义现代化强国、实现中华民族伟大复兴的高度来对待。"① 习近平提出"善用大思政课"的重要论断，不只是对思政课建设的"重申"，更是"拓展"和"深化"，为新时代高校思政课建设指明了根本方向。马克思主义学院因思政课教学而设，落实立德树人根本任务是马克思主义学院的重要使命。深化思政课改革创新不仅是推进马克思主义学院高质量建设的应有之义和基本职责，更是马克思主义学院高质量建设的关键。要坚持以"大思政课"作为新时代高校思政课改革创新质量提升的重要方向和着力点，着力探索"大思政课"的实现形式，用好"大"的资源、汇聚"大"的合力，打好"大思政课"建设组合拳。

（一）强化顶层设计，推动构建"大思政"新格局

新时代思政课建设应坚持大思政工作理念，高度重视，齐抓共管，在体制机制的建立健全上下功夫，积极建立健全高校党委书记、校长带头抓思政课的体制机制。"一方面，把思政课建设作为'一把手'工程来抓，统筹设

---

① 习近平. 思政课是落实立德树人根本任务的关键课程［J］. 求是，2020（17）：7.

计、全面规划，对涉及思政课建设和改革的重要议题均通过党委常委会专题研究解决，对于思政课相关的条件支撑坚持'绿灯先行'，确保思政课优先地位。另一方面，按照总书记提出的'学校党委书记、校长要带头走进课堂，带头推动思政课建设，带头联系思政课教师'这'三带头'要求，随时深入一线了解情况，确保统筹谋划和科学决策符合实际。"① 聚焦"善用大思政课"的要求，将"思政小课堂同社会大课堂相结合"，将"大思政课"理念融入思政课、课程思政和日常思想政治教育的"大思政"工作格局中，不断完善系统化落实立德树人根本任务长效机制。

牢牢抓住立德树人根本任务，把充分发挥思想政治理论课作为马克思主义学院坚持用习近平新时代中国特色社会主义思想铸魂育人的主渠道作用，作为整体推进思想政治理论课建设的基本指针，研究部署专项工作方案和具体行动计划。加强思政课教学领导，学院党政联席会、教学指导委员会，每学期专题研究思政课建设。完善随机听课制度，加强对教学的常规管理。加强支持保障，"把思政课讲得更有亲和力和感染力、更有针对性和实效性，实现知、情、意、行的统一，叫人口服心服"，是思政课改革创新的主要目标，更是涉及学校、学生、地方等方面的系统工程，需要教师和学校的精心筹划和深度介入。

（二）坚持问题导向，打造新型课堂

在课程内容设计上，既注重贴近学生的思想和生活实际，又强调与思政课教学的定位相符，增强思政课的针对性和实效性。坚持问题导向，找准共情点。收集整理学生思想关切研究攻关，回应学生的现实困惑，以"问题链"引导教学，推广专题式、案例式教学，提升课堂教学的针对性和实效性，增强学生教育获得感。思政课教师要在直面和分析问题中提高思政课的针对性，通过"备理论""备学生""备热点""备教法"，根据课程特点对教学内容进行综合设计，突出重点、把握难点、呈现热点，有效保障教学质量的提升。

筛选社会资源，按照思政课的标准和要求进行课程资源转换。深化教材重点、理论难点、社会热点、学生特点有机结合的教学内容的阐释。思政课的教学应与时俱进，顺应时代的发展变化，满足学生的现实需求。遵循学生认知规律设计课程内容，体现不同学段特点，本专科阶段重在开展理论性学习，重在增强使命担当。打造新型思政课堂，激发教师"教"和学生"学"

---

① 靳诺. 站在新的起点上把思政课越办越好［J］. 中国高校社会科学，2019（3）：6.

的双主体作用。发挥教师"教"的积极性、主动性、创造性，着力激发教师在实现教材体系向教学体系转化中的关键作用。提升学生学习思政课的积极性和主动性，推动从"要我学"到"我要学"的转变。

提升运用"互联网+"新媒体的能力，讲好网络大思政课。构建混合式教学模式的良好课堂生态，着力推动线下教学的传统优势与线上教学的信息技术深度融合。强化教师主导，实现师生互促。充分运用线上教学的即时性和交互性，运用问卷调查、舆情分析等技术手段，聚焦学生的思想困惑和关切，找准授课的切入点、结合点。立足互联网意识形态斗争的前沿阵地，科学设计思政课线上教学内容，开展传递正能量的线上直播、线上交流、线下自主学习等教学形式。增强利用大数据指导学生学习，开展教学评价等个性化教学能力。推进数字马克思主义学院信息化平台建设，实现覆盖范围广泛的思政课综合性信息化共享，提升教学的浸润性、实效性。

（三）夯实队伍建设，释放育人力量

习近平强调指出，强教必先强师。"经师易求，人师难得。"思政课是学生成长成才的关键课程，作为一名思政课教师，要牢记习近平"政治要强，情怀要深，思维要新，视野要广，自律要严，人格要正"的"六要"嘱托，坚持"六要"标准，着力提高自身的思想政治素质、理论素养、教学能力和育人水平，坚持不懈用习近平新时代中国特色社会主义思想铸魂育人，落实立德树人根本任务，做好大学生树立坚定理想信念的引路人。

思政课教师队伍建设是办好思政课的关键。"一岗双能"（教学能力、科研能力）和"一身二任"（教学工作任务、学科建设任务）是思政课教师的基本要求。教师"心怀国之大者"，深入研究重大理论问题和教学中的难点问题，以学生的疑惑为着力点，在历史与现实的贯通之中、理论与实践的结合之中、国内与国际的比较分析之中，把教材体系转化为教学体系，转化为学生喜闻乐见的话语体系，把基本理论和原理讲清楚、讲透彻，增强学生的理论认知，进而将知识体系升华为价值体系。要不断提升内容阐释上教学视角的鲜度，努力增强课程体系中教师人格的亮度。如何把世界大潮、国家大势和时代大局讲深，把人类社会发展规律、社会主义建设规律和党的执政规律讲透，把基本原理、发展机理和科学道理讲活可以进一步深入系统化。

加强教师培训，用好"周末理论大讲堂""名师大家讲党史"等平台，实现理论学习和专业培训常态化，给予青年教师更多的关注和支持。坚持开展"驼韵师话",为新入职思政课教师配备成长导师,充分发挥骨干教师"传、帮、带"的作用,让青年教师更快实现飞跃与成长。在对教师进行聘期考核、职称评定的过程中,适当增加对教学业绩的考核比例,使考核更加科学合理,提升教师对教学的积极性、主动性和创造性。注重评价体系的科学性,改变学评教的学生单一评分方法,建立学校领导、教学督导、同行听课与学生评教组成的多维评价体系,发挥对课堂教学的引领作用。建立"一师一档",开展个性化教学诊断。教师个人教学档案,包括每学期开课情况,教学评价情况,参加培训情况,教学科研情况,等等,使之成为教师的成长档案。

(四)坚持"开门办思政",打造"行走的大思政课"

"大思政课"之"大",其核心要义在于实现课本与现实相结合、理论与实践相统一,避免"两张皮"现象。思政课教学模式要贯彻到"课前—课内—课后"一线全过程,覆盖到"课堂—校园—社会—网络"一体全方位,突出统筹设计、协同育人,思政课与思政课以外的各种要素相互配合形成协同效应,才能在润物细无声中真正达到育人成效。打破课堂围墙,通过"引进来""走出去",推动"理论+实践"的思政课贯通改革。用社会实践的大平台为思政课的改革创新持续注入活力,实现课堂教学引领实践教学,实践教学反哺课堂教学的良好生态。

加快实践教学基地建设,推动思政课横向发展、纵向延伸。尊重不同学段思政课的具体科目内容和学生特点,做好思政课教育的螺旋上升,保证思政课教育的针对性和阶段独立性。不同学段思政课教师通过平台交流共建,明晰其他学段思政课程内容,统筹设计,强化各学段教学内容的层次性、衔接性与递进性。区域间大中小学联合开展教研工作,推动建设大中小学思政课教师跨学段交流常态化。建立大中小学思政课一体化"手拉手"集体备课机制,鼓励各学段教学名师分享教学成果。增强不同学段思政课的实效性,稳步实现立德树人,是促进大中小思政课一体化内涵建设的最终目标。

坚持用好社会大课堂,把学生带出去,让他们在参加党和国家重大主题活动、志愿服务活动中,在"看见过""经历过"的实践中深化理论认知、提升自身能力。依托实践教学基地参观考察,通过引导学生走进广袤天地,在党和人民的伟大实践中关注时代、关注社会,汲取养分、丰富思想,培养家国情怀,引导学生从"真知"到"力行"。将生动鲜活的实践融入思政课教学，努力将书写在旧志古籍里的文字、蕴藏在革命文物中的记忆激活起来，转化为讲好"大思政课"的丰富资源，用活身边的红色资源，统筹优质资源形成思政课建设合力，推动思政小课堂和社会大课堂结合，讲好"大思政课"。思政课是一门价值引领的育人课程，必须要同现实社会有机交融，向社会场域延展，塑造大视野大格局，方能有效承载其使命和担当。

"大思政课"从更加宽广的视角拓展了育人格局，需要我们凝聚众智，在"大"字上持续发力，构建协同联动的多元教育主体体系，形成大思政体系的强大育人合力。

党的二十大精神融入"习近平新时代中国特色社会主义思想概论"课的要求、内容与路径

苏珊珊

摘　要：党的二十大精神融入"习近平新时代中国特色社会主义思想概论"课要遵循一定原则要求，明晰融入的要点内容，探索具体路径方法，以构建反映时代要求，立足首都发展，富有首都经济贸易大学特色，本校大学生喜闻乐见的"习近平新时代中国特色社会主义思想概论"课教学体系和教学模式，不断提升党的二十大精神进教材、进课堂、进学生头脑的实际效果，助力培养堪当民族复兴重任的时代新人。

关键词：党的二十大精神；习近平新时代中国特色社会主义思想；基本要求；重要内容；路径方法

"习近平新时代中国特色社会主义思想概论"课（以下简称"概论"课），是高校实现铸魂育人、立德树人根本任务所增设的思想政治理论必修课程。2020 年秋季学期以来，首都经济贸易大学（以下简称"首经贸"）马克思主义学院开设并持续推进"概论"课建设，积累了一定理论和实践教学经验。认真学习宣传贯彻落实党的二十大精神和习近平新时代中国特色社会主义思想，是当前和今后一个时期全党全国的首要政治任务，也是高校思想政治理论课的重要内容。党的二十大精神融入"概论"课要从为什么融入、融入什么、如何融入三重核心问题域出发，明晰党的二十大精神融入"概论"课的基本要求、重点内容和有效路径，构建反映时代要求，立足首都发展，富有首经贸特色，符合本校学生认知特点的教学模式，以培养堪当民族复兴重任的时代新人。

一、党的二十大精神融入"概论"课的基本要求

高校是人才培养的重要场所，也是党意识形态工作的前沿阵地。因此，

作者简介：首都经济贸易大学马克思主义学院讲师。

基金项目：2024 年校级教改立项"'数字马院'赋能高校思政课的路径探究"的阶段性成果。

高校思想政治理论课内蕴知识和价值双重使命，思想政治理论课堂教学要坚持知识传授与信仰传递的融合。其中，培养人的问题是一切教育的首要思考议题，为谁培养人、培养什么人、怎样培养人始终是教育的根本问题。"概论"课本质上是落实高校立德树人根本任务的关键课程，具有鲜明的政治性、时代性、理论性和现实性。党的二十大精神融入"概论"课要旗帜鲜明讲政治、讲立场、讲方向，讲准、讲深、讲透、讲活其中的道理、学理、哲理，推动新时代党的创新理论"入脑""入心""入行"。

（一）以培养社会主义建设者和接班人为总体目标

方向问题是根本问题。中国特色社会主义是中华民族走向伟大复兴的正确方向，是我国高校最鲜明的底色。古今中外，培养接班人对国家发展和民族振兴至关重要，我国高等教育要培养的是社会主义的建设者和接班人，而不是旁观者，更不是反对派和掘墓人。党的二十大报告举旗定向、擘画蓝图、领航复兴，新时代坚持和发展中国特色社会主义是被历史和实践证明了的正确选择、康庄大道，而不是一个可以讨论可以质疑的课题。爱党爱国爱人民、拥护社会主义事业是"概论"课的根本价值追求。思想政治理论课教师要理直气壮、自觉自信地亮明社会主义底色，讲出社会主义建设者和接班人的理想崇高、责任重大和使命光荣。

首先要以社会主义建设为主题主线，梳理中国共产党带领中国人民进行社会主义建设的历史进程和历史成就，讲清楚党的二十大召开的背景，突出其阶段关键性和内容重要性；其次要以国际共产主义运动、社会主义500年为大历史视域，讲清楚共产主义理想、社会主义信念的崇高性，突出中国特色社会主义为世界社会主义注入了生机活力，做出的重要贡献；再次要从资本主义与社会主义的比较视野中突出中国特色社会主义制度优势及其当代彰显，坚定当代大学生的"四个自信"；最后要明确讲清楚习近平新时代中国特色社会主义思想是党和国家长期坚持的指导思想，是社会主义现代化的根本遵循和行动指南，引导学生以社会主义建设者和接班人身份深入学习二十大精神和"概论"课，树立为中国特色社会主义而奋斗的理想信念。

（二）以为社会主义现代化建设服务和为人民服务为根本宗旨

现代化是世界各国的普遍追求。如何实现中国现代化也是近代以来无数仁人志士所求索的中国之问，并形成了多种实践尝试。中国共产党的成立，是中国现代化进程中的重要里程碑，是通向为大多数人谋福利的现代化道路的重大事件。党的二十大报告指出："在新中国成立特别是改革开放以来长期探索和实践基础上，经过十八大以来在理论和实践上的创新突破，我们党成功推进和拓展了中国式现代化。"① 中国式现代是中国共产党领导的社会主义现代化，是坚持人民至上的现代化。新时代、新征程中国共产党的中心任务就是带领中国人民全面建成社会主义现代化强国，以中国式现代化全面推进中华民族伟大复兴。秉承为党育人、为国育才的新时代高校思政课就要紧紧围绕新时代党的使命任务和党全心全意为人民服务的根本宗旨，感召当代青年投身社会主义现代化建设和为人民服务的事业中。鉴于此，在二十大精神融入"概论"课的过程中，思政课教师不仅要充分把握授课对象群体在集体主义精神、团结奋斗意识、服务人民意愿方面的客观认识现状，还要有意识地引导学生认识个人价值与社会价值的辩证关系，动员学生将"小我"融入"大我"，增强新时代青年的团体合作意识，激发伟大斗争精神和创造精神，从而达到"概论"课的批评性与建设性、灌输性与启发性等相统一。

（三）探索学生喜闻乐见的教学模式

党的二十大精神融入"概论"课不仅要紧跟时代步伐，顺应历史大势，还要回应国际国内发展热点议题，更要坚持以实践为导向，使用首经贸学生认同并感兴趣的语言，运用多样化的教学形式和新媒体平台，对授课对象的理论思维和价值构建进行潜移默化的影响。

首经贸"概论"课的教学对象为首经贸本科一年级学生，他们既有"00后"大学生群体的共同特点，也有鲜明的北京地域特色和经贸学校特色。党的二十大精神融入"概论"课实效性的提升有赖于授课对象的兴趣度、出勤率、抬头率、互动率。一是要把握首经贸大学生所处年龄段的性格特点。"00后"被称为网络原住民，是网络空间的主体力量。他们自我意识强烈，关注国家民族大事，情感表达偏于网络化，观点转向易受网络舆论影响。"概论"课要以学生常使用的 B 站、抖音、快手等社交媒体平台为问题导入参考和教学案例来源，以学生喜闻乐见的语言、形式、方法，传递党的二十大融入"概论"课的精神内核。二是立足经贸类大学特色，突出首经贸的学科和专业优势。因材施教是提升教育效果的重要方法论。首经贸学生的专业背景主要

---

① 习近平. 高举中国特色社会主义伟大旗帜　为全面建设社会主义现代化国家而团结奋斗：在中国共产党第二十次全国代表大会上的报告 [M]. 北京：人民出版社，2022：22.

有经济学、会计学、金融学、国际经济与贸易、统计学等。他们对经济数据敏感性强，对红色经贸历史文化兴趣度高，对首都新时代发展变化感受度深。用翔实数字讲深科学真理，用首经贸红色校史讲透中国共产党的故事，用近十年北京实践讲活新时代发展的道理是首经贸学生乐于接受的方式方法。三是系统把握首经贸本科一年级学龄段的知识基础、认知特点和学习规律。由于高考制度的改革，本科一年级学生的政治理论知识基础参差不齐。思政课教师要充分调研，做到课堂知识背后基础理论的普及，循序渐进地推动课堂知识进入学生头脑和价值目标的潜移默化。

二、党的二十大精神融入"概论"课的重点内容

目前，"概论"课已经配备了统一教材。全国高校思想政治理论课教学指导委员会、高等教育出版社联合研制了配套课件。这都是"概论"课教师授课大纲和知识体系的主要参照。在以上述配套课件为基本框架和深刻领会二十大精神内涵外延的基础上，党的二十大精神融入"概论"课有六个要点。

第一，深刻领会过去五年的工作和新时代十年的伟大变革，深入把握习近平新时代中国特色社会主义思想形成发展的实践之基。理论的根本在于回答问题、解决问题。让学生深刻理解习近平新时代中国特色社会主义思想的科学性、真理性，集中体现在讲清楚这一思想的实践效力和说服力上。一方面，教师要讲清楚过去十年我们经历的三件大事：一是迎来中国共产党成立一百周年；二是中国特色社会主义进入新时代；三是完成脱贫攻坚、全面建成小康社会的历史任务，实现第一个百年奋斗目标。从与本校学生切身利益相关的、与首经贸变化密切联系的、与首都新时代发展紧密对照的角度切入，把历史性成就、历史性变革具象为学生头脑中生动鲜活的实践图景。另一方面，新时代十年的伟大变革，在党史、新中国史、改革开放史、社会主义发展史、中华民族发展史上具有重大现实意义和深远历史意义。教师要从"五史"的大历史观讲清楚习近平新时代中国特色社会主义思想的历史逻辑、理论逻辑和实践逻辑，提升学生对这一思想作为党和国家必须长期坚持的指导思想地位的理论信服和价值认同。

第二，全面准确把握习近平新时代中国特色社会主义思想的主要内容。党的二十大报告明确："十九大、十九届六中全会提出的'十个明确'、'十

四个坚持'、'十三个方面成就'概括了这一思想的主要内容，必须长期坚持并不断丰富发展。"从"八个明确""十四个坚持"到"十个明确""十四个坚持""十三个方面成就"，充分彰显了这一中国化、时代化马克思主义理论最新成果的开放性和实践性。在现行配套课件的内容设计上，"十三个方面成就"归在新思想形成的实践基础之下，即对党的十八大以来党和国家取得历史性成就和历史性变革展开论证。为了完整准确把握二十大的最新精神，推进习近平新时代中国特色社会主义思想的教学工作，我们一方面要根据二十大报告文本的提法进行教学内容体系的调整和更新；另一方面还要讲清楚"八个明确""十四个坚持""十三个方面成就"三大方面丰富发展的历史脉络和相互之间的逻辑关系，有力支撑习近平新时代中国特色社会主义思想的系统全面性和逻辑严密性。

第三，深刻把握习近平新时代中国特色社会主义思想开辟马克思主义中国化时代化新境界的历史地位新论断。党的二十大报告提出了马克思主义中国化、时代化的重大命题，强调习近平新时代中国特色社会主义思想定位为这一过程的重大理论创新成果。这是党的二十大关于新思想历史地位的新论断，也是"概论"课教学讲解的重中之重。系统梳理马克思主义中国化、时代化的提出、内涵、历史进程、理论成果及其关系，是引导学生把握这一要点的基本前提。其中，马克思主义中国化同时包含着马克思主义时代化的意蕴。教师还要重点讲解中国共产党在推进理论创新的过程中，如何把马克思主义基本原理同中国具体实际和时代特征相结合，突出新思想中标志性、引领性的新思想、新观点、新论断和对马克思主义原创性、独创性贡献，论证新思想创新发展的意义。

第四，把握好习近平新时代中国特色社会主义思想的世界观和方法论，坚持好、运用好贯穿其中的立场观点方法。辩证唯物主义和历史唯物主义是马克思主义的世界观和方法论。党的二十大报告从世界观方法论的高度以"六个坚持"概括总结了贯穿新思想始终的立场观点方法，既是我们党继续推进实践基础上理论创新的首要遵循，也是引导学生学好用好新思想的重要方法。"六个坚持"作为一个整体揭示了新思想的理论品格和鲜明特征，同时每个方面的内涵都映照着新思想的突出特质。"坚持人民至上"是新思想的根本价值取向，"坚持自信自立"是新思想的精神内核所在，"坚持守正创新"是新思想的鲜明理论品格，"坚持问题导向"是新思想的动力源泉，"坚持系统观念"是新思想的重要逻辑方法，"坚持胸怀天下"是新思想的国际视野和世界情怀。"概论"课要达到使学生对新思想的学、思、用贯通，知、信、行统一的目的，就必须坚持好、运用好上述马克思主义立场观点方法。

第五，深刻把握新时代新征程中国共产党的使命任务，深入阐述中国式现代化的理论与实践。新时代党的中心任务就是"团结带领全国各族人民全面建成社会主义现代化强国、实现第二个百年奋斗目标，以中国式现代化全面推进中华民族伟大复兴"①。2023 年 2 月，习近平在学习贯彻党的二十大精神研讨班开班式上发表重要讲话，对中国式现代化做了高度概括和深刻阐述。结合党的二十大报告和习近平关于中国式现代化的最新讲话精神，我们首先要从历史逻辑讲清楚中国共产党对中国式现代化的探索历程，尤其是党的十八大以来不断实现理论和实践上的创新突破，成功推进和拓展了中国式现代化；其次要从理论体系建构角度讲清楚中国式现代化的根本性质、根本遵循、科学内涵、中国特色、本质要求、战略安排、重大原则、世界意义；最后要从实践发展角度讲清楚中国共产党带领中国人民探索现代化的伟大成就，论证中国式现代化是中华民族伟大复兴的唯一正确选择，提出新时代继续推进中国式现代化对青年一代的要求，充分激发授课对象对社会主义现代化强国建设的主人翁意识，积极投身于民族复兴伟业之中。

第六，深刻领悟实现中华民族伟大复兴所需的精神力量，大力弘扬新时代的时代精神。时代精神反映时代发展潮流，是一个时代最深层次的感召力。习近平新时代中国特色社会主义思想是中华文化和中国精神的时代精华。党的二十大报告不仅举旗定向、指明道路、擘画蓝图，而且阐明了以"自信自强、守正创新，踔厉奋发、勇毅前行"的精神状态实现新征程新目标，多次强调以伟大斗争精神、历史主动精神应对困难挑战，以新的团结奋斗精神创造新的伟业。精神力量不仅贯穿于二十大报告始终，也应是"概论"课价值目标的重要方面。鉴于首经贸相当部分学生亲身经历或参与了北京社区或本校本学院的抗疫活动和北京冬奥会志愿者服务活动，"概论"课教师可以以"伟大抗疫精神在京华大地的生动实践""北京冬奥精神之我见"等为议题，调动学生的主体性和积极性，让学生从"小我"视角分享切身体验与感受，从"大我"的时代站位体会每种时代精神的伟大与可贵之处，并由此推及我们所处新时代、新征程所需要的时代精神，从而促进学生把新时代的中国精神融入日常、化作经常，形成民族复兴伟业所需的强大精神合力。

---

① 习近平 . 高举中国特色社会主义伟大旗帜 为全面建设社会主义现代化国家而团结奋斗：在中国共产党第二十次全国代表大会上的报告［M］. 北京：人民出版社，2022：21.

需要指出的是，党的二十大报告内容丰富、思想深邃、站位高远。除了上述六个方面，党的二十大报告中有关党的自我革命、国家安全体系和能力现代化、"一国两制"、五个"必由之路"等方面的新观点、新论断，也是"概论"课教学大纲需要重点完善讲解的方面，囿于篇幅不做展开论述。总之，党的二十大精神融入"概论"课是一项系统工程，不仅要原原本本、逐字逐句学习二十大报告的原文，而且要结合中共中央有关学习二十大精神的基本要求，持续发力、久久为功，打造首经贸学生听得进、学得懂、悟得深的"概论"课。

三、党的二十大精神融入"概论"课的路径探索

习近平在中国人民大学考察时指出："思政课的本质是讲道理，要注重方式方法，把道理讲深、讲透、讲活。"① 鲜活生动的"概论"课应该兼具主题、专题、议题、问题、情景、实践等丰富元素，不能就理论讲理论，就问题说问题，要创新方式方法，统筹各类资源，应用多元化平台，丰富学生学习载体，打造严肃又活泼、有理又有趣的"概论"课。

（一）实现理论教学与实践教学相结合

科学理论是实践的先导，生动实践是理论力量的彰显。党的二十大精神融入"概论"课兼具真理力量和实践伟力，需要学生实现理论与实践相贯通。教师要正确处理"概论"课理论教学和实践教学的辩证统一关系。首经贸的"概论"课由理论课和实践课两部分组成，目的就是让学生理论学习的"第一课堂"与实践学习的"第二课堂"相结合，在思想理论学习中建立系统知识体系，在具体社会实践中感悟思想的魅力和真理的力量。整体上，首经贸"概论"课教师团队在已有专题教学模式探索的基础上，以集体备课形式设计制定了本门课程的实践方案，实现了课程顶层设计和实践探索的统一。在继续推动二十大精神在"概论"课落地生根过程中，一方面，教师要设置与学习领会二十大精神紧密相关的社会实践主题，比如，围绕首都新时代以来的发展变化进行社会调研，让学生以北京为切口感悟新时代十年伟大变革的重大意义。另一方面，教师要鼓励学生在自媒体时代背景下围绕党的二十大精

---

① 习近平．坚持党的领导传承红色基因扎根中国大地　走出一条建设中国特色世界一流大学新路［N］．人民日报，2022-04-26（01）．

神和新思想进行创作，比如，让学生以制作短视频的方式记录国家在政治、经济、文化、生态、社会方面的变化与现状，呈现形象化且富有创新意蕴的实践作品。

（二）推进线上线下教学资源互动共享

近些年，线上教学形式和线上线下相结合教学形式因新冠肺炎疫情逐步走入人们的视野，被师生所熟知和应用。线上与线下教学各具特色，相辅相成，但不能相互取代，不可偏废其一，要实现两种教学方式的互融互通、两种教学资源的互动共享。在具体操作层面，首经贸"概论"课教师可在课前、课中、课后三个环节进行巧妙教学设计，实现线下教学与线上教学资源平台的有机结合。"课前"以问题为导向，让学生通过"学习通"等教育平台提出想要了解的问题，如关于党的二十大的内容、"概论"课的兴趣点等，提高教师在数字化背景下的教学组织和教学管理实效。"课中"以目标为导向，通过及时设置线上问答、线上抢答、线上阅读、线上看视频、线上观摩等活动，达成学生高效吸收课堂知识的教学目标。"课后"以结果为导向，教师设置相关检验性作业，实现与学生进行线上的及时沟通交流，以进行教学效果的反思和提升。

（三）统筹利用校内红色校史资源与首都红色文化资源

红色校史是各高校文化与精神的源头活水，为本校思政课教学提供了生动鲜活、得天独厚的教学资源。同时，北京更是拥有丰富的红色文化资源，多家红色教育基地，是高校思政课进行红色教育、赓续红色血脉的巨大宝库。党的二十大精神融入"概论"课在某种意义上是对红色基因的传承与光大，是对红色文化的继承与弘扬。因此，"概论"课要统筹利用好、应用好校内校外红色文化资源，让首经贸校史故事进入课堂，让首都红色文化精神融入学生血脉，实现校内小课堂与首都大课堂的同频共振。对于物质形态的红色文化资源，教师可组织学生围绕课堂教学主题，进行首经贸校史馆参观活动和首都红色教育基地的观摩交流，让凝固的历史和静态的文化"活"起来，让党的二十大精神和新思想的历史厚重感和革命传承性"动"起来。对于非物质形态的红色文化资源，教师可通过案例教学法、情景教学法等讲述首经贸名人故事和首都红色故事，传递其中蕴含的精神力量和理想追求，加深学生对中国共产党领导地位和本质优势的认同。

（四）充分发挥教师主导作用与学生主体作用

"概论"课课堂不是教师一个人的"独角戏"，而应该是与授课对象共同协作的"大合唱"。只有实现教师主导作用和学生主体作用的统一，党的二十大精神融入"概论"课才能获得高"抬头率"、高"互动率"和高"点头率"，激发学生进行深入思考的自主性、积极性。首经贸"概论"课教学团队在专题式教学设计时要体现教师的政治站位和理论站位，同时也要以学生的兴趣点、疑问点、关注点为基本关照，让教师教学思路与学生听课逻辑同向同行。在具体授课过程中，教师要充分发挥学生主体作用。例如，如何让党的二十大报告中关于全面建成社会主义现代化强国总的战略安排进"概论"课课堂和学生的头脑？教师可以结合首经贸本科一年级学生的年龄特点和社会期待偏向，让学生从未来视角畅想 2035 年和 21 世纪中叶自己的状态和社会的变化。据此，学生能够以 35 岁左右的自己和 50 岁左右的自己带入国家发展的"两步走"战略，以过程的参与者、亲历者思考作为新时代青年的责任与担当。

（五）坚持国内发展与国际视野相结合

党的二十大精神和新思想所体现的是把握中国发展和世界大势、统筹国内国际两个大局的战略思维。中国共产党是为中国人民谋复兴的政党、也是为世界人民谋大同的政党。百年未有之大变局下，党中央多次提出要对外讲好中国共产党的故事、传播好中国声音，塑造真实、立体的中国国际形象。人是思想的载体，也是思想传播的重要介质。首经贸"概论"课要紧紧围绕上述重要任务，引导学生主动宣介新时代中国发展成就与经验，增强中国对外话语传播力、影响力。一方面，教师通过设置"我与留学生谈新时代中国"的访谈作业，鼓励学生与首经贸不同国家背景留学生进行交流对话，了解留学生眼中的新时代中国形象，并针对谈话内容进行适度的回应和引导；另一方面，教师要向学生阐明北京是国际交往中心的城市定位。生活在首都高校的大学生都是行走的中国形象宣传体，要以高度自觉自信的态度展示可信、可爱、可敬的中国形象。总之，"概论"课要富有国际视野、世界情怀，充分利用首经贸校内特色国际资源和京华大地国际大都市资源，力争让"概论"课实现学习宣传贯彻并对外传播党的二十大精神和新思想的统一。

新入职高校思政教师的角色进入与能力提升探析

狄鸿旭　　张永建

摘　要： 新时代对高校思政教师站稳讲台、引领课堂，做好思政教学科研工作提出了新的更高要求。新入职教师专业背景、生活阅历、思想认识、实践经历等方面有共同性特征，因此在教学工作中与教学内容和课堂建设方面存在相对趋同的问题。新入职思政教师队伍需结合自身特点，选好业务能力提升的着眼点与着力点，统筹理论建设、课程专业、知识储备、时政动态、教学技巧等方面，真正发挥教师的积极性、主动性、创造性，不断提升教学科研等方面的业务能力。

关键词： 高校；新入职；思政教师；业务能力

思想政治理论课是新时代落实立德树人根本任务的关键课程。习近平强调，"办好思想政治理论课关键在教师，关键在发挥教师的积极性、主动性、创造性"①。2016 年以来，高校思想政治理论课教师队伍建设步伐加快，2018年，中共中央办公厅、国务院办公厅印发《关于深化新时代学校思想政治理论课改革创新的若干意见》，明确要求按照 350∶1 的比例配备高校思政教师。

据统计，截至 2021 年 11 月底，登记在库的高校思政课专兼职教师超过 12.7 万人，与五年前相比总数增加 6 万人，综合师生比已达到中央要求。同时，拥有博士学历思政教师比重大幅提升，高学历、年轻化已成为思政课教师队伍发展的新状态②。

2021 年，中央印发《关于加强新时代马克思主义学院建设的意见》，强调指出："要扎实推动马克思主义学院内涵式发展。着力打造一支信仰坚定、理论功底扎实、数量充足、结构优化的高素质教师队伍，切实增强使命感、

注：本文获新时代首都思想政治工作理论与实践守正创新主题征文二等奖。

作者简介：狄鸿旭，中央民族大学马克思主义学院副教授，北京市习近平新时代中国特色社会主义思想研究基地特约研究员；

张永建，中央民族大学马克思主义学院。

① 习近平主持召开学校思想政治理论课教师座谈会 [N]．人民日报，2019-03-18（1）．

② 高校思政教师 5 年增加 6 万人 [N]．北京青年报，2021-12-08（4）．

认同感、获得感。提高专业人才培养质量，源源不断培养马克思主义理论后备人才。"①

作为近年来新入职思政教师的"主体"，多数是刚结束校园读书生涯，政治素养、学术涵养和社会阅历并不均衡的博士毕业生，而其所面对的"客体"，是时代印记鲜明、思维活跃、个性丰富的大学生群体。

相对数量较大的新入职思政教师群体，如何在尽量短的时间内完成由"听课"到"上课"，由知识汲取到知识生产，由理论涵化到理论输出，由"研究生"到"社会人"等角色转换，尽快站稳讲台，迅速提升教学科研业务能力，成为新时代思政教师和高校思政教师队伍建设都要面对和解决的重要问题。

"师者，传道授业解惑也。"思政教师在课堂教学中所赖以运用的"器"与所传递的"道"，主要是思政教师在立德树人理念指导下，将马克思主义理论及其中国化的成果，结合学科体系和专业知识，经加工整合所建立并输出的价值体系、知识体系和理论话语。达成这一知识与思想的有效"再生产"过程，对新入职思想政治理论课教师提出了极高的要求。

结合新入职思政教师特点，思想政治理论课特点，高校自身特点和大学生自身特点，建设政治要强、情怀要深、思维要新、视野要广、自律要严、人格要正的"六要"能力，尽快提升业务水平，是解决这一问题的关键。

一、新时代高校思想政治教育和思政课面临的形势

在全球化和信息化的时代背景下，社会现象和社会思潮对当代青年的冲击与影响更为明显。习近平强调，思想政治理论课是落实立德树人根本任务的关键课程。教育改革发展进入新阶段，学生思想政治工作得到了高校的高度重视。然而在实际工作开展过程中，高校思想政治教育工作仍有多重困境。

在经济市场化和社会世俗化背景下，功利和浮躁风气蔓延的社会环境中，大学生的思想更容易趋于功利化，为追求个人价值的实现，往往更注重专业知识的学习，而忽略对自己思想道德素质的培养和提升，或者只关注个人利益，而忽略集体利益和社会利益。同时，社会上少数道德失范者的行为对大学生的价值判断和选择产生了消极影响，社会对于平面化成功的推崇，让大学生在片面追求"高绩点"的过程中，甘愿背弃道德准则与公平原则，作弊

---

① 中办印发《关于加强新时代马克思主义学院建设的意见》[N].西藏日报，2021-09-22（2）.

之风盛行，剽窃之行多发，使得不少大学生陷入诚信危机的漩涡。因此，高校思政工作的进一步深入，是刻不容缓的大事，也是面临重重挑战的难事。

与此同时，作为高校学生思政工作的主要阵地之一的思想政治课堂，也存在一定问题。思想政治教育课程为公共必修课，要求学生修满学分并通过考试考核。然而，由于部分教师在思政课堂上仍采取灌输式的硬性教育模式，对着教材将枯燥的理论知识复述给学生即认为"大功告成"，较少考虑学生的接受效果。柔性、软性教育的缺失，使得学生在面对思想政治教育时的逆反心理更为严重，这样的负面情绪对思政课的教学开展造成一定阻力。

此外，高校思政课程未能深入结合学生主观能动性的发挥。无论是学习思想政治课程，还是收听道德模范报告，学生往往处于被动、被迫接受的地位。教学不能以学生为主体，未充分考虑学生的心智发展、接受能力和兴趣所在，不能根据新时期学生的思想行为特点制定合理方案，盲目开展思政工作，是当前工作面临困境的根本原因所在。教育作为双向的合作性活动，仅仅依靠教育者的"一厢情愿"是不够的，将育人对象的积极性、能动性调动起来，才能达到预期的教育效果。

新媒体时代，大学生接纳信息的渠道更为多元，接触信息的内容更为丰富，也会产生负面效应。拜金主义、物质主义、享乐主义等不正之风在互联网推手的作用下蔓延，不利于大学生培养健康的道德素养，难以树立主流价值观。同时，网络科技的迅速发展也为西方意识形态的入侵提供了机会，使得大学生社会主义核心价值观的培育工作难上加难。由此可见，高校学生思政课程的讲授必须要顺应社会发展的潮流，把握学生的心理状态，超越学生的信息获取，以丰富全面的知识量，引领学生的思想注意。

二、高校新入职思政教师的共同特点

近年各高校新入职的思政教师以知名高校的优秀博士毕业生为主，具有学术能力强、工作热情高、综合素质突出等优点。然而，在走向教学科研一线的过程中，又具备因工作环境所形成的一些共同特点。

第一，专业知识与教学需求不平衡。多数新进思政教师都是刚出一个校门，又进一个校门，尽管多数为博士甚至博士后，专业知识相对丰富，但是授课能力欠缺。对于如何将具体化的课程体系，运用生动平实的语言，结合多种案例和表达形式，加工成学生感兴趣和愿意关注的课堂教学，需要结合自身特点深入探索。特别是不少思政课教师，原来所学专业为法学、哲学、历史等学科门类，将专业知识与课堂讲授结合起来的技能有待提升。

第二，政治素养与工作需求不平衡。对高校思政课教师的首要要求是政治要强。坚定而敏感的政治意识、大局意识和看齐意识是做好思政课本职工作的思想基础和政治保障，也是思政课教师应该具备的基本政治素质。但是新入职思政课教师由于生活阅历有限，工作经历较少，政治素养的生成发展仍以学生时代为基础。一般而言，思政教师入职后，各高校所组织的培训往往业务和政治学习兼具，且无硬性学习要求。因此，新入职思政教师对政治观念和大局意识的理解有待深入，对于"政治要强"的理解，多能够认识到"校规校纪"和"课堂讲授有纪律"，即知道什么不该做。但尚未能从国家高度、区域角度出发，认清如何发出主流声音，讲好中国故事，反驳不良思潮，即尚不清楚怎么样做、主动做和创新做。

第三，知识生产与生活需求不平衡。教师入职后面对的是独立开展课堂教学。从观摩学习到独自登台，需要一年左右高强度工作的全面备课，才可能适应从学生到教师的工作节奏。除了课堂教学外，还需要开展科研和理论阐释的相关工作，并面对多层面的教学科研考核。由于马克思主义理论统领哲学社会科学的特点，首都高校的新入职思政教师往往涵盖哲学社会科学的多个专业①。新教师以哲学、历史学和政治学、经济学、法学等专业博士毕业生为主，即便是马克思主义理论一级学科毕业的博士毕业生，其研究方向也各有不同。因此，新入职教师的知识体系差别较大，依托以"四门公共必修课"为主要平台，面向大学生进行知识生产和理论宣讲的统合与规范还需要很大提升。同时，新入职的思政教师，一般会普遍面临较大生活压力，在住房和家庭开支等方面往往捉襟见肘，教学科研的精力投入与生活需求的保障平衡，会牵涉新入职教师大量精力，影响和占用业务学习时间。同时，新入职教师的居住特点，部分高校新旧校区并用的办学模式等因素，也增加了新入职教师的工作通勤成本，造成入职后的"生产"与生活失衡。

三、高校新入职思政教师业务能力建设的重点领域与实现路径

习近平强调，推动思想政治理论课改革创新，要不断增强思政课的思想

---

① 如2016年举办的"北京市第四期新入职思政教师培训班"120人中，马克思主义学科六个相关方向的毕业生和其他相关学科，如法学、历史学、哲学等专业的毕业生教师构成比例约为5：5。

性、理论性和亲和力、针对性，并对教师提出了"六要"的要求，对教学提出了"八个统一"的要求。以"六要"与"八个统一"为业务能力建设目标，结合新入职思政教师实际与学生特点，新入职思政教师业务能力建设宜从四个方面开展。

（一）深入理解中央精神，以看齐意识守好教学底线

政治理论素养是思政教师的基本素养，高校和课堂是意识形态建设的主阵地，是向青年学生传播马克思主义和社会主义核心价值观的主战场，更是教育引导青年学生成长进步的主渠道。在当前国内外意识形态斗争极其复杂的环境下，青年学生成为国内外敌对势力与我们争夺人心的重要对象。能否守住高校意识形态阵地，事关党的路线方针政策在高校的落实，事关高校能否保持社会主义的办学方向，能否培养和教育出合格人才。高校思政教师只有成为马克思主义理论、共产主义理想和中国特色社会主义事业的坚定信仰者和虔诚践行者，才能担当起社会主义意识形态的宣讲者和传播者，才能理直气壮地弘扬社会主义核心价值观和批驳各种错误思潮，才能充分发挥其青年学生思想领航人的作用。

而初上讲台的青年教师，准确把握时代脉搏，深刻领会中央精神，是做好思政工作的基础保障，只有时刻关注中央最新动态，深入学习和领会中央精神，将中央精神内化于心，外化于行，不断努力提升对党的思想理论成果的深刻理解，才能完成用社会主义核心价值观培养和教育青年学生的神圣使命。而深入理解中央精神，学习是保障，将中央精神转化为课堂讲解，则必须不断增强看齐意识，把党和政府关于高校工作的各项要求学习好、领会好、贯彻好。与极其复杂的意识形态斗争环境和教学需求相比，不少新进教师容易把思政教育当成单纯的教书，忽视课堂育人的神圣使命，因此不断深化对看齐意识的理解，及时发现问题，认真总结经验，创新工作方法，完善体制机制，通过对中央精神的理解学习，通过对看齐意识的坚守把握，才能为站稳课堂奠定坚实基础。

（二）完善知识储备，以学识学术构建话语体系

一般公众认为，思政课教师主要是政治理论课教学，对于专业知识的了解掌握程度比较低。事实上，作为思政课教师，高校本科阶段所开设的"原理""概论""基础""纲要""习近平新时代中国特色社会主义思想概论"

等思想政治理论必修课及相关课程，都对知识储备提出了极高的要求。这意味着新入职思政教师一方面要打破自身原有的知识系统和学术话语方式，将哲学、政治学、历史学、法学等知识体系重新整合，并结合教材和日常生活实际，将马克思主义和马克思主义中国化及其实践的学术、学理和思想体系融入原有的知识结构体系中，同时，这种重构的话语表达，无论是撰写学术论文，还是面向学生授课，都要能够以生动简单的语言文字和易于理解和接受的表述体现出现。此外，这种知识和学术体系的重构和话语表达，又要与带有偏见意味的"上政治课"的公众认知形成差别，能够做到让公众在重构的话语表达中真实感受到融合了马克思主义中国化理念的知识和思辨。

实现这一教学研究模式的重点在于知识储备的不断充实和完善。思政教师队伍专业出身相对多元，不同学科背景知识需要相互补充，即非马克思主义理论学科专业的师资需要补充马克思主义理论知识，马克思主义理论相关学科专业的师资需要补充政治、历史、哲学等社科专业知识，两者共同需要补充社会学、心理学等方面的知识。当前，在国内的人文社会科学领域，马克思主义学术话语体系和西方学术话语存在博弈和竞争，作为基层青年教师，其教学科研的出发点多为"拿来主义"，在思维模式中多以传统为主，在表达方式上则以西方为佳，马克思主义理论引领教学科研的学术自信不强，主动运用和改造能力不足。

在对马克思主义理论知识的理解掌握方面，马克思主义中国化理论成果是当前和今后一段时期马克思主义思想理论建设的重要任务。但是，以意识形态建设或政治性说教为取向推动马克思主义的中国化，其合法性与说服力必然会遭到质疑。马克思主义理论必须要以学术根基的牢固性、理论结构的科学性为支撑，才能实现其现实性立足与政治性指导的有机统一。而作为新入职思政教师，所从事的教学科研工作及业务能力提升，正是对这一追求的探索和实践。

同时，新入职思政教师知识体系的构建，在以马克思主义理论知识为基础的同时，更要注重与中国传统和现实的融汇统合，注重与世界整体的知识体系、价值体系的对话互鉴。

这既需要深入研究马克思主义经典作家的思想观点，并根据中国特色社会主义建设和中国式现代化推进的具体实际加以弘扬，发展和完善马克思主义学说，特别是有利于诠释中国特色社会主义建设的学术思想理念，将马克思主义与中国传统思想、文化相结合，吸收中国传统思想文化精华，依据中国现实实际加以改造，改进和完善马克思主义理论的表述表达；又要自觉借鉴近现代西方资本主义理论与实践方面的有益内容，汲取和吸收近现代西方哲学、经济学、社会学、政治学等理论与知识的积极因素，进而在对比互鉴中形成价值认同和价值引领，从而实现课堂层面的"马克思主义中国化"具体路径，真正做到"思政课的本质是讲道理"，使思政课传递的价值与知识能够被学生接受，被公众认可。

（三）熟练掌握经典文献，以理论沉淀引导真学真信

经典指具有典范性、权威性的，并能够经久不衰的传世之作，多为经过历史选择出来的"最具价值"，且最能表现领域或行业精髓，具有代表性的完美作品。经典也是最能打动人、鼓舞人和让人信服的权威话语。因此，掌握经典、运用经典对于新入职思政教师的教学科研而言，往往具有画龙点睛、事半功倍的效果。新入职思政教师应建立适合自身特点和学生特点的经典研修体系，既要包括以马克思主义及马克思主义中国化以来的，中国领导者的智慧成果，也要广泛涵盖中西方社会科学领域的经典作品，将经典作品、经典理论和经典语言内化于教学科研，指导、辅助教学科研，用经典的力量开展哲学思辨和事实分析，引导大学生从具有鲜明时代特点的青少年成长为对社会和历史有独立思考和分析能力的青年人。

在经典研读中，要做到真学、真懂、真信、真用，而非为科研博人眼球和教学故弄玄虚而用。因此要求新入职思政教师对经典要坚持学习、深入学习、广泛学习，要学有所思、学有所悟、学有所成，用经典武装头脑、指导实践、推动工作。新入职思政教师的思维活跃，视野宽阔，在学习经典过程中，必须做到宏观把握，理性分析，切实做到有所为有所不为、有所扬有所弃，才能牢固树立宗旨意识、大局意识和责任意识，将经典运用好。特别是在中央最新精神的不断出台和自身的持续学习过程中，在守好底线、把握好看齐意识的基础上，对中央精神的理解、解读和传播，需要思政教师运用经典去对话和分析，让经典成为自身教学科研的基础性工具和具有"肌肉记忆"的标准动作，最终达到得心应手，游刃有余的境界，从而做到联系实际、学以致用，引导教学科研中做到学进脑、信入心、践于行。

（四）努力丰富教学技巧，以现实生活融汇学生头脑

教学既是艺术又是科学，要求把陌生的知识或经验，由认识、了解变为

熟悉且内化为能力。其中一定要经过模仿，重复练习、思考，等等，这个过程很难轻松愉快和自如自由。就思政课程而言，学生群体中容易存在刻板印象、抵触情绪和忽视倾向，在大学一二年级，如果教师展示给学生群体的思政课是生动、风趣且富有知识含量的，很容易与中小学时期的印象形成鲜明对比。因此，对高校教师的教学技巧和内容编排提出了很高要求。

青年教师驾驭课堂教学的能力还有待提升，在某些层面可以有一定的表演色彩，而表演的第一步是要有一个好的亮相，因此，在修炼内功的同时，绝对不能忽略对外在形象的重视，服饰、穿着、言行等良好的基础形象是为人师表的准则，同时也是树立思政教育权威与合理性的基础。此外，平易近人、和蔼可亲、言语从容、幽默风趣等性格特点的展示也能赢得学生的吸引力和注意力。

在形象树立的基础上，课堂教学中更要注意"走心"与"接地气"。"走心"是当下的流行词语，其含义就是在歌唱等表演行为中用心和投入感情，思政教育课堂的理念与此不谋而合，新入职思政教师在教学活动的开展中，用心备课、用心制作课件、用心对知识框架和知识点进行加工，并以"表演"的形式向学生呈现，即"用情"授课。作为听众和观众的青年学生，凭借其自身的判断力和感知能力，会对教师有客观准确的评价，特别是在海量信息化和信息碎片化时代，无论是"观众"还是公众，都会有自然的返璞归真情节，只有自己用心准备和加工的教学活动，才更能打动学生和感染学生。在"走心"基础上的另一关键词是"接地气"，思政课程开设覆盖全部的高校和各个专业的大学生，教育的基本要义之一是"因材施教"，而思政教学中，结合地区特点、高校特点，专业特点与学生特点进行课程设计，就是"接地气"。以"纲要"课教学为例，在面向工科特色鲜明的学校授课时，可以适当突出近代军事、近代工业发展等方面的内容，而文科或综合类院校则可以适当突出近代政治、社会、文化、外交等方面的内容。同时，依托高校所在地区丰富的历史文化资源，课堂中可以密切结合地方革命史遗迹、人物典故等方面的内容，使课程能够与学生生活相联系。"接地气"的最后一个切入点，是要密切联系现实生活，当前的政治热点、社会热点都可以或可能成为课堂教学的关注点，通过热点互动，唤起学生的听课意识和思考意识。最后，还要注意预留一定的空间和时间给学生，建立互动和交流的渠道。

四、结语

步入新时代以来，在贯彻落实党中央对思想政治教育工作的一系列新精神、新要求过程中，思政教师队伍的结构、规模、质量得到明显提升和改善，思政教师担负着理直气壮上好思政课，培育社会主义时代新人的责任使命。在中华民族伟大复兴战略全局和百年未有之大变局的形势下，一方面，信息互联时代的国家间对立与竞争，社会转型期多元文化和多样思潮的挑战，使得社会公众和青年学生群体面对和理解复杂多元信息的需求更为迫切，思政教师应该承担和发挥的正本清源、拨云见雾的价值引领能力急需提升；另一方面，实现中华民族伟大复兴进入了不可逆转的历史进程，党的二十大开启了迈上全面建设社会主义现代化国家新征程，新时代亟须不断发展完善能够引领号召人民群众，特别是广大青年更好投身新时代、新征程的理论与文化体系，而思政教师队伍是理论体系建设的基础队伍之一。作为时代中个体的"人"，即学生，可能受到各种思想的影响，思政教师有针对性地丰富和完善知识体系，依托思政课堂，用理性与批判精神面对多样思潮，重建主流意识话语形态权威，任重道远。

网络短视频在思想政治理论课教学中的应用性分析

王　苗

摘　要：网络短视频凭借其强大的功能、简单的设计、多样化的内容和广泛的青年粉丝为思想政治理论课的视频教学提供了新途径、新载体。但网络短视频形式上的炫彩夺目、内容上的过度娱乐、信息呈现的碎片化等特征容易消解思想政治理论课的政治性、价值性和导向性。对此，思想政治理论课在运用网络短视频教学过程中应在坚持"八个相结合"的基础上，对网络短视频的信息来源、内容质量进行严格把关，合理灵活使用，有效提升思想政治理论课的吸引力、亲和力和实效性。

关键词：网络短视频；思想政治理论课；教学

目前"很多学校在思政课上积极采用案例式教学、探究式教学、体验式教学、互动式教学、专题式教学、分众式教学等，运用现代信息技术等手段建设智慧课堂等，取得了积极成效。"[①] 其中以抖音为代表的网络短视频"秉持着'得年轻人者得天下'的理念，一经问世便抓住了年轻用户的心，大学生群体作为抖音的消费者和享用者成为抖音风靡的重要推动力量"[②]。以抖音为代表的网络短视频以强大的黏合力吸引并聚集大量在校大学生，并成为当代大学生表达自我、展现自我、享受自我以及社交娱乐的重要平台。作为新载体的网络短视频能否被运用于思想政治理论课之中以提升教学针对性、亲和力和实效性，是一个值得研究探讨的课题。本文在剖析以抖音为代表的网络短视频特点、功能的基础上，对思想政治理论课运用网络短视频教学的可行性、可能性路径，以及可能存在的问题进行分析和探讨，提出几点建议，以期对思想政治理论课教学形式、内容的丰富和拓展做一些有益的探索。

基金项目：国家社科基金"新时代网络思想政治教育原理体系创新研究"（19BKS101）；阶段性研究成果。

作者简介：国务院国资委干部教育培训中心讲师。

① 习近平. 思政课是落实立德树人根本任务的关键课程 ［J］. 求是，2020（17）.

② 骆郁廷，李勇图. 抖出正能量：抖音在大学生思想政治教育中的运用 ［J］. 思想理论教育，2019（3）.

一、思想政治理论课应用网络短视频的可行性及可能性路径

网络短视频从诞生之初便携带着许多具有移动互联网时代特征的新功能。思想政治理论课要运用网络微视频进行教学设计和安排，首先应当对短视频的特征和功能进行分析，考察其作为思想政治理论课教学工具可行性及其可能性的路径。

（一）功能强大易操作

视频之所以能够成为课堂教学经常采用的重要形式，关键就在于其具有立体的视听功能，即通过播放视频支撑教学内容的同时，还可以调动学生的积极性和注意力，丰富并提升课堂的教学形式和趣味性，营造良好的课堂氛围，有助于提高课堂教学效果。网络短视频自其诞生以来便受到广大用户喜爱的原因除了自身的宣传推广外，还在于本身所特有的强大而又方便的功能。比如，打开抖音的界面，用户不仅可以自由编排上传自己创作的视频，还可以通过给其他短视频点赞、评论、关注、转发等方式进行评论，表达自己的观点看法，或者通过界面下方的链接进行购物，满足各方面需求。即是说，短视频通过简单的界面有机整合了视频、娱乐、社交、购物以及内容创作等功能，集"视""听""读""评""社交""买卖"于一身，为人们提供了多样化的形式和丰富多彩的内容。当然，从思想政治理论课教学运用方面看，短视频最重要的价值和功能，在于其不仅可以创作剪辑课程所需要的视频素材，还可以根据具体内容配以或炫酷，或清新，或悠扬的各式音乐，更好地营造课堂氛围，提升教学效果。

（二）时间精短易获取

网络微视频被称为"短视频"，主要原因在于视频时间较短。网络短视频虽然有"视""听""读""评"等强大的功能，但在其时间设计上一般限制在 10 分钟以内，其中大部分视频都在 15 秒至 5 分钟。从时间比率上看，按照一节课 40 分钟、一个视频 2 分钟的比例计算，在导入或者教学环节播放一个网络短视频的时间约占整个课程时间的 1/20，非常符合视频教学的时间安排。另外，网络短视频具有易制作、易获取和易剪辑的特征，可以极大地提高备课和教学的效率。我们都知道，以往要采取视频教学方法，需要提前在网上

通过各种渠道下载和剪辑视频，有时候为了寻找或下载一个视频甚至会专门充钱成为视频会员或寻求专业技术人员帮助，不仅费时、费力、费财，而且常会出现下载或剪辑不成功、不理想而放弃视频教学的情况。网络短视频的出现极大地改变了这一现象。现在，我们要选取视频素材只需要下载抖音、快手等短视频平台，通过界面右下角的分享符号下载各种所需视频。同时，网络微视频本身还自带剪辑创作功能，可以根据需要随时对视频素材进行简单的剪辑和播放。可以说，将网络短视频合理地运用于思政课教学之中，不仅能够丰富思政课教学形式，还能够有效提升思政课教师的备课效率，一定程度上减轻了思政课教师的负担。

（三）内容多元选择广

随着网络短视频用户量的爆炸式增长，抖音、快手等短视频的社会影响力和渗透力逐渐扩大，并发展成为网民接收、发布、生产信息的重要渠道，一定程度上形成了与主流媒体双向并进的局面。为营造良好的网络氛围，正确引导网络舆论的发展以及网民价值观，牢固主流意识形态阵地，大量官方媒体入驻抖音、快手等头号短视频平台，并将其作为新闻宣传报道的重要网络渠道。目前，从中央媒体到地方媒体，大部分官方媒体都已注册了抖音号、快手号，例如，人民日报、光明日报、经济日报、新华社等，在抖音上迅速积聚了大量的粉丝。其中人民日报在抖音上的粉丝量已达 1.6 亿，央视网的抖音粉丝也超过了 5 000 万。可见，主流媒体玩转网络短视频已经成为网络舆论引导的正常操作。而对于思政课来说，提升思想政治理论课的亲和力和活跃课堂氛围，并不是要求降低思政课的严肃性及其内容的正确性。思想政治理论课对网络短视频的选取首先要保证其信息来源的可靠性，否则不仅会削弱思政课教师的权威性、主导性，还会影响后续的教学进程和效果。对此，大量官方媒体入驻网络短视频平台，不仅为思想政治理论课提供了多元化的内容选择，更为视频素材的真实性、权威性提供了有效保证，为思政课教师开好、上好思政课提供了信心和底气。

（四）粉丝广泛易接受

秒针系统与海马云大数据联合发布的《2018 抖音研究报告》显示，无论是从整体用户还是从内容发布者看，抖音短视频中 21～25 岁人群占比最高。《共度温暖岁末——2022 抖音热点数据报告》显示，2022 年抖音热点视频播放量每月高达 4 000 亿次，月均热点创作者数突破 70 万，月均热点视频涨粉数突破 3 亿。即以抖音为代表的短视频已成为大众主流视频媒体，而且使用人群中青年占大多数。录制抖音、点评抖音、点赞抖音、转发抖音已成为当代青年日常生活的重要内容和交流方式，其中有大量大学生是抖音的忠实粉丝。思想政治理论课作为理论性、价值性、思想性等相统一的课程，具有高度的抽象性和说理性，直接作用于居于"高势位"的人的思想观念。这种属性特征时常会造成思想政治理论课无趣、空洞、乏味，教师经常讲得很辛苦、很用心，学生却不想听、不爱听、听不进或听不懂，出现教师认为学生不认真与学生认为教师不接地气等矛盾和问题，使得教师和学生之间在现实时空和思想观念层面出现隔阂，削弱了教育效果。网络短视频的引入在一定程度上可以改善此种现象。网络短视频本身所具有的视听读写功能可以有效营造课堂氛围，吸引学生的注意力。更重要的是，网络短视频在大学生群体中拥有大量的忠实粉丝，师生双方从中可以找到许多共鸣之处，有利于改善思想政治理论课教师古板无趣的形象，让学生认为思想政治理论课的教师也是接地气、懂生活、易交流的对象，从而弥合思政课教师与学生之间的隔阂。

从思政课教学过程看，网络短视频可以应用于三个方面。

第一，课程导入的应用。在众多课程导入方式中，视频以其视听优势常成为教学中最常用的导入方式。选取网络短视频导入课程，在保证能够引出课程主题的同时，可以迅速吸引学生的注意力，引起学生的兴趣，起到"羊群效应"。大学生群体中许多人都是网络短视频的粉丝，对网络短视频拥有天然的亲切感和熟悉感，从而塑造或改观思政课教师的形象，进一步拉近思政课教师与学生的距离，为接下来的课程讲授做好铺垫。

第二，案例教学的应用。网络短视频可以为思政课提供丰富典型的现实案例，并以简单易懂的直观方式将案例分为几个连续的短视频进行呈现，每个短视频都有相应的评论。思政课教师可以依据课程进度需要在不同的阶段选择播放同一案例的不同部分或不同案例，也可以通过同一案例前后评论的变化进行对比讨论，助力课程教学目标的实现。

第三，课后应用。拍摄上传网络视频是许多大学生的日常娱乐方式甚至是生活方式，因而，针对思政课的课程内容利用网络短视频安排课后作业，比如，让学生拍摄上传与课程相关的抖音视频、快手视频等，并依据点赞数、转发量、粉丝量等进行评选，一定程度上可以激发学生的创作欲和参与度，巩固思政课的教育效果。

二、思想政治理论课教学应用网络短视频存在的问题

相较于传统的视频教学，网络短视频具有许多新功能，运用到思政课教学中会呈现出许多突出优势，产生新的功效，但这并不意味着网络短视频就是非常理想化、完美化的视频教学工具。由于网络短视频本身较强的娱乐性、消遣性的功能定位，使其在形式、内容等方面与思政课要求的价值性、政治性、导向性定位存在一定的冲突和矛盾，使得思政课在网络短视频运用中出现一些问题。

（一）形式的炫酷消解思想政治理论课的严肃性和权威性

网络短视频能够提供丰富的视频编辑功能，例如，美颜滤镜、变丑滤镜以及各种特效，还能提供海量的各种类型的音乐，以便用户根据自己的喜好进行配乐的选择。而通过短视频界面用户可以实现场景的随意转换，可以随意改变画面的颜色、大小、远近等。网络短视频能够从各方面满足创作者的各种需求，用户也可以根据自己的"口味"喜好进行自由创作。可以说，以抖音为代表的网络短视频"通过对短视频音乐、社交功能的整合优化，短短十几秒内，用户的听觉（音乐）、视觉（短视频）、心理感受（社交）都得到了同步满足"[①]，甚至使人沉浸其中而无法自拔。

然而，思想政治理论课是一门严肃的具有启发意义的价值教育课程，容不得半点马虎。将网络短视频引入思政课教学的目的并不是要熏染动感无限的娱乐氛围，而是为了引起学生的兴趣，调动学生的积极性、参与度，是为课程目标服务的。思政课运用网络短视频能够迅速调动学生的视听感官，吸引学生的注意力，引导学生的关注度，能够有效提高思政课的"抬头率"，提升教学效果。但问题在于，网络短视频强大的视听娱乐功能很容易使学生的注意力在短视频的画面和音乐上而不是视频内容本身，只在意创作的技巧而不在意视频的用意，进而出现"喧宾夺主"的现象。即用来辅助教学的网络短视频依靠其强大又炫酷的画面和音乐营造出娱乐化的氛围，在引起学生注意力之后，教师往往很难再将学生拉回到主课程中来，可能会消解思政课的严肃性和权威性。

---

① 王梦云. 发挥抖音在网络思想政治教育中的积极作用［J］. 思想理论教育，2019（10）.

（二）内容过度娱乐化，淡化思想政治理论课的政治性和价值性

视频娱乐能够缓解人们生活工作中的压力，舒缓紧张神经，调节生活节奏，但这种娱乐是建立在"适度"基础上的。任何一种娱乐方式一旦超过了"度"，便会使人沉迷、消沉，甚至会挤压现实生活时间，造成过大的精神负担。娱乐消遣功能是网络短视频出现的最初也是最重要的功能，轻松、欢快、有趣是网络短视频吸引用户、聚集用户的主要因素。娱乐功能的定位瞬间抓住了广大青年的眼球，带来了爆炸式的关注度，抖音、快手等一夜之间被推上流量的顶峰。在日常生活学习中，利用碎片化时间刷屏、点赞、点评已成为众多大学生的主要娱乐方式。但在顶级流量的加持下，随之而来的是网络短视频呈现的内容出现极端的娱乐化，甚至低俗化、庸俗化等问题，尤其是为了让视频"爆火"或实现一夜"网红"的幻想，而出现的令人喷饭的甚至是戏谑恶搞英雄人物等行为，严重影响着当代大学生的政治意识、思想观念和审美价值。

对于思政课来说，政治性和价值性是众多属性中最重要也是最突出的特征和要求，尤其是政治性，贯穿于思政课教学的始终，集中体现着思政课的本质属性，制约并引导着整个课程体系的安排和教学进度。习近平强调："办好思想政治理论课，最根本的是要全面贯彻党的教育方针，解决好培养什么人、怎样培养人、为谁培养人这个根本问题。"① "培养什么人""为谁培养人"是政治性的突出表现和必然要求。换言之，政治引导是高校思政课的核心功能，内在支配着思政课的目标、内容及过程环节，决定着思政课的性质和方向。因而，在网络短视频中，"抖音虽然为短视频，但是其多样的类型让人应接不暇，内容又极具娱乐性和刺激性"②，与思政课本质要求之间存在一定的矛盾和对立。如果不对选用内容加以筛选而在思政课中运用娱乐性较强的短视频，尤其是在炫酷画面和配乐的熏染下，可能会淡化思政课本身的政治性和价值性，而违背思政课引入网络短视频的初衷。

（三）信息碎片化，削弱思想政治理论课的建设性和导向性

网络时代人人都是麦克风，每个人都有说出自己想法、表达自己诉求的

---

① 习近平主持召开学校思想政治理论课教师座谈会强调：用新时代中国特色社会主义思想铸魂育人 贯彻党的教育方针落实立德树人根本任务［N］. 人民日报，2019-03-19（1）.
② 许人杰. "抖音"走红对高校思想政治教育工作的启示［J］. 高校辅导员学刊，2018（6）.

权利，每个个体都集信息接收与发布于一身，都是组成信息网络的节点，都是信息主体。网络短视频在去中心化基础上进一步将信息碎片化特征发挥到了极致。我们知道，要了解一个事物或某一事件，必然要完整全面地掌握相关信息，如果信息缺失，则会导致认知产生偏差。而网络短视频则将完整的信息拆分为几个碎片化的短视频分别进行呈现，这种方式虽然能够引起人们的极大好奇心和期望，但同时也造成信息接收的缺失，甚至是失真，进而让我们对信息的真假难以辨别，影响价值判断。同时，网络短视频的创作大部分都不具有可持续性，更多只是一时兴起，爆火之后一段时间便会快速消退，出现"铁打的抖音，流水的网红"等现象。

思政课是一门具有内在逻辑的连续性的课程体系，同一门课内容之间以及不同课程之间的内容都存在着紧密联系，必然决定了思政课的课程教学是一个循序渐进、螺旋上升的需要持续发功的过程，因此思政课教师需要以建设性、一体化的思维进行教学设计和安排，避免在中途出现断裂。同时，思政课又是一门具有明确导向性的课程，必然要遵循政治导向、思想导向的原则要求。数学课教错了公式可以轻易进行纠正，化学课做错了实验可以重新验证，但要纠正思政课教学中出现的错误则非常之难。如果价值导向不明确，思想要求无底线，就会造成不可挽回的损失。在此意义上，网络短视频本身所具有的娱乐化、碎片化特征，使信息呈现的严肃性和可持续性较弱，无法保证思政课教学的完整性。选取的网络短视频一旦出现与思政课导向性不符合的内容时，会影响整个教学效果及其评价反馈。

三、思想政治理论课教学应用网络短视频的对策建议

推动思想政治理论课改革创新，要不断增强思政课的思想性、理论性和亲和力、针对性，要始终坚持政治性和学理性相统一，价值性和知识性相统一，建设性和批判性相统一，理论性和实践性相统一，统一性和多样性相统一，主导性和主体性相统一，灌输性和启发性相统一，显性教育和隐性教育相统一。因而，思政课在运用网络短视频进行教学过程中应在始终坚持八个相统一的基础上，立足思政课教学的核心内容和课程安排，对网络短视频的来源、内容质量等方面进行严格把关，合理地将网络短视频嵌入思政课教学之中，充分有效地发挥短视频的功能效用。

第一，网络短视频的选取渠道应尽量选择官方媒体，以保证信息来源的

权威性、真实性和可靠性，是思政课运用网络短视频的基本要求。思想的引导和价值观的教育不可马虎，无论何时何地，思政课要保证课堂教学材料的真实性，尤其是在鱼龙混杂、泥沙俱下的网络信息时代，任何视频材料都需要严肃对待、认真筛选。因而，在娱乐化、自主性较强的网络短视频平台中，教学视频的选择尤其要注重真实可靠性，保证思政课教学素材的高质量。如果短视频的质量得不到保障，那么思政课对网络短视频的应用不仅不会取得理想效果，而且会适得其反。当前，包括中央媒体和地方媒体在内的大量官方媒体开通并入驻了抖音、快手、火山等短视频，并逐渐成为其中活跃的主流媒体，每天都在及时准确地发布国际、国内发生的重要事件。可以说，官方媒体不仅更新快、资源多，而且内容丰富、制作精良、具有权威性，与思政课的价值导向相符合。所以，思政课选取网络短视频时应尽量从国家级或省级媒体中进行挑选，从源头上杜绝错误信息出现的可能性。

第二，网络短视频的选取应与思政课教学内容相契合，以保证课堂教学的针对性和实效性。思政课运用网络短视频是为了提升教学效果，是为教学目标而不是纯粹为了追求形式多样或迎合学生爱好服务的。网络短视频的定位是对教学的有益辅助和服务，是教学之"客"而不是"主"。因而，思政课对网络短视频的选择和运用，一要有针对性，即选取的网络短视频应当与思政课核心内容或价值导向相契合，能够嵌入教学进程之中，充分支撑教学内容，引导学生正确认知，而不可偏离思政课教学的核心内容或与价值导向相违背。二要有一定的生动性、趣味性，运用网络短视频本身是要调动课堂氛围，塑造可亲、可近的思政课堂和教师形象，所以在保证质量的前提下应兼顾视频的生动性，以达到活跃课堂氛围的目的。三要合理安排短视频在课程进程中的位置，恰当灵活地运用，不可生硬的搬用、套用、硬用，否则不仅会令课堂出现尴尬气氛，还会影响后续的教学进程和最终的教学效果。

第三，思政课在运用网络短视频的过程中要播、评结合，能够以此为载体与学生积极互动，以实现理论与现实的结合。思政课应用网络短视频辅助教学并不是要只播不讲或只讲不播或不播也不讲，而是要以播放的短视频为切入点或突破口，在播的基础上结合教学内容和课程目标进行更细致、更深入的分析与讲解，以实现高层次的理论与现实的结合。如果只播不讲，没有与学生之间的讨论互动，则会降低思政课的理论性和说理性，也不会激发学生的热情与思考。当然，如果只讲不播，则短视频便失去其存在的价值。但引入网络短视频并不意味着思政课教师的自我解放，相反，采取多样化的教学形式是对思政课教师提出的更高要求和更高期待。因而，对于网络短视频的教学作用，我们不可过于低估其功能，也不可过高看重其价值，而是要根据具体教学情况进行合理、灵活地安排和运用，最大限度地发挥网络短视频对思政课教学的作用。在此意义上，思政课教师运用网络短视频要努力做到播、评结合，视频与内容的结合，积极与学生交流互动，通过短视频让学生能够参与课堂中，进而使网络短视频的功能和价值得到充分体现和发挥。

总之，思政课是一门具有很强学理性、政治性、导向性的综合性价值教育课程。思政课自身体现的强实践性，表明思政课始终是关照现实的课程，不仅对思想观念、政治观点等具有教化意义，而且对人的实践活动具有直接的指导意义。在此意义上，在思政课中应用网络短视频辅助教学，既是活跃课堂气氛的手段，也是关照现实的一种表现，是思政课堂教学基本实践形式的体现。但同时也应当明白，网络短视频只是思政课教学的一种辅助工具，是为课程核心内容服务的，并不决定思政课的内容本身、教学目的和最终价值。换言之，是内容决定网络短视频的选用，而不是网络短视频决定教学内容。因而，思政课在运用网络短视频进行教学时，应当秉持基本的原则规范，始终坚持思政课的八个相统一，坚持以立德树人为目标，能够进行理性分析、认真筛选，避免课堂娱乐化、形式化，以充分发挥网络短视频的功能价值，努力做到以理服人、以情动人，培育时代新人。

基于语料库语言学的高校思想政治理论课教学创新研究

杨　潇　贡洁静　曹培强

摘　要： 根据语料库语言学的哲学基础、建构主义心理学、认知科学、计算机科学等理论和分析工具，解决高校思政课建设中存在的教师、学生和教材之间的"孤岛现象"，探索高校思政课运用语料库语言学的教学创新路径和方法，是新时代高校思政课改革创新的实践课题。高校思政课语料库具有专业性、系统性和逻辑性等鲜明特征，通过建库、语料库加工和话语分析三个阶段以及"语料库驱动""基于语料库"的方法论，探索高校思政课教学"语料库辅助话语体系"与语料库数据驱动学习模式的建构，创新高校思政课教学模式和教学话语。

关键词： 语料库；语料库语言学；高校思政课；教学模式；教学话语

语料库（corpus）是语言材料的数据库，是大量自然出现的语言数据；而语料库语言学将语料库的内容研究和话语研究实现了事实尺度与价值尺度的辩证统一。目前，语料库语言学愈加发展为具体化、专门化的学术体系，凸显实证性、真实性、代表性的本质特征，成为基于计算机工具和概率统计分析方法进行语言研究的实用性科学。学界关于语料库语言学应用于课堂教学的研究，集中在外语、汉语等传统语言教学以及探索语料库与课程思政建设的融汇方面，但将语料库语言学直接应用于思政课教学还处于起步阶段，研究成果付诸阙如。当前，党和国家把学校思政课建设尤其是高校思政课建设放在了更加重要的位置。2022年4月25日，习近平在中国人民大学考

基金项目：北京市社会科学基金重大项目："习近平总书记关于立德树人重要论述的当代价值和实践意义"（项目编号：19LLZD10）；北京市社科基金重点项目："构建思政课程和专业课程思政实践教学体系"（项目编号：20KDB026）。

作者简介：杨潇，中国石油大学（北京）马克思主义中国化研究中心助理；
　　　　　　贡洁静，大庆市大中小思政一体化工作站成员，大庆市第二十三中学一级教师；
　　　　　　曹培强，中国石油大学（北京）马克思主义学院教授，硕士研究生导师，中国石油大学（北京）马克思主义中国化研究中心主任。

察时特别强调："思政课的本质是讲道理，要注重方式方法，把道理讲深、讲透、讲活。"① 因此，结合几年来的教学改革实践探索，将语料库语言学运用于高校思政课改革创新具有重要的理论价值和现实意义。

一、基于语料库语言学的高校思政课创新的应然性分析

（一）高校思政课建设中认识和解决三个"孤岛现象"的现实基础

高校思政课教学中不同程度存在的"孤岛现象"。一是部分高校思政课"教师"的"孤岛现象"。在教学过程中教师的"主导性"不够，学生"抬头率"不高的问题，没有把"教材体系"有效地转化为"教学体系"。具体讲，教师专注于单一式的"专业化"教学，过度依赖 PPT 讲授，与学生、教材之间形成了"疏离"；教师一味追求案例教学法，开"故事汇"，缺乏对高校思政课教材的内容体系和语言规律的深入研究。二是部分"学生"的"孤岛现象"。部分学生对"教师"的讲课内容不理解，表现为"听不懂"或者"兴趣不足"；或者对"教材"话语的"理解力"缺乏，导致学生对于"教师"和"教材"的"疏离"。三是"教材"使用中的"孤岛现象"。由于部分高校思政课教师对于教材使用缺乏有效的思路和方法，或者教师对学生如何阅读教材基本上没有引导，或者部分学生是否有教材，有的教师也督导不够；同时，也由于部分学生对于教材重要性认知度不够，认为就是在考前"突击学习"或者"强化背诵"，由此形成了教材使用中的"孤岛现象"。

解决高校思政课教学中存在的三个"孤岛现象"，可以充分探索和运用语料库语言学等规律和方法。自 2017 年 3 月开始，在高校思政课教学过程中不断运用语料库语言学的方法。一是对高校思政课教材和党的重要文献，进行语料库的"标注"分析，建立大学生对学习"语料"的基本认知。二是结合中华优秀传统文化、中外语言文化对重点"词汇"对比分析，进行"精雕细刻"的讲解。三是在此基础上对高校思政课教材中的"句子""段略"等"语料"进行"标注"，并进行"结构"和"情态"话语分析，不断建立基于语料库语言学的新的"话语体系"。通过对高校思政课教材书面文本，以及多模态"语料库"的系统性、整体性和逻辑性分析，改变部分大学生对思政课

---

① 坚持党的领导传承红色基因扎根中国大地走出一条建设中国特色世界一流大学新路［N］.《人民日报》，2022-04-26（4）.

的传统认知，并掌握对话语的理解、书面表达和口头表达规律。四是语料库驱动下的高校思政课教学模式创新，可以充分发挥教师和学生的"主体间性"，尤其是学生在教学中由客体到主体的转变。在教学实践中，可以有效追踪学生学习思政课的语言认知基础、认知路径、认知水平并进行测量。这些做法对于探索学生的知识、能力和觉悟提升路径具有重要影响和现实价值。在不断探索的基础上，2018年我们申请的"基于'获得感'提升的高校思政课'阶梯导向模式'研究"，获得了北京市教育工委"优秀教学示范点培育项目"以及教育部思政课改革项目的重点资助。

（二）基于语料库语言学的高校思政课创新的理论基础

1. 语料库语言学运用于高校思政课教学创新的哲学基础

语料库语言学认为，要相信语言事实，即以语言事实为基础进行语言研究，通过实践经验的语言分析方法，着眼于"眼见为实"的经典话语，从语言对象的感性认知着手，通过"观察—假设—归纳—理论整合"的理性分析，进而实现对语言规律的实时掌握。这种将感性主义与理性主义的结合，定量与定性的统一，更能真实地反馈语言主体与语言对象之间的动态变化。因此，将语料库的研究方法应用于高校思政课教学，可帮助教师更真实、精准地实现思政课教材体系的把握，教学路径的创新，新的教学话语的建构。同时，语料库的研究方法重视学生参与知识建构的全过程，有助于激发学生的创新思维和能力培养，有助于学生以语料库驱动自主学习模式的形成，凸显高校思政课教学"以学生为中心"的教育理念。

2. 建构主义学习理论对高校思政课教学运用语料库语言学的理论价值

建构主义学习理论解决的核心问题有两个：一是如何理解知识，二是如何再建构知识。瑞士心理学家让·皮亚杰（Jean Piaget）认为，建构主义学习理论"诠释了人类学习过程的认知规律，深刻揭示了学习的发生过程、意义的构建过程、概念的形成过程以及理想状态下的学习环境构成要素等"[1]，从而达到自主型学习、情境型学习以及社会型学习的学习模式。而语料库语言学对语言内容与形式的研究，遵循着建构主义学习理论的指导。在实践教学中，学习是学生的主动参与，基于与学习环境相互作用的条件下，实现新知识吸收与知识体系建构的过程。从这个意义上讲，在高校思政课建设中，语料库与思政课教学相结合的优势，就是践行建构主义教学观。在这一过程中，

---

① PIAGET JEAN. The psychologyo of inteligence ［M］. NewYork：Routledge，2001：19.

高校思政课"教师"是知识意义构建的引导者，"学生"是知识意义建构的践行者，"教材"是知识意义建构的对象。具体说，就是"教师"作为"话语体系"建构的主体，充分运用语言规律进行教学新模式建构，"学生"基于教师启发和语料库驱动的自主参与式学习，形成了师生的教学"主体间性"，而"教材"在师生的"语料"和"话语分析"教学关系中，融入教师、学生和教材"三位一体"关系中，有助于消解三个"孤岛现象"，建构新的思政课教学认知模式。

3. 输入假说理论对于高校思政课运用语料库语言学教学的价值

1985 年，美国语言学家斯蒂芬·克拉申（Stephen D. Krashen）在《输入假说：理论与启示》一书中提出"输入假说理论"，主要观点是：人类获取语言知识的基础是吸收可理解的语言输入（comprehensible input）。克拉申将这一内容概括为"i+1"模式。"i"指学习者当前的语言水平，"+1"是指稍高于学习者当前语言水平的学习材料，即可理解的语言输入。语言学习者接触稍高于其当前语言水平的语言输入，将注意力集中于对新获得的语言材料的理解，从而产生习得。语料库语言学教学就是对"i+1"模式的实践。基于"i+1"模式，我们将大学生基础阶段的思政课认知水平定义为"i"，把高级阶段思政课认知水平定义为"i+1"，那么，"+1"部分就是大学生所需要的、足量的、可理解的、高于当前语言水平的思政理论知识的语言材料。学生基于充实的思政课语言材料，配合某种教学形式将学生注意力集中于语义与语言信息的理解，最终产生习得，而基于语料库语言学的思政课教学模式便可同时满足这两个要求。但是，从总体上看，由于部分大学生过去的认知基础、学习态度等原因，存在着基础较弱、学习积极性不高等问题；再加上对于教师教学、教材语言理解上的障碍，就很难实现对"+1"即稍高于学习者当前语言水平的认识。因此，通过教学实践，教师可以运用语料库语言学理论和实践，建构学生对于教师教学、教材认知上的"桥梁"和"通道"。

4. 认知心理学对于高校思政课运用语料库语言学的价值

语料库语言学运用于高校思政课教学的理论意义，还表现在对认知心理学"注意理论"和"图式理论"的实践。从"注意理论"方面看，语料库语言学对语料库中语料信息的观察、分析、处理，有助于开发学习者的智力。美国认知心理学学者罗宾逊（Bridget Robinson-Riegler）认为，在信息处理过程中，人脑通过注意、记忆和推理三个方面实现智力开发。在实践教学中，语料库能将大量有真实语境意义的实例，以直观数据、语境共现等形式呈现在学习者面前，吸引学习者注意力，强化其记忆，帮助学习者利用语境展开推理，进而获取语义信息和语言规律。从"图式理论"方面看，语料库对大学生思政课语言认知图式的形成也有积极作用。由于语料库特有的语境共现界面能激活认知图式或者大脑的神经网络，使语言应用规律或规则以图示化的形式浮现，并通过人脑加工转化为学习者的语言系统，从而实现大学生思政课语言输入到思政课语言输出的转化，使学生的思维能力与认知觉悟上一个新台阶。

（三）高校思政课教学的语料库及话语表达的实践基础

语料库数据驱动学习模式是促进高校思政课教学创新的重要模式。语料库数据驱动学习模式是以语料库数据驱动学习者自主参加学习的教学活动。在实践教学中，围绕"以学习—学生为中心"教育理念，教师帮助与鼓励学生基于语料库提供的真实性、代表性的数据（语言事实），展开对语言材料的思考与质疑，并主动从语言事实中观察、概括和归纳语言规律。这样，学生通过语料库索引，对语言主动观察、分析和比较，最终得到个体认知，产生习得。在高校思政课教学中，借助于思政课语料库的自主学习模式，大学生可以通过分析高校思政课语料库提供的语言使用模式，对教材中的词汇、句法结构、语篇整体进行推理认知，不断强化学生自主学习能力和批判性思维，从而建立个性化、开放性、互动合作的教学模式。目前，高校思政课语料库来源广泛，语言材料真实，检索快捷准确，已成为思政课教学话语研究和学生语言认知的重要资源，为语料库数据驱动学习模式的开展奠定了基础。

大数据时代，语料库语言学运用于高校思政课教学是大势所趋。语料库作为一种重要的教学资源，其鲜明特征在高校思政课教学中得到有效呈现：一是语料来源真实。语料的真实性是其作为学习型资源的核心特质。高校思政课的语料库文本就是一个"真理性"的话语库。教师运用真实的语言数据，帮助学生建构认知图式，提高学生对"教师"和"教材"话语的理解力、表达力和解决问题的能力，为学生提供一个真实的"语言浴"①。二是语料形成规范。网络海量信息拓展了使用者获取信息的媒介，也产生了信息"迷航"现象。高校思政课作为培养大学生正确的世界观、人生观和价值观的重要课程，就是解决"迷航"问题。语料库信息资源的规范性和系统性，可以极大助力于高校思政课教学话语的科学性、思想性和政治

---

① LITTLE DEVIT，SINGLETON D. Learning foreign language from authentic texts：theory and practice [M]. Dublin：Authentik，1989.

性。三是语料应用典型。高校思政课语料库，是一个系统的独特语言载体和知识体系。在教学中可以利用思政课语料库的系统性、知识性和代表性，最大限度地理解目标话语的应用规则，实现典型教学与学习。四是语料库开发自主。高校思政课教师个人或教研组，可以根据教学对象的特质、兴趣、所处环境，在遵循语料库建库原则的基础上，自主开发语料资源，实现个性化教学。

（四）高校思政课教学运用语料库语言学规律的技术基础

语料库语言学与计算机有着极其紧密的联系。计算机给基于语料库的语言学研究带来了横向和纵向层面的变革。在横向层面，计算机通过汉字输入、语音识别、全文检索等自然语言处理系统，加工大量文字信息，对杂乱无章的语言条目进行检索、计数和排序，使基于语料库的语言学研究具有高速、可靠、可重复性等特点。在纵向层面，计算机能够精准地计算各类语言条目在文本中的概率，并形成统计语言模型，使语言学家在大规模真实文本中，开展内容分析、语言教学、语言规律探寻，实现语言定量化研究与定性化研究的困境突破。因此，语料库语言学运用于高校思政课教学，便具有了可靠的技术基础。具体说，一是语料收集、整理，即文本采集。目前各种网络爬虫是计算机采集文本的主要方式。常见的有：因特网语料库（Web as Corpus，WaC）技术——定制已采集的文本；计算机扫描识别技术（OCR）——将各类纸质书籍和文档转成电子文本；语音识别技术——建设大规模口语语料库；文本整理软件——消除文本噪声提高标注准确性，等等。二是语料加工。目前各类高准确率的计算机词性标注软件、句法剖析软件、语义标注软件、情感分析工具等纷纷面世，保证了语料库语言学研究的效率和信度，使得语言研究得以向纵深发展。三是语料库分析。目前语料库分析技术更加多样化，基础类如索引分析、词表分析和主题词分析；高阶类如多维度分析、多因素分析、聚类分析、自动语义分析、情感分析等。这些计算机技术和信息技术尤其是大数据技术的发展，为高校思政课语料库建设和话语研究提供了重要技术支撑。

二、高校思政课教学语料库建构路径和教学话语的研究方法分析

（一）高校思政课语料库建构的主要内容

多样化语料库服务于不同的教学和研究，按照不同标准可以分为若干类

型。按照语料库所代表的整体不同划分，可分为通用语料库和专门语料库；按照语言传播媒介的不同，可分为口语语料库和书面文本语料库；按照语料产生年代划分，可分为共时语料库和历时语料库；按照语言类型划分，可分为单语语料库、平行（双语）语料库和多语语料库。结合语料库在高校思政课"马克思主义基本原理""思想道德与法治""中国近现代史纲要""毛泽东思想和中国特色社会主义理论体系概论"，以及"形势与政策"课内容所涉及的领域，构建专门的高校思政课语料库系统主要包括：高校思政课的政策文本语料库、高校思政课教材语料库、高校思政课词汇语料库、《习近平谈治国理政》（第1~4卷）等党的重要文献教学使用语料库、高校思政课教学双语（多语）语料库等。有学者指出："依据语篇信息理论建立信息处理系统语料库展示语言信息处理水平，其以语篇信息理论为指导探索教材和教学语言信息传递模式及其规律。"① 因而，未来高校思政课专用语料库发展将会呈现新趋势，还包括多模态语料库、多维度（共时、历时）语料库，涉及社会语言学和计算机语言学，以及网络语料库、信息处理语料库。比如，可以建构与教学相关的视频、音频等多模态高校思政课教学语料库。

目前，高校思政课语料库的加工处理技术研究已经开始。在近五年来的教学实践中进行了语料库统计分析的词频统计分析，并基于文化人类学和中外比较的高校思政课词汇教学、统计和实验；对于高校思政课教材内容进行了"标注"，对于词汇、句子和文本内容进行了话语表达分析；对课堂教学路径、话语表达方式和师生互动的翻转课堂教学等进行了有效探索，并收到了很好的教学成效。但是，目前专门的思政课语料库标注、分析和检索软件有待进一步研发；语料库应用于思政课话语表达的方法、范式和语料处理规范，用系统论、信息论和控制论，以及马克思主义唯物论和辩证法观点对待语料库语言学，在思政课的教学实践正在积极推进和有效落实。

（二）高校思政课语料库建构和使用的主要步骤分析

我们建构高校思政课语料库主要包含建库—加工—分析三个步骤。

首先，高校思政课语料的建库，包括文本提取采集、文本存储、文本分类编码与文本格式管理等。例如，在文本提取采集方面，研究者必须围绕高校思政课的课程特点，保证语料采集的时效性、代表性和平衡性。比如，思政课语料库课外阅读库中的语料源主要是电子期刊，例如，中国知网 CNKI、

---

① 杜金榜. 语篇分析教程［M］. 武汉：武汉大学出版社，2013.

万方学位论文数据库、维普期刊全文数据库等登载的学位论文、学术论文、会议报告以及报纸文章；超星电子书、大学数字图书馆国际合作计划数据库等在录的学术专著、各类译著等；思政课语料库音频视频库的语料则可以选取人民网、新华网、光明网、共产党员网等网站视频、音频资料，内容包含讲座、新闻、采访、演讲等形式。

其次，高校思政课语料的加工处理。语料加工是指对采集到的思政课语料，根据使用需求，设置特定索引，运用 AntConc，AnnoTool，Powercrep，Wordsmith，Wordpilot 等软件，从词汇、句法、语义、语用到语篇等对不同层次的文本进行语料标注与附码，生成高校思政课词频、词语检索并共现上下文、关键词索引、词义排歧和离散度等不同数据结构。

最后，高校思政课语料的分析研究。英国学者苏珊·亨斯顿（Susan Hunston）认为："因为语料库中的材料是脱离语境的，研究者应该清楚地说明所观察到的语言证据和根据观察所做出的解释之间的步骤。"[①] 因此，语料库应用于高校思政课文本识别时，要对语料数据呈现的结构性规律，结合语境信息与受众特征，对定量分析的结果进行描述与解释，去粗取精，将大量的分散的数据变为精炼的系统的知识体系，最终实现准确地定性表达。

(三) 高校思政课的语料库教学话语的研究方法分析

基于语料库语言学研究高校思政课教学话语问题，依赖于自然数据，因而按照研究中对语料库依赖程度的不同，我们把高校思政课的语料库教学话语的研究方法分为三类。

1. "基于语料库" 的方法

高校思政课 "基于语料库" 的研究，主要是通过对高校思政课语料的标注处理，从而展示思政课语言特征和语言规律，为高校思政课教学话语的择取提供依据。托尼尼-博内利（Tognini-Bonelli）认为，"基于语料库" 的方法特征是对语料进行语法标注、语义标注以及语料附码进而发挥语料价值[②]。在语言实践中，"基于语料库" 的方法具体为，以现有语言研究成果（包括词频、概率、标注）为基础，提出假设，再回归语料库中的语言实例验证假设，

① HUNSTON S. Corpora in applied linguistics [M]. Cambridge：Cambrioge University Press，2002：123.

② TOGNINI-BONELLI E. Corpus linguistics at work [M]. Amsterdam & Philadelphia：John Benjamins，2001：1.

将常规概念与理论进一步延伸。比如，"毛泽东思想和中国特色社会主义理论体系概论"课的 14 章内容，假设按照"革命""建设""改革"的话语体系进行建构，然后通过语料库语言学的方法进行统计分析并构建教学话语。就是首先探索"核心词汇""拓展词汇""词汇链"等进行"微观"的词汇建构；其次通过结合教材和党的重要文献的"中观""句子分析"，进一步拓展学生的话语认知空间；最后通过"宏观"文本分析，以及实践探索等构建具体认知体系，通过认知测评，评价语料库语言学运用于这门课的教学实效，将统计学和实证研究方法有效地融汇于高校思政课教学话语创新过程中。

2. "语料库驱动"的方法

托尼尼-博内利指出，"语料库驱动"的方法特征是将语料库作为原始文本进行理论建构，不进行语料标注。在语言实践中，"语料库驱动"的方法并不提前假设，而是通过对语料库中的语言事实采取"观察—假设—归纳—理论整合"的思维过程，得出目标语言使用情况的假设乃至结论。比如，对于中国共产党的重要文献在高校思政课一体化的体现和呈现特点、规律进行统计分析，探索可能出现的教学内容，再通过教学实践进行归纳整理，最后实现促进高校思政课一体化的教学体系。具体到"习近平新时代中国特色社会主义思想"，以及"中国梦""小康社会"等具体内容的教学，也可以语料库驱动的方法进行实践和探索。比如，在"马克思主义基本原理"课程的语料库语言学研究中，就可以按照导论和七章的内容结构，按照"马克思主义哲学""政治经济学""科学社会主义"三部分的逻辑结构呈现，并研究其词汇、句子结构和文本整体的逻辑结构。

3. "语料库辅助话语研究"的方法

"基于语料库的"研究从既定设想出发，运用语料库进行验证，属于演绎法；"语料库驱动"的研究不从特定的设想出发，而是从语料库的分析结果出发做进一步分析，属于归纳法①。"语料库辅助话语研究"的方法则是淡化前两种研究方法的区别，实现演绎法与归纳法、定量的语料库语言学分析方法和定性的话语分析方法平衡地交叉融合。比如，在高校思政课建设中，要通过构建和完善政策、教材、词汇、案例、多模态等语料库，进行具体的定量研究和系统分析，也要构建教师教学和学生认知的阶梯性、层次性、逻辑性和科学性有机统一的话语系统，要把语料库的定量研究和语料库的话语定性

---

① 梁茂成. 语料库语言学研究的两种范式：渊源、分歧及前景 [J]. 外语教学与研究，2012，44（3）：323-335，478.

研究实现有机统一。

三、高校思政课运用语料库语言学创新教学的路径探索

高校思政课可以根据语料库语言学规律，运用"语料库辅助话语研究"的方法，构建高校思政课教学新模式，并建立"以学生为中心"的语料库数据驱动学习模式，从而创新高校思政课教学的新路径和新方法。

（一）高校思政课教学的"语料库辅助话语体系"建构路径

"语料库语言学"以计算机存储的自然语言为研究客体，以定量研究为特征；"话语分析"研究自然语言的使用，注重情感话语、批判话语、隐喻话语等定性分析。话语研究的核心特征有三点：第一，话语的结构特征，涉及话语成分的组织构成，包括词汇、句子结构、体裁特征、叙事结构和元话语等，把高校思政课进行语言标注和文本结构。第二，话语的语义特征，指话语的含义或者隐含意义。话语的主观评价包括立场、情态、言据性等子话题，以及话语中的主题、话题链、焦点和前景化等信息显隐于接续维度的子话题中。比如"中国近现代史纲要"的"语义特征"，是从 1840 年开始到中国共产党建党 100 年来，从"中国被帝国主义侵略"—"中国人民奋起抗争"—"中国共产党诞生"—"不断走向中华民族伟大复兴"的历史过程。所以，教师在教学话语中，通过语料库的文本分析、语言特征和时代话题，进行多样化的语言教学、理论教学和多模态的情感教学，创新教学的话语路径和话语表达方式。第三，话语的社会属性，涉及社会认知、话语建构、形象建构、身份认同等词汇在文献中的呈现。在高校思政课教学中，要按照要求帮助学生进行知识建构，同时要通过文本的语义特征进行情感教育、政治认同和价值观建构。

语料库语言学可以解决少量文本的定性话语分析不足，不断实现大量话语分析的准确性和可重复性，并对结果开展"三角验证"，消解"过度诠释"或"诠释不足"的话语分析问题。同时，"语料库语言学也通过话语分析所关注经济、政治和文化的重要议题，如社会制度、意识形态等。语料库是记录语言数据的'黑匣子'（black box），更需要宏观社会、文化或情景语境的话语分析"①。"之所以需要对话语进行定量研究，是因为话语的形成是言语社

---

① PRENTICE S. Using automated semantic tagging in critical discourse analysis：a case study on Scottish independence from a Scottish nationalist perspective ［J］. Discourse & society, 2010, 21（4）：405-437.

团长期大量交往而来；而之所以要进行定性研究，是因为话语远远超出字面含义，需要研究者深入探究，或者需要开发出挖掘话语意义的语料库分析工具。"① 语料库语言学和话语分析从最初的相互借鉴走向深层次"联合"。因此，在高校思政课教学中，要进行词频分析和语义建构，是词频和语义的语言研究，同时也是对学生进行世界观、人生观和价值观教育，包括情感教育、科学的信仰教育的重要依据。

大数据时代的计算机语料库是一种记录真实语言信息的大数据源。"计算机语料库推动思政课教学资源建设与共享的研究，思政课教学语料库的建构，提到了深化思政课改革创新的议事日程。"② 高校思政课语料库中的语言材料来自公开发表的学术研究成果，视频与音频材料源自官方网站，思政课口语语料库语料又是师生在实践教学中生成与使用的语言，无论哪一种都是真实、历时的。这些语料经过计算机规范化加工，使语料库中的语料始终站在教学"前沿"，形成"发展中"的优质教学资源。因此，高校思政课语料库可以服务于课程优质教学资源建设与共享，帮助师生准确、充分地掌握马克思主义理论历史逻辑和现实逻辑，为教师进一步开展教材话语创新研究提供大量的、真实的信息话语资源，为创新思政课教学话语模式以及教学话语效果测量提供方法论的指导和技术平台的资源支持。

高校思政课教学语料库建构和研究，为创新教学话语模式提供工具和技术平台的支持。在教学话语研究上，将高校思政课语料库建设与教学话语研究置于一个横切面并进行阶梯性、逻辑性的建构。一是在话语阶段上，注重层次性话语建构。运用心理学、语言学规律以及"输入假说理论"，如果大学生在"i+1"的认知水平公式中，"i"即目前的高校思政课认知水平存在差距，那么，就要在大学阶段补充学生在基础教育阶段的不足。在这一过程中，不仅要构建高校思政课"阶梯导向教学模式"，注重知识的衔接并补充相关学习内容，而且还要在教学过程中注重运用文化人类学的方法进行词汇和文本、段略的语义教学，并充分运用生动性、启发性、批判性等特点的话语教学，从而有效衔接和培养大学生的理性思维、创新思维和批判思维等。在教师话语教学上，主要的原则和方向是：注重话语的适应性，因教育客体话语基础为表达基础；注重话语的原则性，因教材话语的

① 许家金．语料库与话语研究［M］．北京：外语教学与研究出版社，2019：186.
② 李梁．基于语料库及其技术的思政课优质教学资源建设与共享研究［J］．思想政治课研究，2020（3）：94-98.

表达规律为转换要求；注重话语的渗透性，因话语表达艺术需要呈现；注重话语的科学性，实现革命性和价值性的统一。在大学生的话语学习上，探索启发学生话语突破的语言认知规律、脑科学规律，注重信息技术条件下的语言认知测量、情绪和情感测量及多种能力测量指标以及体系的研究和建构。当前学生在话语表达方面，普遍困惑于思政理论内容"难听""难说""难写"，反映出大学生对思政课教学内容在知觉、注意、记忆、理解和思维等认知上的局限性。因此，高校思政课的教学话语改革要侧重于对历史内容和现实实践的认知活动，训练学生的理论思维、历史思维和辩证思维。这三种思维的突破点，便可从词汇、语句和语篇三个层级切入。基于语料库语言学，对比测量学生在思政课的词汇、语句和语篇三个层级的掌握程度，在一个教学阶段中，追踪学生的认知变化和学习效果，并在下一个阶段调整教学话语，实现精准教学，在提升学生知识、觉悟和能力等目标方面具有独特价值。

（二）基于语料库语言学的高校思政课教学模式建构路径

根据语料库语言学、建构主义理论、认知心理学和输入假说理论，依托高校思政课语料库优势，我们尝试性地建构了"基于语料库的思政课教学模式"（见图1）。

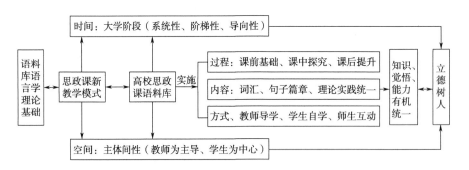

图1　基于语料库语言学的高校思政课教学模式

从图1可知，该模式的运用体现在实践教学全过程中，即：课前、课中、课后。课前，教师适度规定学生开展自主学习的基本范围，学生基于思政课语料库的教学平台，开展"探究式学习"；课中，教师在高校思政课语料库数据支撑下，根据学情测量结果，引导学生统一学习，将整合后的教学资源（如词汇、文本、图片、音频、视频）呈现给学生，开展"引导式学习"；课后，学生基于思政课语料库的教学平台进行团体实践活动，补充与巩固相关知识，开展"合作式学习"。总之，基于语料库语言学的高校思政课教学模式，在学生层面实现"探究式学习"—"引导式学习"—"合作式学习"，有助于增强学生自学能力，提升学习兴趣，扩展知识面，有效提高学生口语表达能力、书面表达能力以及其他综合能力。

图 1 还展现了高校思政课语料库环境下新型"教"与"学"关系的建构，即"教"的主导性与"学"的主体性有机统一。"教"的主导性体现于教师在教学全过程利用思政课语料库，整合碎片知识，实现抽象知识由繁至简，引导学生正确应用必要语料数据进行知识意义建构。"学"的主体性体现于学生在学习全过程运用思政课语料库，自主获取必需语言资料，通过阅读、观看、表达，进行课前探究性学习，课中"引导式学习"，课后"合作式学习"，在高校思政课的系统性、阶梯性的语料库教学平台上，开展自主式、协作式学习，强化学生在特定情境下的思考力、判断力和领导力。因此，高校思政课教学模式实际上是双轨学习模式，即学生在高校思政课语料库的数据支撑下，实现全过程思政课学习，课前探究式学习，课堂中引导式学习，课后合作式学习，三者有机结合，交互进行，是解决高校思政课教学中"三个孤岛"问题的有效途径。在高校思政课建设中，一是要结合语料库语言学理论建构思政课教学新模式，创造新的知识传播路径，建构基础性、系统性和层次性的教学基础。二是在各教学环节中恰当运用语料库资源，将语料库运用于思政课的词汇教学、句子分析、文本逻辑的分析，开展精准性、针对性教学；解决不注重学生基础，以及不科学使用教材的"教师"教学的"孤岛现象"，同时，运用系统性、层次性的语言规律培养学生的书面表达和口头表达能力。根据 2021—2022 学年的教学实践和调查数据，学生对于"毛泽东思想和中国特色社会主义理论体系概论"的教材"标注"版学习资料，使用后认为在提高教材话语理解力上平均提高了 70% 以上。三是高校思政课教师要适应信息时代要求，用计算机和大数据技术实施高校思政课文本话语的精准教学，以及教学效果的精准测评。四是建设和完善高校思政课语料库的网络教学平台，为教师教学和学生学习提供丰富的资源。

（三）基于语料库语言学的高校思政课学生学习模式建构路径

语料库数据驱动学习模式是语料库运用于高校思政课学生学习模式的建构目标。这一模式以认知心理学、认知语言学、建构主义理论和语言习得理论为根据，依托信息环境与技术，侧重学习过程体验。在实践教学中，建构语料库数据驱动学习模式。第一，基于语料库，实现思政课语言学习方式转变。即创建基于语料库的"发现—产出—展示"的高校思政课词汇学习模式，进而构建开放性、互动性的课堂，运用语言学、心理学、文化人类学等突破传统的教师"一言堂教学"固有模式。从整体上变革教学路径，即建构大学生的思政课语言认知路径、优秀语言文化基因的情感塑造，以及通过"知识获得—理论研究—实践训练"的能力提升过程，促进和实现大学生"入眼入耳入脑入心"。第二，坚持"以学生为中心"，实现学生学习方式转变。高校思政课教师依据个体化教学目标，自建语料范围广、种类多样、时间跨度大、可信度强的大学生学习多模态语料库，并引导学生从思政课语料库中主动获取语言信息，加深与课程相关的词汇、句式、语义、语篇等内容的理解，最终达到独立建构知识体系的目标，激励学生从"被学""难学"向"要学""能学""会学"转化，凸显学生全过程思政课学习的主体地位。语料库驱动思政课学习新模式，必将提升大学生对词汇、句子和语篇等理解的接受型技能与思想觉悟提升和能力培养等产出型技能。

语料库数据驱动学习模式具体实操过程有三层。

第一，语料库与大学生思政课的词汇学习。思政课词汇专业性强，内涵丰富，一些常见词汇如"马克思主义""中国化""革命""建设""改革"等，学生大致能表述这些词汇的表层逻辑，但因缺乏有意义的语境，对词汇内在逻辑的理解贫乏，也是学生与教材之间"孤岛现象"的问题所在。高校思政课语料库特有的语境共现界面，能够以量化的直观图示呈现目标词的使用语境，为思政课词汇的深度学习提供了可操作的切入点。例如，基于语料库，教师创建某一门课、某一节课的"核心词汇""基础词汇""拓展词汇"，通过词汇搭配，词汇分类等构成不同的"词汇链"，进而引导学生分析词汇链、核心词汇、词频、各类词汇语义语用功能，从而加深学生对思政课词汇内在逻辑的理解和把握。例如，教师引导学生开展对"新民主主义革命"一词的学习，从"民主"—"主义"—"革命"—"新"，形成层层递进的词汇链式学习，学生不再是知识被灌输者，而成为知识意义构建者，当学生能独立建构出"新民主主义革命"的内在逻辑后，后续语篇理解也更容易破题。根据2021—2022学年的教学实践和调查数据，学生对于"毛泽东思想和中国特色社会主义理论体系概论""词汇"教学认可度达95%以上。

第二，语料库与大学生思政课的句子分析。四门高校思政课教材是专家组斟字酌句后对马克思主义基本理论的高度凝练与再表述，逻辑严谨，政治性强。如果学习者接触的句式结构在实际生活和交际中不常见，必然导致学生对教材一知半解，专业壁垒又使学习兴趣大打折扣。把语料库运用到思政课句子分析学习中，为有效解决上述问题提供了一种思路。一是思政课语料库将句子结构与词汇联系起来，为学生学习句子规则和结构提供必要的信息，促进大学生学会运用思政课专业性话语表达思想；二是思政课语料库能够为学习者提供真实、生动、实时的语料，学生可以择取贴合个人兴趣、习惯的语料，分析句法结构、深层语义和思想精髓；三是语料库软件可以为大学生准确统计语法现象的分布与出现频率。把语料库方法运用到句子结构学习中，能通过直接观察和分析，发现句型模式和话语表达规律，培养发散性思维，养成大学生研究性学习习惯，是语料库学习模式的价值。

第三，语料库与高校思政课的文本阅读学习。基础性文本阅读以理解大意为主；高阶性思政课文本阅读还包括分清文章论点和论据、分析词义、图式文章结构、厘清逻辑关系、推断文本意图、评价文本内容等。在语料库数据驱动学习模式下，学生通过确定检索词、观察词频、分析检索行、对照词汇表，逐步掌握各类词汇，进而分析语篇结构，从而锻炼学生知识建构技能，缩短思政课"输入"与"输出"的时间差，最直观的实效评价就是学生的书面表达和口头表达能力等产出性技能的展现。"研究和实践表明，以大量真实语言素材为输入材料的语料库更加有利于语言产出。"[①] 根据近三年的思政课书面语言表达教学训练，学生在期末考试中的书面表达能力获得普遍提升。多位学生在北京市大学生思政课比赛、微党课比赛，以及学校的"中国共青团团微团课大赛中"获得了一系列优异成绩。大学生讲述的"你是一位马克思主义者吗？"思政课课堂展示，在哔哩哔哩网站的播放量快速达到了16万点击量以上。因此，语料库作为一种新的学习资源、学习手段和学习方式，为大学生提供了全新的学习理念、方法和路径。

习近平在中国人民大学考察提出了"不断推进思政课教学改革创新，打造高精尖水平思政课"[②] 的课程要求。目前，基于语料库语言学的高校思政课教学创新探索，紧紧围绕"思政课的本质就是讲道理"的关键环节，依托语

---

① 朱瑜. 语料库在英语写作教学中的应用 [J]. 外语界，2009（3）：24-31.

② 坚持党的领导传承红色基因扎根中国大地走出一条建设中国特色世界—流大学新路 [N]. 人民日报，2022-04-26（4）.

料库语言学以及信息技术，构建专业性、系统性和逻辑性的高校思政课语料库，探索高校思政课教学"语料库辅助话语体系"与语料库数据驱动学习模式的建构，创新高校思政课教学模式和教学话语。久久为功，止于至善，基于语料库语言学的高校思政课教学改革的实践意义将愈加显现。

思想政治理论课教学模式的探索与实践

李久林

摘　要：思想政治理论课是立德树人的关键课程，对培养学生的世界观、人生观、价值观具有不可替代的作用。讲好思想政治理论课，把思想政治理论课办成学生真心喜爱、终身受益的课程，是学校和所有思想政治理论课教师面临的重大课题。本文就如何办好思想政治理论课进行了有益的探索。

关键词：思想政治理论课；教学模式；探索

思想政治理论课是立德树人的关键课程。办好思想政治理论课，要做到课堂教学与实践教学相结合，我们经过多年的探索与实践，形成了思想政治理论课切实可行而又行之有效的教学模式。

一、坚持以课堂教学为核心

核心，是指思想政治理论课要以课堂教学为核心，不断提升课堂教学效果。教学工作是学校的中心工作，而课堂教学又是教学工作的核心。坚持思想政治理论课以课堂教学为中心，以高校思想政治理论课新教材为基本遵循，对应教材的逻辑结构和主要内容进行讲授。坚持集体备课制度，加强对思想政治理论课教材和教学内容的研究，就教学重点、社会热点、理论难点、思想疑点等问题进行研讨，主要是对教材中的重点、难点"是什么、为什么、怎么讲"形成共识，在课堂教学中努力讲好重点、难点问题，教师要准确把握教材内容和教学要求，以便不断提高教学能力和教学质量。教师在讲授中要综合地体现思想政治理论课教学理念、基本理论、教学方法和教学艺术。围绕问题深入阐释、透彻分析，把深刻理论与翔实史料相结合，深入浅出、通俗易懂、比较分析、以理服人；体现针对性、生动性，通过穿插讲故事、

作者简介：首都经济贸易大学马克思主义学院教授。

举事例、说事实，增强吸引力和实效性。做到以理服人、以情感人。把社会主义核心价值观潜移默化地渗透在思想政治理论课教学的全过程，努力达到论理而不说教和润物细无声的教育效果。创新课堂教学方式，积极探索和广泛采用启发式、参与式、互动式、案例式、研究式等教学方式，善于运用生动的语言、鲜活的事例、新颖的形式，活跃课堂教学气氛，启发学生深入思考。构建以学生为本、双向互动、生动活泼、符合大学生认知意趣和接受特点的课堂教学系统，使大学生真正树立正确的世界观、人生观和价值观。

思想政治理论课课堂教学要坚持用社会主义核心价值观引导青年学生。社会主义核心价值观凝聚着社会主义中国的价值追求。富强、民主、文明、和谐是国家层面的价值追求。自由、平等、公正、法治是社会层面的价值追求。爱国、敬业、诚信、友善是公民层面的价值追求。社会主义核心价值观，把涉及国家、社会、公民的价值追求融为一体。比较系统地回答了我们国家要建设成什么样的国家，建设成什么样的社会，培养什么样的国民的根本问题。社会主义核心价值观"传承着中国优秀传统文化的基因，寄托着近代以来中国人民上下求索、历经千辛万苦确立的理想和信念，也承载着我们每个人的美好愿景。我们要在全社会牢固树立社会主义核心价值观，全体人民一起努力，通过持之以恒的奋斗，把我们的国家建设得更加富强、更加民主、更加文明、更加和谐、更加美丽，让中华民族以更加自信、更加自强的姿态屹立于世界民族之林"①。核心价值观是国家、民族凝魂聚气和强基固本的根本，体现了社会主义本质要求，继承了中华优秀传统文化，也吸收了世界文明有益成果，社会主义核心价值观体现了时代精神。要以培养担当民族复兴大任的时代新人为着眼点，强化教育，引导实践。把社会主义核心价值观融入教育发展的各方面，转化为青年学生的感情认同和行为习惯。

思想政治理论课课堂教学要坚持弘扬民族精神，特别是要用革命精神培育青年学生。民族精神是一个民族赖以生存和发展的精神支撑，是一个民族得以维系和凝聚的精神纽带，对一个民族的生存和发展起着精神支柱、精神动力的作用。民族精神是一个民族的自我意识与自我认同，是一个民族整体人格的体现；民族精神是一个民族的灵魂，是民族文化最本质、最集中的体现，是民族文化的深层内涵；对于一个民族来说，民族精神是一个民族所认同的世界观、人生观和价值观，所遵循的思维方式和行为方式，所体现的心理素质、理想信念和性格特征的总和。革命精神是中国共产党领导中国人民进行革命的伟大实践中逐渐形成，在建设和改革中不断丰富和发展的伟大精神，主要内容包含：实事求是、独立自主、自力更生、艰苦奋斗、忠心报国、不怕困难、不怕牺牲、敢于克服一切困难、敢于战胜一切敌人等，是中国共产党的性质与宗旨的最本质、最深刻的体现，是党赖以生存和发展的文化品格和精神支撑，是共产党人在思想情感、精神境界、信仰追求、品德意志、先进行为等方面的综合反映。中国共产党人在领导革命中形成了以建党精神、井冈山精神、长征精神、延安精神、抗战精神、西柏坡精神等为标志的革命精神，演绎了中国革命乃至世界革命史上光彩夺目的灿烂篇章。青年是祖国的未来，民族的希望，必须加强对青年学生的爱国主义教育，传承精神创造和精神文化，必须在青年学生中培育和弘扬民族精神。

努力使思想政治理论课教学做到八个统一：坚持政治性和学理性相统一，坚持建设性和批判性相统一，坚持理论性和实践性相统一，坚持统一性和多样性相统一，坚持主导性和主体性相统一，坚持灌输性和启发性相统一，坚持显性教育和隐性教育相统一。这八个方面为讲好思政课提供了重要遵循，八个方面是辩证统一的，关键要讲好理论与内容，讲好政治，讲清学理，同时创新方法，努力把思政课打造成学生真心喜爱、终身受益的"金课"。

二、努力做到"三个坚持"

"三个坚持"是思想政治理论课在实践教学中要做到的，即坚持社会实践，坚持阅读经典，坚持知识竞赛。思想政治理论课不仅要讲好课堂教学，也要搞好实践教学，加强实践育人。坚持课堂教学与实践教学相统一，坚持向实践学习，向人民群众学习，是大学生成长成才的必由之路。

（一）坚持社会实践

坚持社会实践，把实践教学与社会调查、志愿服务、公益活动、专业课实习等结合起来，引导大学生走出校门，到基层去，到工农群众中去。通过形式多样的实践教学活动，提高学生思想政治素质和观察分析社会现象的能力，深化教育教学的效果。教师精心指导、学生深入基层，在实践中不断成长，不断出高水平的调研报告，努力打造首都经济贸易大学思想政治理论实践课教学的特色和品牌。思想政治理论课实践教学是大学生思想政治理论课教学的重要组成部分，是大学生在学习思想政治理论课基础上的一个必要过程。

理论教学和实践教学相结合是大学生思想政治教育的重要原则。思想政治理论课实践教学是大学生思想政治理论课教学的重要组成部分，是大学生在学习思想政治理论课基础上的一个必要过程。实践教学具有三个意义：第一，加深大学生对马克思主义理论课程教学内容的理解，增强对中国特色社会主义和党的路线、方针、政策的理解，提高用马克思主义理论、观点、方法，分析解决思想认识问题和社会存在的各种实际问题的能力。第二，引导大学生进一步了解中国革命、建设和改革的历史、理论和实践；正确分析和认识中国特色社会主义的发展历程和社会现实存在的各种问题。第三，引导学生走向社会，了解国情，提高学生的修养和品德，使学生在许多方面的能力都能得到进一步的提高，使大学生以更快的速度适应社会，以积极的心态面对工作和生活，做一个对国家和社会有用的人。

（二）坚持阅读经典

坚持阅读经典，加强理论修为。每个思政课教师都要指导所教班级学生阅读经典，重点阅读马克思列宁主义、毛泽东思想、中国特色社会主义理论体系和习近平系列讲话等相关经典。引导大学生在读原著、学原文、悟原理上下功夫。教师指导学生阅读经典，经常学、反复学、持续学。努力做到学懂、学通、学透。引导大学生对马克思主义的思想认同、理论认同和情感认同。教师推荐阅读书目，主要是解决读什么和为什么要读的问题。推荐阅读书目，要紧紧围绕教学内容和教学目的，注意侧重于加强理论深度和拓展知识面，突出理论背景，直面现实问题。要注意文献的权威性、经典性和现实性，要反映相关领域研究的新进展。教师负责推荐阅读书目，对学生阅读进行指导，对学生阅读活动进行检查和总结。阅读中强调读与思的结合、读与写的结合、读与行的结合。引导学生了解经典，读有所悟，读有所得，写出较高水平的读书笔记。通过引导学生读经典进而实现帮助学生理解和深化理论知识的过程，是一种用马克思主义理论武装大学生的重要教学环节。

（三）坚持知识竞赛

坚持国史国情知识竞赛，举行国史国情知识竞赛活动，引导大学生了解国史、国情、世情，掌握中国革命、建设和改革的伟大历程和辉煌成就，对于学习和运用马克思主义的立场、观点和方法，认同中国共产党领导的中国特色社会主义道路具有重要的意义。举行国史国情知识竞赛活动，不仅学生积极参与，且受到学生追捧。具有三个特点：一是主题鲜明，引导大学生从历史和现实、理论和实践相结合的高度，深刻认识中国共产党领导中国人民走过的艰难历程和取得的辉煌成就，不断深化爱国主义教育；二是广泛群众性，保证每个小班不落下，每个学生都参与，竞赛活动通过初赛、预赛、决赛，最终赛出一、二、三等奖，学生参与的积极性很高，获得感很强；三是活动由马克思主义学院、教务处、学生处、党委宣传部、校团委等部门协作举办，获得了良好协同育人效果。

通过制度搭建和基地建设，不断加强思政课各门课程实践教学改革，在坚持社会实践、经典阅读、国史国情知识竞赛的基础上，通过先试点、后推广的途径，加大力度探索"思政课程"与"课程思政"、思政课实践与专业实践深度融合，确保覆盖全体学生。增强实践教学计划的针对性和实效性；统筹好思想政治理论课实践教学和专业实践的教学安排，合理规划学时、学分；共同负责对学生实践过程的督导检查，把思想政治理论课实践教学的目标和要求，融入专业教育的实践环节。实现一次实践、两类教育融合推进的目的，学生在实践基础上写出专业实践报告和思想政治理论课实践报告。马克思主义学院教师对学生思想政治理论课实践进行考评。专业课教师要切实履行立德树人的责任，在专业实践指导中注重突出对学生的思想政治教育。

努力做到全过程育人。全过程育人是思想政治理论课构建以课堂教学为核心，坚持社会实践、坚持阅读经典、坚持知识竞赛是育人的过程。这个过程包含了课堂内外与校园内外，课堂教学与社会实践的结合，思政课程与课程思政的结合，阅读经典与知识竞赛的结合，第一课堂和第二课堂的结合，是全过程育人、全方位育人的教学改革模式的具体体现，是把思想政治理论课建设成为立德树人的关键课程的重要举措和重要路径，对于培养担当民族复兴大任的时代新人具有重大意义。

论高校体育课课程思政的马克思主义生命观教育

吴　棒　朱丽霞

摘　要：在进行马克思主义生命观教育的过程中，存在多元价值观对马克思主义生命观的影响，马克思主义生命观教育方法论的使用有待提高，马克思主义生命观教育研究需要持续深化等问题。通过加强马克思主义生命观教育，培养正确的体育价值观；改进马克思主义生命观教育方法，提升体育课课程思政育人性；加强教师队伍马克思主义生命观教育技能，提升整体性水平，能有效解决目前高校体育课课程思政马克思主义生命观教育中的问题。

关键词：体育课课程思政；马克思主义生命观；马克思主义生命观教育

2020 年，习近平主持召开教育文化卫生体育领域专家代表座谈会强调，全面推进教育文化卫生体育事业发展，不断增强人民群众获得感幸福感安全感，指出："体育是提高人民健康水平的重要途径，是满足人民群众对美好生活向往、促进人的全面发展的重要手段。"体育承载着国家强盛、民族振兴的梦想，因此要"加强学校体育工作，推动青少年文化学习和体育锻炼协调发展"。习近平在全国高校思想政治工作会议上强调，要构建各类课程与思政课程同向同行、多方协同的全员、全过程、全方位的育人格局。高校体育教育要充分挖掘体育课程自身所蕴含的思想政治教育资源，并融入课堂教学各环节，实现思想政治教育与体育知识教育的有机统一，加快推进教育强国和体育强国的重要工作。

一、高校体育课课程思政与马克思主义生命观

高校进行体育课课程思政最终的目的是实现立德树人。"立德"就是坚持

　　基金项目：2020 年度国家社科基金高校思政课研究专项"高校专业课与思政课协同机制研究"（20VSZ052）。
　　作者简介：吴棒，武汉大学马克思主义学院博士研究生。
　　　　　　　朱丽霞，武汉纺织大学马克思主义学院教授。

德育为先，培养高尚的思想政治品德，强调道德修养。"树人"就是坚持以人为本，培养高素质专业化人才，强调能力素养。"立德"与"树人"是有机统一体，"立德"是"树人"的前提，价值塑造是第一位的。"树人"是"立德"的目标，树的是德才兼备之人。而德才兼备的人最异于他人的就是价值观的不同。具体到体育课最需要树立的就是正确的生命价值观，马克思主义生命观作为马克思主义的重要组成部分，应成为社会主义体育教育中的主流生命观。

（一）马克思主义生命观的主要内容

马克思主义生命观是马克思主义重要组成部分，与马克思主义的社会历史观紧密联系，除了内容丰富多彩，特性鲜明之外，相比于其他哲学家和思想家的生命观，马克思主义生命观站位更高、理论性更强，是纯粹的辩证唯物主义生命观。

1. 自然属性与社会属性的叠加是人生命存在的本质

自然现象基础上的社会性本质就是人的生命本质[1]。作为生命体，其本身的存在就是一种自然现象，从最初的单细胞到最终的个体，无一不体现出自然属性。"生命是蛋白质的存在方式，这种存在形式的本质契机在于和它周围的外部自然界的不断的物料交换，而且这种物料交换一旦停止，生命就随之停止，结果便是蛋白质的分解。"[2] 从生命的最初形式出发，恩格斯认为，一切生命在本质上都没有区别，都是以蛋白质为存在方式，以物料交换维持生存。追溯到最初的生命形态，人与动物并无区别，他们拥有相同的起源；而人之所以为人，原因在于人的生命进化程度比动物更大。最主要的体现就是人有了自我意识。所以，人首先具有自然属性，是一种自然存在物，这种属性与生俱来，不因其他任何因素而改变，并且和动物同样遵循生命存在规律，即机体的新陈代谢、生老病死。

自然属性如果是人的唯一属性，那么人与动物就没有区别。人区别于动物的属性就是社会属性。社会属性的存在依附于人所处的环境中，当人拥有了社会属性的那一刻，就与动物发生了质的区别。这是马克思主义生命观不同于其他生命观的主要原因。人无法作为单独的人存在，必须要处于社会当

---

[1] 刘衍永，刘永利．论马克思主义的生命观［J］．南华大学学报（社会科学版），2011，12（3）：16-21.

[2] 恩格斯．自然辩证法［M］．北京：人民出版社，1984：284.

中，和其他人一起生活、劳动和相处，与其他人产生各种联系，否则就不能成为一个具有生命的人。为了提高个体生命的生产力和生活能力，人必须生活在社会中，通过与其他人交往和协作才能在具体的实践和劳动过程中建立起全面的社会关系，其中最本质与核心的便是生产关系。

2. 奉献社会与完善自我有机统一是人生命的存在价值

奉献社会和完善自我的有机统一就是生命的价值。对于生命的价值，马克思在很早就有了自己的生命价值观，他在中学的作文中写道：如果我们选择了最能为人类福利而劳动的职业，那么重担就不能把我们压倒，我们的幸福将属于千百万人①。马克思认为生命的价值就是要为千百万人谋福利，无论遇到多大的困难，都不能把我们打倒。毛泽东把生命存在的价值定义为"全心全意为人民服务"。生命是否有价值，人生是否有意义，唯一的标准就是是否一切为了人民的利益。人总是要死的，或死得重于泰山，或轻于鸿毛。同样是死，若是为人民的利益而牺牲，这种生命的价值就具有巨大的意义；若是替剥削和压迫人民的人去死，这种生命就毫无价值。毛泽东的生命观就是马克思主义生命观关于生命价值的升华。

人的社会属性本质决定了奉献社会是人的生命的首要价值。由于马克思主义生命观与马克思主义社会历史观具有一致性，因此，个体生命的价值蕴含在个体对社会的价值当中。人类历史的发展是人的实践活动不断推动社会和人自身共同发展的历史。社会的发展是以社会生产力衡量的，而人的发展是以人是否全面自由地发展为基准。人类要实现共产主义，首要任务就是让人实现彻底的解放，其次是让人拥有全面素质和真正的自由。从达到共产主义社会的最终目标看，马克思主义生命观体现的人的生命价值是实现奉献社会与完善自我的高度统一。对外表现在为社会发展、人类的进步奉献自己；对内要全面提升个人各方面的属性，不断地完善自我。

3. 乐观与奋斗是人生命过程应有的态度

乐观奋斗的人生态度应该伴随人的整个生命过程。生命不息，奋斗不止，是马克思主义生命观追求生命永恒与不朽的重要价值取向。通过不断实现实践过程是奋斗的一部分，人本身存在的感性认同应该参与其中。处于社会中的人，必须不断地发展自我、完善自我。这是马克思主义生命观的人生态度。人的一生充满了未知的挑战，在与命运抗争的过程中，奋斗不息才是最正确的人生方式；面对生死，要有正确的生死观，实现生命的超越。

---

① 马克思，恩格斯．马克思恩格斯全集：第 40 卷［M］．北京：人民出版社，1972：7.

马克思主义生命观的乐观奋斗不是盲目的乐观主义，更不是沉迷于个人的暂时成果，自得其乐。相反，马克思主义生命观认为，奋斗是一辈子的事，乐观也是一辈子的事。"与天斗，其乐无穷！与地斗，其乐无穷！与人斗，其乐无穷！"① 毛泽东深刻地领悟了马克思主义生命观，青年人应该有毛泽东的豪迈气概。真正的科学的乐观主义是顺应社会的发展规律并且能运用规律，把握社会发展方向并且向着目标努力，提升自我的远见和展示自我伟大宏图。人需要一生奋斗，但是奋斗途中难免遇到各类困难和挫折，只要保持一颗乐观积极向上的心，就一定能克服困难，并最终战胜困难。

4. 精神永存是人生命归宿追求的最高境界

浩气长存，千古流芳，是精神遗留的最高境界，也是马克思主义生命观的最高追求。相较于其他生命观，马克思主义生命观不仅重视生命存在的本身和过程，而且关注生命结束后创造的价值。生物学上的死亡就是人肉体的死亡，当心跳停止的那一刻医生即宣告病人的死亡；而哲学意义上的死亡是精神上的死亡，当一个人没有了思考，哲学家就会认为这个人已经死了。以马克思主义生命观看，人肉体的死亡并不代表生命的终结，因为精神的生命永恒地定格在历史的舞台。有的人活着，他已经死了；有的人死了，他还活着！前者是说人的肉体活着但是精神死了，后者说人的肉体死了，但是精神长存。人作为一个自然的生命体，出生在哪是注定了的，死亡也是免不了的，问题是如何实现自我精神永恒，让自我的价值不朽。

人活一辈子，总要有点精神寄托，否则一辈子浑浑噩噩，死了就如没有来过这世上一般，而精神的源头来自坚定的信念和对真理的执着追求。马克思主义生命观认为，坚定的信念和对真理执着追求的人在生命结束后，他们的精神会永存，这种精神会成为后辈前进的动力。马克思生命的归宿达到了这个境界，在他去世 200 余年后的今天，其思想和功绩依旧被后人学习和牢记，并且会一直延续下去。

（二）高校体育课课程思政与马克思主义生命观的关系

高校体育课课程思政进行马克思主义生命观教育必要的条件之一，就是学生拥有健康的身体状态。这是进行体育教育的最低要求，满足学生实际的需求。马克思主义生命观从精神层面带给学生不一样的体育观念，深化学生对生命的敬畏，进一步加强了育人的效果。社会主义教育必须使用社会主义

---

① 王恕焕. 毛泽东的人生哲学［M］. 武汉：湖北人民出版社，1990：205.

信仰的教育理念，马克思主义生命观作为马克思主义的重要内容，理应在高校体育课课程思政过程担当主角的位置，带领高校体育课课程思政向前发展。

1. 高校体育课是进行马克思主义生命观教育的必要条件

追溯历史，探究渊源，从"体育救国"到"体育兴国"，从"体育报国"再到"体育强国"，体育由毛泽东要求的"发展体育运动，增强人民体质"，发展到习近平提出的"建设体育强国"；中国社会从"国力衰弱"发展到"综合国力强大"，体育同社会的发展轨迹是同步的，两者是相辅相成的。目前，高校体育课的主要目的是传授学生体育理念和技能，帮助学生养成良好的运动习惯，旨在让学生深刻地了解生命健康的重要性。从价值理念与社会发展的角度看，高校体育课并没有上升到精神的层面，只是在学生身体层面进行教育。

马克思主义生命观是一种超越庸俗生命的价值观，更注重生命的精神层面。但是，对学生进行马克思主义生命观教育之前，高校体育课的生命健康教育是必要的。因为价值观层面的教育离不开机体的健康状态，一切价值观的接受都依赖于个体机能的稳定。为了顺利地在体育课课程思政过程进行马克思主义生命观教育，体育课程中学生必须要完成各项体育锻炼，为进行马克思主义生命教育观创造条件。

2. 高校体育课课程思政是宣传马克思主义生命观的平台

高校体育课课程思政既满足了学生必要的体育锻炼，又实现了马克思主义生命观的价值传达，完成了身心统一的育人效果。生命观是人对待生命的重要态度，当前，高校大学生周围存在多元的生命价值观，如何将正确的生命观引入高校大学生的头脑，需要一个宣传平台，而体育课课程思政就是这个平台。党的十八大以来，党中央多次召开全国高校思想政治工作会议、全国教育大会，针对思政课建设提出相关意见，特别是在培育和践行社会主义核心价值方面提出要"落细落小落实"。进行体育课课程思政的目的就是要让高校大学生树立正确的人生观、世界观、价值观。得其大者可以兼其小。只有把人生理想融入国家和民族的事业中，才能最终成就一番事业①。

体育课课程思政丰富多样的内容将推动育人目标的实现。课程思政在知识传授中实现价值塑造，体育课课程思政不是新增一门课或一项教学活动，而是一种教育教学理念：不是体育课思政化，而是专业课程自身的升华与回归；不需要量化指标，但可以渗透在每个教学环节，其内容也不一定出现在

---

① 习总书记给北大学生回信引起热烈反响［N］. 光明日报，2013-05-05.

课件中，但可以贯穿在每节课。体育课课程思政重在"挖掘"，关键在"融合"，挖掘体育课中有关生命观念的思政元素，将体育课与生命观有效融合，发挥马克思主义生命观的引领作用，做到溶盐于汤、春风化雨、润物无声，完成"立德树人"的根本目标。

3. 马克思主义生命观是高校体育课课程思政向前发展的助推剂

国运盛，体育兴；体育兴，国民强；国民强，国运盛。"少年强、青年强是多方面的，既包括思想道德品德、学习成绩、创新能力、动手能力，也包括身体健康、体魄强壮、体育精神。"① 站在实现"两个一百年"奋斗目标的历史交汇点上，向着实现中华民族伟大复兴中国梦的历史交汇点，中国共产党深知体育对于国家发展的重要性。在实现中华民族伟大复兴的历史进程中，体育的兴盛承载着国家强盛、民族复兴的梦想。马克思主义生命观与体育课程同向同行，合作育人，发挥教育与体育强国的双重力量。

"要坚持把马克思主义基本原理同中国具体实际相结合、同中华优秀传统文化相结合，立足中华民族伟大复兴战略全局和世界百年未有之大变局，不断推进马克思主义中国化时代化。加快构建中国特色哲学社会科学，归根结底是建构中国自主的知识体系。"② 将马克思主义生命观教育融入高校体育课课程思政，是将马克思主义基本原理与高校教育具体实际相结合，既有利于马克思主义在高校的进一步传播和地位进一步加强，也有利于丰富高校体育课程的内容，使其向前发展。

二、高校体育课课程思政过程马克思主义生命观教育现状

课程思政进行以来，越来越多的学科在寻找与自身相匹配的教学观念。而体育最鲜明、最具特色的教育观念就是生命观念。体育课课程思政过程不仅通过体育运动强健学生的体魄，而且还锻炼学生的意志，培养学生的生命意识，让其明白生命的重要性。随着社会经济的快速发展和人们日益增长的文化需要，生命观教育显得越来越重要。马克思主义生命观的主要内容与体育所追求的理念一脉相承、紧密联系。新时代，马克思主义理论教育得到了前所未有的高度重视和切实加强，取得了巨大的成就。

---

① 习近平看望南京青奥会的中国体育代表团［N］. 人民日报，2014-08-16.
② 坚持党的领导传承红色基因扎根中国大地 走出一条建设中国特色世界一流大学新路［N］. 人民日报，2022-04-26.

（一）马克思主义生命观应对多元价值观的挑战

任泽认为，马克思主义生命观旗帜鲜明地倡导人对生命的尊重，保障人的生命的存在与发展，即以人为本，其中具有丰富的民生思想①。马克思主义生命观强调人民的利益是首位的，个人利益总是寄予集体利益当中，个人发展离不开社会的发展。马克思主义生命观的价值符合当代社会主义中国的基本国情，一定要坚持、维护、发展人民群众的利益。与社会上追求利益的生命价值观不同，马克思主义生命观的独特之处在于一切工作的出发点和落脚点都来自人民群众的利益。当代大学生要坚持和贯彻科学发展观，科学地发展自己，实现自身生命的人生价值。

马克思主义生命观教育是一种具有鲜明意识形态属性和明确指向性的实践活动，在高校体育课课程思政过程中，突出地表现为马克思主义理论内容和教育的引导作用。教育引导的目的在于让高校大学生接受马克思主义，了解和掌握马克思主义基本原理，学会把马克思主义的立场、观点和方法用于现实问题，分析问题，解决问题，最终通过引导把高校大学生培养成社会主义未来的建设者和接班人。但是这种教育的引导作用并不是万能的，是有选择性的。由于当代大学生处于一个多元价值观的社会体系，在教育引导的过程中，无法让每个学生都接受马克思主义，更不能让他们被迫地接受马克思主义，所以高校大学生是否接受马克思主义理论具有很大的随机性。

马克思主义生命观是一种科学的观念，高校许多学生受到其积极影响，对待生命的态度发生了很大改变；但是一部分学生由于受到社会消极价值观的影响，对待马克思主义生命观存在怀疑、否定，甚至抵制和抗拒的态度。一些西方的非马克思主义生命观可能成为高校大学生的选择，这与我们国家的教育意识形态背道而驰，严重影响着我国高校马克思主义生命观教育目标的实现。

（二）马克思主义生命观教育强化方法论的使用

张懿认为，马克思基于批判与构建统一、科学与价值统一、理论与实践统一、民族与世界统一的科学的方法论原则和价值论视野②，从生命的存在形式、存在价值、存在过程、生命的归宿的最高境界，对人的生命进行了全方

① 任泽. 马克思主义生命观与中国传统生命观之比较论略 [J]. 理论导刊，2014（1）：73-75.
② 张懿. 马克思生命观的方法特质 [J]. 中学政治教学参考，2022（19）：90-93.

位、多层次的解读和剖析。马克思主义生命观基于辩证唯物主义和历史唯物主义，在高校的教育中能够启迪学生树立辩证的生命态度和培养积极乐观的生命观念。

体育教师在进行体育课课程思政过程中，教育观念和方法论的使用会影响马克思主义生命观教育的效果。总体讲，当代高校大学生思想政治状况的主流是积极、健康向上的。他们热爱祖国、热爱社会主义，坚决拥护中国共产党的路线、方针和政策，对于学习马克思主义理论具有较强的愿望，特别是在体育活动中，对待生命的态度积极，在体育课课程思政过程中，马克思主义生命观教育方法论的使用是否合理，会直接导致马克思主义生命观教育的效果。

一直以来在马克思主义理论的传授过程中存在一个误区，即强调系统性、整体性地把所有的理论知识强加给学生，忽略了学生的实际需求。就体育课课程思政而言，马克思主义生命观方面的理论知识是学生迫切需要的，可以解决学生思想上的困惑和实际需求。脱离实际地学习只会让马克思主义生命观教育的理论说服力大打折扣，并且从整体上削弱马克思主义生命观在体育课课程思政中的作用。

(三) 马克思主义生命观教育研究持续深化

刘力红以辩证法研究马克思主义生命观教育的意蕴。她认为，马克思主义生命观教育的基本内涵是通过马克思主义生命观的指导，引导高校大学生形成健全的自我意识，自由自觉的生命活动，让学生更好地解决人与自然、社会的矛盾，以充分拓展生命的深度、广度、力度[1]。马克思主义辩证法是高校教师进行教育的方法论基础，在马克思主义生命观教育过程中，辩证法是教师超越教学发展局限的基本方法，是为教育提供教育创新的不竭动力源泉，是高校学生实现自身价值、拓展生命宽度的根本方法，也是个体与社会相统一的发展路径。

目前，马克思主义理论教育要跟上时代的步伐，有两个必要条件：一是马克思主义理论教师自身拥有较强的、扎实的马克思主义理论功底；二是马克思主义理论教师要具备较高的开展马克思主义理论教育活动的技巧。但是，就目前看，马克思主义理论教师把重心放在了第一个条件上，轻视对马克思

---

① 刘力红．辩证法的马克思主义生命观教育意蕴探析［J］．内蒙古师范大学学报（教育科学版），2022，35（2）：45-51.

主义生命观教育规律、教学方法的研究，最终在与体育教师研究体育课课程思政过程中，缺乏有效手段把马克思主义生命观传授给学生，从而制约了体育课课程思政过程中马克思主义生命观教育的育人效果。

体育课课程思政过程对学生进行马克思主义生命观教育，不能停留在马克思主义生命观理论的表层进行普泛性介绍，而要深入马克思主义生命观的基本观点，结合具体实际。但在具体的教学过程中，常把马克思主义理论片段式的加以运用，平铺直叙地加以介绍。造成的结果就是使学生对马克思主义生命观基本观点的片面理解，对理论了解不深、不透。缺乏对马克思主义生命观教育的规律、方法和手段的研究，缺少把马克思主义基本原理和具体实际相结合，是造成这个结果的主要原因。

三、促进马克思主义生命观教育发展的主要对策

"培养什么人"是进行教育的首要问题。社会主义建设者和接班人是中国共产党领导建设社会主义现代化强国的根本力量，培养一代又一代拥护中国共产党领导和中国社会主义制度，立志为中国特色社会主义奋斗终生的有用人才是教育工作的根本任务，也是教育现代化的方向目标。新时代，只有把体育课程与思政课程紧密结合，深入挖掘体育课程中的思政元素，才能达到体育课程与思政课同向同行，教育引导学生树立共产主义远大理想和中国特色社会主义共同理想，增强学生的中国特色社会主义道路自信、理论自信、制度自信、文化自信，立志肩负起民族复兴的时代重任，实现立德树人。

（一）加强马克思主义生命观教育

2021年3月，习近平在福建省三明市沙县总医院考察调研时，强调生命健康的重要性：健康就是一个1，其他东西是后面的0，没有健康这个1，再多的0也是没有意义的①。体育价值观是人们以自身需要为尺度评价体育的社会存在和发展的根本观念。新时代中国体育具有多元的生命价值观，如何将正确的生命价值观念引入高校大学生的头脑，是体育课课程思政需要思考的问题。

1. 形成全面的马克思主义生命观教学体系
体育课课程思政进行过程中，管理者是高校党组织，实施者是体育教师，

---

① 习近平.健康是1，其他的都是后边的0 [EB/OL].环球网，2021-03-24.

协助者是思政课教师，只有三者协同合作，体育课课程思政才能讲好。

从管理者层面讲，高校党组织应该加强大学生马克思主义生命观的指导，开展相关的体育教学改革等实践活动，打破传统的体育教学模式，创新发展体育课课程思政内容。一方面，在校内形成马克思主义生命观校园文化，从生命存在的形式、存在的价值、存在的过程、存在的归宿等进行文化的宣传。通过举办各类珍爱生命、生命至上、生命价值等为主题的讲座，将正确的生命观念入学生脑、入学生心；在校园醒目处悬挂相关的宣传标语，积极组织学生安全有序地参加校园"夜跑"等利于学生身体健康的活动，让他们体会生命运动的重要性。另一方面，寒暑假期间，加大对学生的生命安全关注度，主动了解和关注学生的生命健康，通过安排相关人员的走访，了解学生的状况，既有利于高校马克思主义生命观的传播，又有利于学生得到学校的人文关怀，让大学生进一步体会到马克思主义生命观中生命的价值等意蕴。

从实施者层面讲，体育教师除了传授体育理论知识和体育技能外，更要加强学生的心理干预——个人发展与社会发展的一致性。"欲文明其精神，先自野蛮其体魄；苟野蛮其体魄矣，则文明之精神随之。"① 马克思主义生命观是马克思主义重要的内容之一，是纯粹的辩证唯物主义思想。高校学生是青春的奋斗者，处于吸纳各类知识养分的最好时机，更需明白道德、知识的完备必须仰仗钢铁般的躯体和意志，个人发展需要生命健康的维持，只有生机勃勃的生命才能实现自己的奋斗梦；此时身体的羸弱并不代表以后，只要此刻树立起生命至上、坚持体育锻炼的观念和目标，旧时柔弱的知识分子形象就不会属于现代的高校大学生。当代大学生应该高举马克思主义生命观的大旗，加强体育锻炼，强化自我，个人的发展不仅是头脑的发展，也是身体素质的发展，只有每个人全面的发展，社会才能向前发展。无知可以变得博学，体弱可以变得强壮。只要马克思主义生命观深入学生心里，学生认清生命的价值，明确生命的目标，从现在的行为习惯开始改变，不再熬夜、走出宿舍、走进操场、饮食规律等，最终达到文武兼备、身心并完，实现自己的理想抱负。

从协助者层面讲，思政课教师主要提供马克思主义生命观理论。形成全面的马克思主义生命观体系，加强体育教师与思政课教师的沟通也是必要条件之一，充分协同二者的关系。体育课课程思政没有思政课教师的协助，会导致体育课课程思政过程缺乏正统的马克思主义生命观理论。"闻道有先后，

---

① 毛泽东. 体育之研究 [J]. 新青年，1917，2 (3).

术业有专攻",只有思政课教师全程协助,才能够充分激发高校体育课课程思政的发展路径,让马克思主义生命观完全融入体育课课程思政全过程。体育教师与思政课教师一道探索新的教学方式方法,让马克思主义生命观以多样的、高效率的形式入学生脑、入学生心。办具有中国特色的社会主义教育,一方面要理直气壮地讲好思政课;另一方面要充分挖掘其他课程和教学方式中蕴含的思想政治教育元素,在进行课程思政的过程中,实现全员、全程、全方位育人。

2. 构建马克思主义生命观体育课课程思政体系

体育不单是为了学生的身体健康,主要是让学生明白生命的价值。体育课课程思政实施过程中,理论教学和实践教学结合是课程的重点,旨在构建一个马克思主义生命观念的体育课课程思政体系。

提升学生个人生命存在价值的观念。马克思主义生命观强调个人与社会的关系,个人生命存在的价值与社会的发展紧密相连。人处于社会当中,如果只在乎个人的得失,那么社会将不会向前发展。社会发展的前提是人得到全面的解放,人要想得到全面自由的发展,社会的发展是不可缺的,二者相辅相成。社会的发展需要处于社会当中每个人的发展,只有个人发展,学好技能、增长见识、拥有高水平的素质,社会经济才能稳步提升,社会整体素质才有提高。当个人的发展促进了社会的发展,个人在一定程度上实现了自我的生命价值,即个人存在价值和社会发展相适应。高校大学生发展自己,不仅是知识能力的发展,也要身体素质的发展。拥有了健康的身体才有充沛的精力去完成自己的梦想、实现自身的价值;一个人若没有健康的体质、充沛的精力,怎能在艰苦的事业当中坚持下去呢?毛泽东在《新青年》发表《体育之研究》一文中论及:"体育之主旨,武勇也。武勇之目,若猛烈,若不畏,若敢为,若耐久,皆意志之事"。毛泽东的论述着重阐明了健康的重要性。体育的作用是层层递进的,基本作用是祛病修身,是身体健康;更深入的作用就是通过体育锻炼,让人意志坚强,使人胆大无畏,敢为耐久。马克思主义生命观以唯物角度深刻地阐明了个体生命健康的重要性与社会发展之间的关系。体育课课程思政通过马克思主义生命观的教育能让学生进一步注重自身生命健康,把个人发展与社会发展紧密联系在一起,实现自身个人存在的生命价值。

提升学生个人生命价值的观念。马克思主义生命观强调乐观奋斗的重要性,与体育中的顽强拼搏一脉相承。但是,马克思主义生命观所追求的乐观奋斗并不是盲目的乐观主义，而是辩证地看待。社会的发展离不开个人的奋斗，集体的发展也离不开个人的奋斗，而奋斗过程中各类挫折和困难是影响个人进步的最大因素，拥有一种乐观的态度往往是推动人前进的最好动力。体育活动常以小组为单位的，活动过程中很可能因为某个人的原因导致小组落后，此时小组成员若能乐观对待，相互鼓励并且奋力一搏，或许最终能取得胜利；相反，此时小组成员由于某个人的原因相互责怪并放弃，胜利的喜悦肯定与他们无缘。奋斗到乐观，乐观到奋斗，奋斗再到乐观。乐观积极地看待遇到的挫折有利于解决现实的问题；相反遇到挫折就放弃，就不能取得长久的进步，社会因此也无法向前发展。马克思主义生命观从长远的眼光看到了个人生命过程的价值和社会发展的关系，在体育课课程思政过程中是非常有利于学生发展的最终实现学生生命过程的价值。

（二）改进马克思主义生命观教育方法

马克思主义生命观教育旨在体育课课程思政中让学生形成正确的生命观。但实际过程中，有部分学生对马克思主义生命观教育并不感兴趣，主要原因在于教育者习惯把马克思主义生命观理论直接作为体育课课程思政的切入点，忽略了高校学生的实际需要。最优的教学过程应该是教师和学生的双向选择。通过课内课外的信息交流和教学反馈，不断改进的教学方式方法，最终实现师生的双向选择。

1. 知识教育与情意教育有机统一

进行体育课课程思政以来，马克思主义生命观自身的理论特性往往被教育者过多强调，而对于高校学生所需要的情意教育在马克思主义生命观中却被忽略，尤其是生命的过程。凡事只追求最终的结果，却忽略过程，不是教育所追求的目标。体育课课程思政的马克思主义生命教育是知识教育，但也不仅是知识教育。学习马克思主义生命观理论知识，除了掌握马克思主义的基本观点，更要深刻地领会马克思主义的精神实质和理论品质，并通过体育课课程思政形成良好的思想品质。

马克思主义生命观教育不是把生命观理论塞满学生的头脑，而是通过马克思主义生命观分析和解决现实问题，掌握和认识世界和改变世界。马克思主义生命观是理论，更是方法论。所以，进行马克思主义生命观教育的全过程，体育教师必须充分发挥马克思主义生命观以及个人的人格魅力，以此对高校学生思想政治品质的形成和发展产生正面的影响和熏陶作用，以马克思主义生命观理论成就学生正确的生命观和思想政治品质，让马克思主义的优秀精神成为高校学生的内在智慧，提高马克思主义生命观的内在感染力。

体育教学过程中，体育教师要充分理解学生能接受的范围以及学生实际需要，把课堂中的马克思主义生命观与现实实践有机结合起来，通过理论加实践，发挥两个课堂的作用。在学生实践过程中以马克思主义生命观理论加以辅佐，让学生深刻领会生命的内涵。在马克思主义生命观教育过程中，加入实践环节，并且高度重视实践环节对高校学生接受和理解马克思主义生命观的重要作用。二者相辅相成，让体育课课程思政形成知识理论教育和情意教育有机统一于马克思主义生命观教育过程中。

2. 理论性与实践性紧密结合

体育课课程思政过程是学习马克思主义生命观理论的主要阵地，而课外之余则是重点运用理论的场地，理论与实践相结合才能让学生真正体会和运用马克思主义生命观。

体育教师可以在课外之余对学生进行合理的管理。针对学生自我管理上的弱点，体育教师可以通过课外考勤或者规定每日运动量培养学生的自律能力，让学生形成严于律己、坚持不懈的习惯。例如，规定学生每日的运动时间应该不少于一小时，"放下手机，走出宿舍，走进操场"，形成这种生活习惯，完成任务可进行相应地打卡，以便日后的课程评测。课外应该充分发挥学生干部的带头作用，为学生树立榜样，主动带领学生组织相关体育活动，充分体现学生干部无私奉献的精神。高校体育社团是高校进行体育精神培养的另一块"宝地"，体育教师可以积极引导学生加入体育社团，扶持高校体育社团的发展，利用社团的各类体育活动培养学生的集体主义和团结协作精神。马克思主义生命观认为，个人生命的发展不是一朝一夕形成的，也不是个人独立发展形成的，而是在不断地与他人联系中长久地发展起来的。

体育教师应该要求学生积极主动地关注体育赛事。党的十九届六中全会通过的《中共中央关于党的百年奋斗重大成就和历史经验的决议》强调，"加快体育强国建设，广泛开展全民健身活动，大力弘扬中华体育精神"①。从体育运动员参与到全民参与，是一次质的飞跃。作为新时代的青年，高校大学生应该走在时代的前沿，成为时代的"弄潮儿"。体育竞赛拥有严格的比赛规则，以取得优异的成绩为目的，关注体育赛事可以帮助学生克服生理和心理的惰性。要求学生关注体育赛事并不是只关注赛事本身，而是关注赛事的各

---

① 中国共产党第十九届中央委员会第六次全体会议文件汇编［M］. 北京：人民出版社，2021：76.

个环节，因为赛事的各个环节都能对学生起到思想教育的作用。例如，比赛赛场的环境布置，横幅上激情昂扬地鼓励人心的宣传语，能够让学生体会要想为国争光就必须顽强拼搏，生命价值的实现与个人奋斗的结果离不开。各类严格的比赛流程，选手的公平比赛和裁判公正的执法，能够让学生敬畏比赛规则，遵纪守法。处于社会中的个人拥有社会属性，因此必须遵循社会的规则，否则就无法生存。赛后的颁奖仪式，能够激发学生的爱国主义情怀和集体荣誉感，明白科学求实，"一分耕耘，一分收获"的道理。生命归宿就是个人为社会带来了价值。从体育赛场的布置、比赛的流程、颁奖仪式等，无一不体现马克思主义生命观的具体内容。

（三）提升教师队伍马克思主义生命观教育技能

2016年12月7日至8日，全国高校思想政治工作会议在北京召开，习近平强调："高校思想政治工作关系高校培养什么样的人、如何培养人以及为谁培养人这个根本问题。要坚持把立德树人作为中心环节，把思想政治工作贯穿教育教学全过程，实现全程育人、全方位育人，努力开创我国高等教育事业发展新局面。"① 高校推进体育课课程思政既有智育属性，能够提高学生的体育运动技能，提高身体素质；也有德育属性，体育课所传达的集体责任感、竞技精神、奉献精神和团队精神等，天然地蕴含着丰富的德育元素，是实现立德树人根本目标的重要环节。

1. 管理层需优化体育教师队伍整体质量

在全国高校思想政治工作会议上，习近平强调"要用好课堂教学这个主渠道，思想政治理论课要坚持在改进中加强，提升思想政治教育亲和力和针对性，满足学生成长发展需求和期待，其他各门课都要守好一段渠、种好责任田，使各类课程与思想政治理论课同向同行，形成协同效应。"正确的生命观是高校大学生主要的价值观之一，而体育与生命观念紧密联系，因此体育教师的马克思主义生命观理论和马克思主义生命观教育能力就显得尤为重要。体育教师的理论深度和教育能力直接影响高校大学生生命观的培养程度。

作为学校的管理者，必须落实党和国家的政策方针，把立德树人作为教育的终极目标，为高校学生确立正确的生命观提供教学条件。为此，必须强化体育教师队伍对于马克思主义生命观的理论知识和教学能力。首先，高校

---

① 习近平. 把思想政治工作贯穿教育教学全过程 开创我国高等教育事业发展新局面 [N]. 人民日报, 2016-12-09.

在遴选体育教师过程中，除了注重教师的专业技术水平外，对于思想政治理论相关的知识也应该进行相应的考核。尤其要关注体育教师对待生命的态度，了解体育教师自身的生命价值观，是从源头出发提高体育教师队伍的整体思想政治素质。其次，高校应该对体育教师进行思想政治教育培训，先给体育教师队伍树立一个正确的生命观，只有教师拥有正确的生命观，在教育学生方面才会让学生信服。再次，通过讲座和会议的方式提升体育教师的理论知识和育人能力。一些关于马克思主义生命观的讲座能够为体育教师提供直接的理论知识，弥补自身在理论上的不足，参加会议有利于体育教师与其他教师进行教学上的学习，为体育课课程思政过程马克思主义生命观教育提供新的教学方式、方法。最后，每个期末，应该对体育教师在思想政治理论和教学能力方面进行相应的考核，对于考核不过关的教师，应该及时进行培训提高，进而提高体育教师队伍整体的思想政治理论水平和教学能力。

2. 体育教师需提升自身思想政治能力

作为高校体育教师，应该明确自身的定位，教育的目标是立德树人。体育授课不仅是让学生进行体育锻炼、学习专业知识，其中更为关键的是要让学生拥有正确的世界观、人生观、价值观。

高校体育教师应该从自身出发，认识到体育课程与思想政治课融合是必然的趋势，也应该认识到体育的性质与生命观是紧密联系的，应该紧跟"潮流"，不断提升自己，与时俱进，不断地、主动地学习关于马克思主义生命观理论知识，并且积极探寻体育课程与思政课程相融合的有效办法，提高马克思主义生命观教育的能力，最终达到立德树人。

体育教师应该加强与思政教师的沟通，充分协同与思政教师的关系。思政课教师全程参与，体育教师会在马克思主义生命观教育方面有新的突破，与思政课教师一道探索在体育课课程思政过程中，马克思主义生命观教育新的教学方式、方法。体育课堂马克思主义生命观教育的教学效果、教学质量的成效，可以从体育教师课程思政能力直接体现。立德树人是教育的根本目的，落实课程思政的重要前提是要求教师具有思想育人的意识和较强的思政能力。相比体育教师，思政课教师在马克思主义生命观理论上水平更高。马克思主义生命观教育中，强化体育教师与思政课教师的协作，有利于增强体育教师马克思主义生命观理论，提升体育课课程思政过程马克思主义生命观教育效果，有利于高校进一步贯彻落实立德树人根本任务。